Les manuels du peintre

INTRODUCTION AU PASTEL

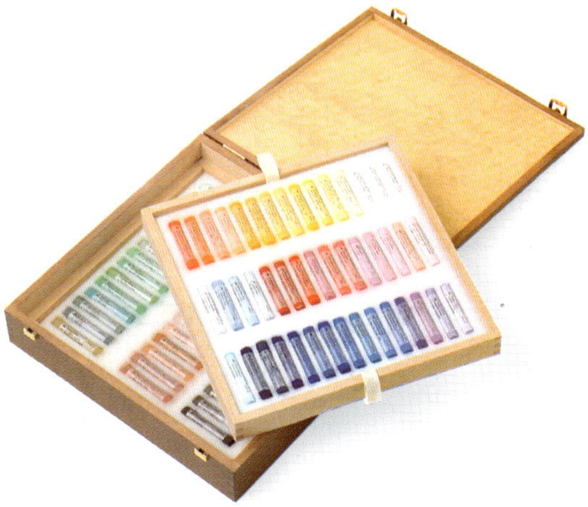

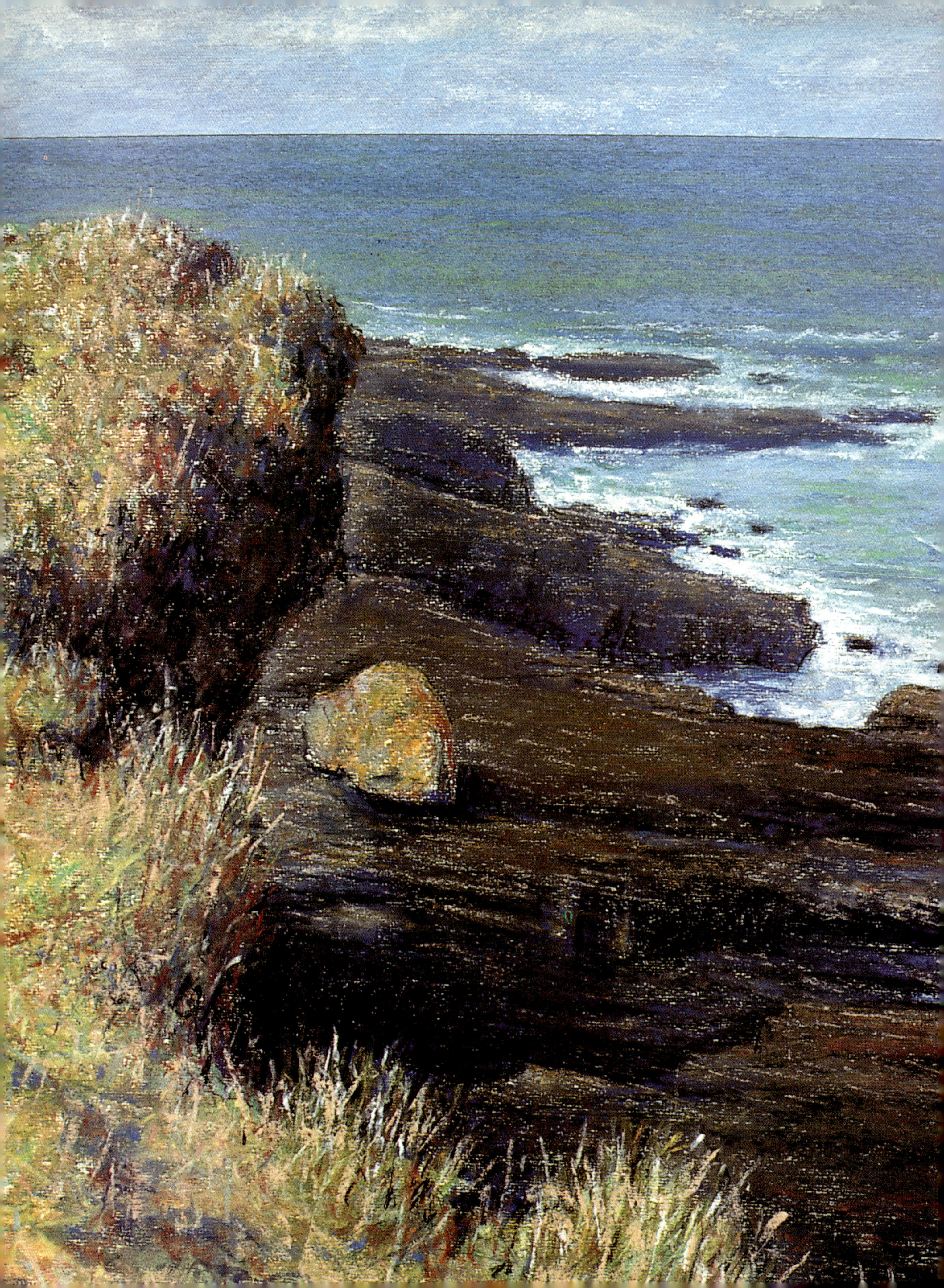

Les manuels du peintre

INTRODUCTION AU PASTEL

MICHAEL WRIGHT
en collaboration avec la
ROYAL ACADEMY OF ARTS

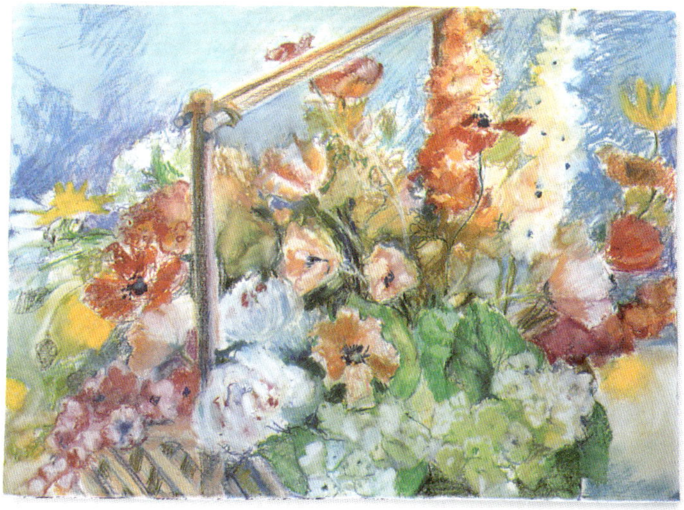

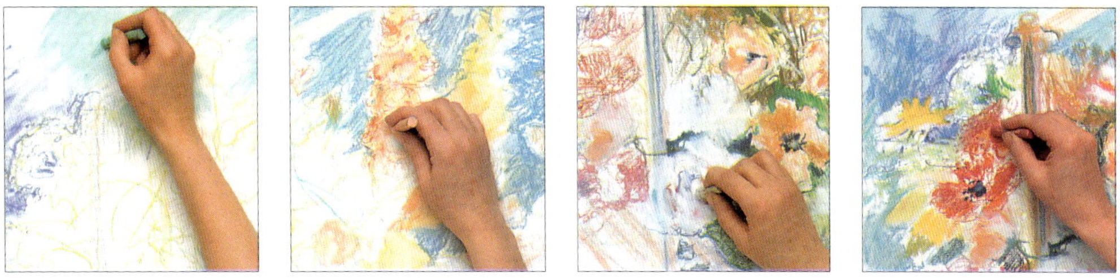

BORDAS
Dessain et Tolra

A DORLING KINDERSLEY BOOK

Edition originale

Titre original en anglais : An Introduction to Pastels
ISBN 0 7513 0055 1

Edition française

Traduction : Dominique Helies
Révision et préparation : Marie-Thérèse Lestelle
Coordination technique : Yann Mahé
Edition : Isabelle Barbin
Directrice éditoriale : Catherine Franck-Dandres
Composition : Empreintes

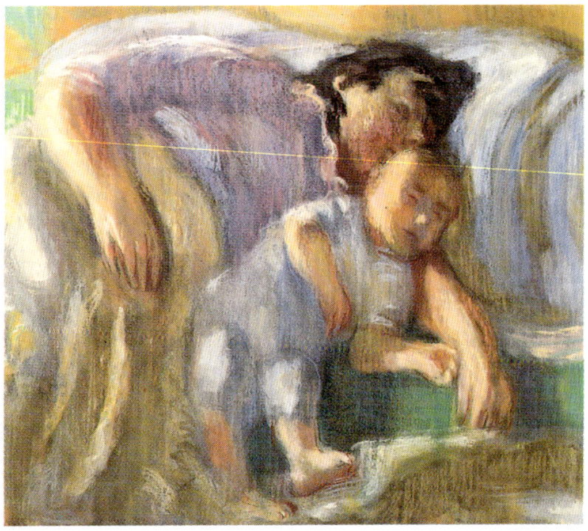

Norma et son bébé Michael endormis

À ma femme et ma famille, pour leur patience et leur affection

Illustration de couverture : Susan Sonnenberg,
Catherine endormie, 1983.

Dépôt légal : avril 1996
Imprimé à Singapour par Toppan Printing
ISBN 2-249-27949-7
ISSN 1255-0647

*T*ABLE DES *M*ATIÈRES

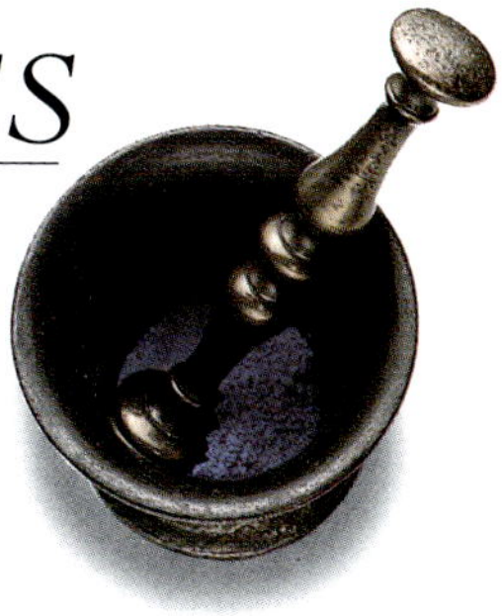

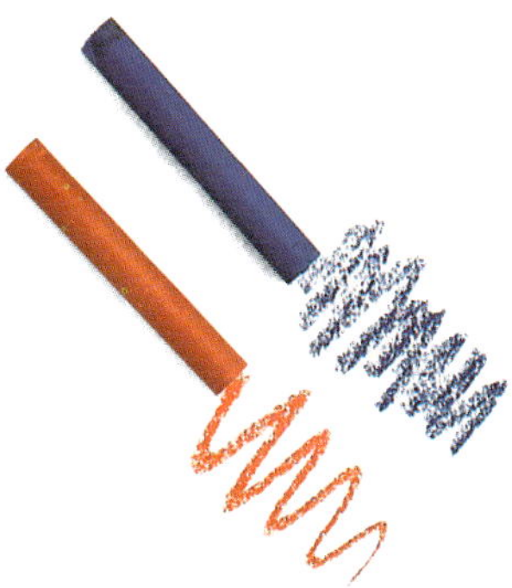

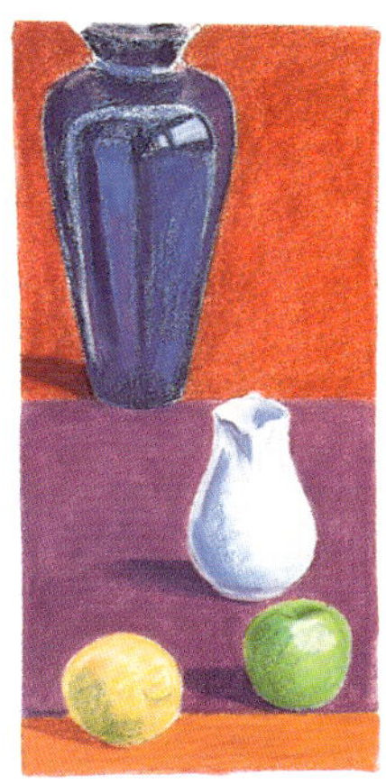

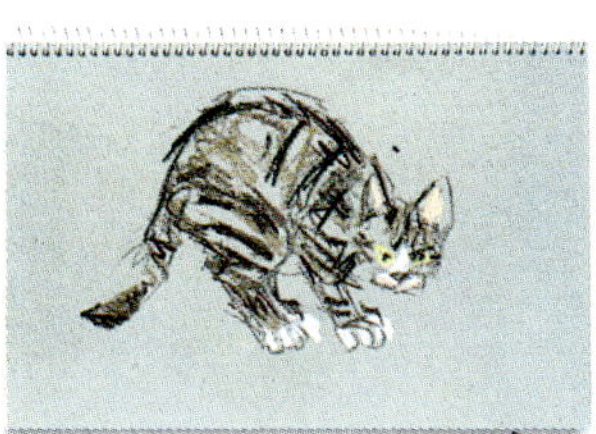

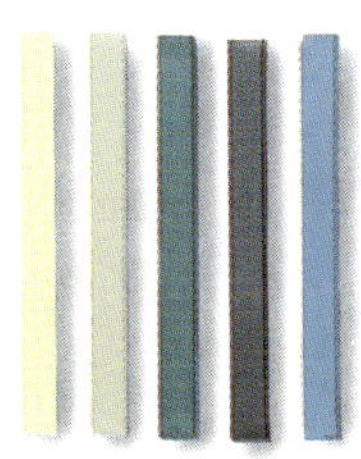

LE PASTEL

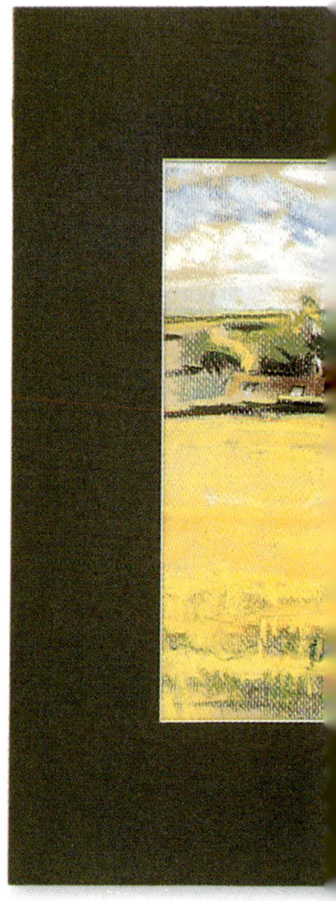

NOMBREUX FURENT LES ARTISTES à être séduits par la luminosité et la souplesse d'utilisation du pastel, son extraordinaire aptitude à conjuguer l'instantanéité du dessin, la richesse et la puissance de ses couleurs. Cette technique a autant la faveur du débutant soucieux de passer en douceur du croquis à la peinture que celle des grands maîtres à la recherche d'un art capable d'allier magie de l'instant et simplicité. Les pastels sont des bâtonnets de pigments purs proposés dans une gamme variée de couleurs vives et de tons subtils. Le débutant sera tout d'abord surpris par leur facilité de maniement, puis émerveillé par le charme et l'attrait du rendu. La peinture au pastel se contente d'un matériel réduit (ni palette, ni préparation de surface ou apport d'eau, aucun temps de séchage ou nettoyage de matériel) et sert à merveille tous les genres ; du paysage dramatique à la nature morte empreinte de quiétude en passant par la scène de la vie quotidienne ou le portrait... son univers est des plus vastes !

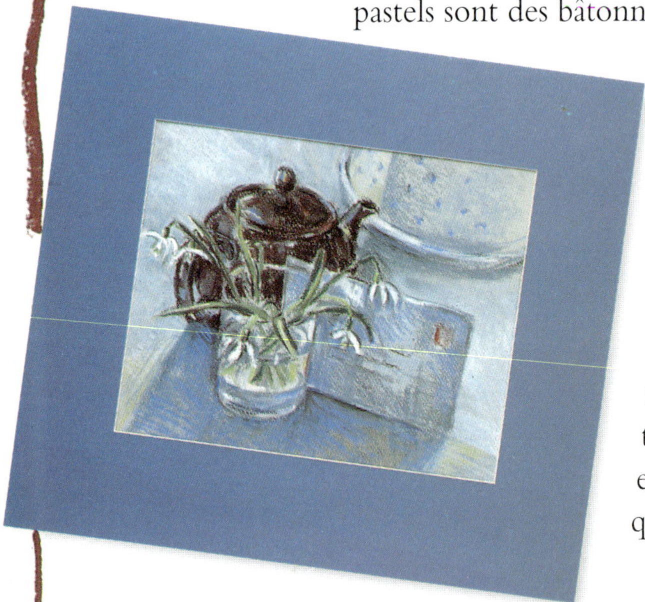

Nature morte dans la lumière du matin

Gamme de couleurs

Les pastels se présentent sous la forme de bâtonnets de pigments opaques : contrairement aux couleurs à l'huile et à l'aquarelle, il n'est guère possible de les mélanger, mais les fabricants pallient cet inconvénient en proposant un large choix de teintes prêtes à l'emploi. Les couleurs pastel peuvent, en revanche, être facilement superposées ou fondues sur le papier. De surcroît, ce matériau lumineux et sec s'efface, se retouche, se mélange bien et permet au pastelliste de composer et de modifier son œuvre sans jamais connaître les complications et les impératifs de séchage de la peinture traditionnelle.

Autre atout de choix : la rapidité avec laquelle il excelle à capter l'instant, à traduire le mouvement et à transcrire la spontanéité du geste dans un panache de couleurs vibrantes. Maniable et léger, il convient fort bien à la peinture en plein air.

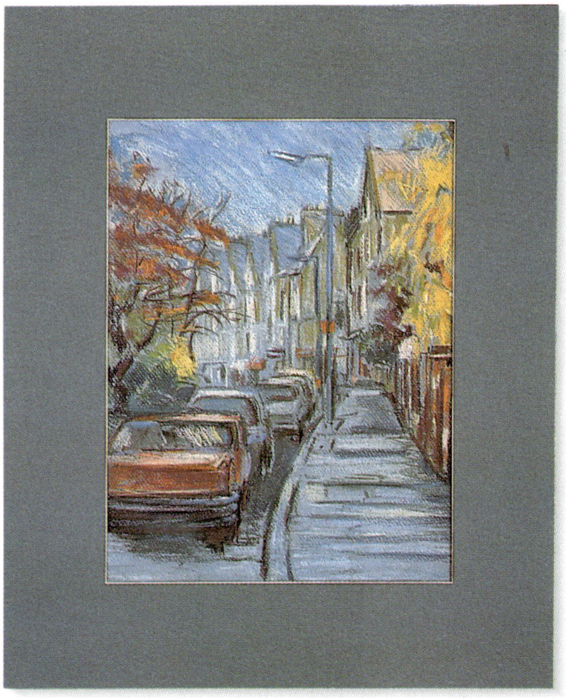

Scène de rue en automne

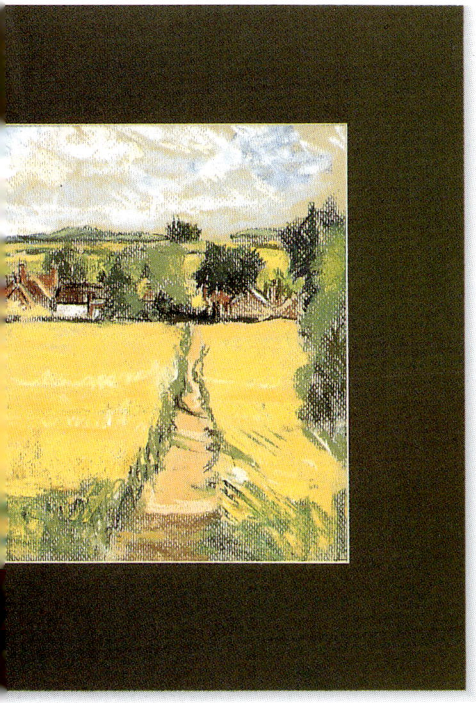

Paysage paisible

Loin d'être un matériau fragile et délicat, le pastel convient aussi bien aux compositions ambitieuses qu'aux premières esquisses d'une œuvre. Libre à vous de jouer sur la vibration de multiples couches de couleur superposées ou sur la subtilité d'un travail tout en nuances. Si le terme « pastel » est parfois synonyme de peinture « tendre » et mièvre, il ne saurait en aucun cas esquiver toute la souplesse, la diversité et la puissance de ce matériau.

Types de pastel

Vous pouvez trouver des boîtes de pastel contenant un assortiment de teintes suffisant pour débuter ou composer votre propre gamme de couleurs. Achetez avec parcimonie et n'hésitez pas à essayer différents types de pastel de plusieurs fabricants. Vous constaterez très vite que leur qualité varie beaucoup selon le fournisseur. Au fil de votre apprentissage, vous privilégierez peut-être la forme, la taille ou la texture d'une marque bien précise.

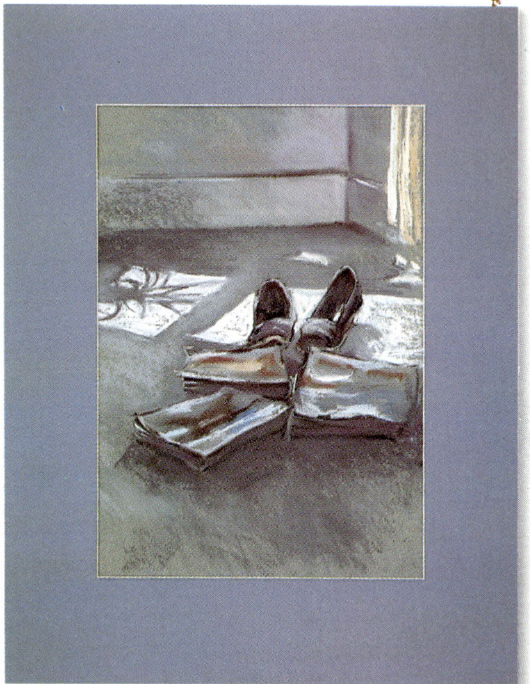

Intérieur

Premiers pas

C'est en jouant sur la tenue du pastel et en modulant la pression exercée sur le bâtonnet que vous pourrez tirer des traits ou dessiner des taches compactes et lumineuses : véritable prolongement de votre main, le pastel épouse fidèlement le moindre de ses mouvements. Un peu d'expérience et d'imagination suffiront pour obtenir des gammes de couleur et de texture d'une étonnante variété.

Pour commencer

Ce livre se propose de vous initier aux plaisirs du pastel et de vous faire découvrir la grande richesse de matériaux et de techniques offerts au pastelliste. On distingue deux grands types de pastel, à l'eau ou à l'huile, et trois degrés de dureté : tendre, moyen et dur. Les particularités de chaque qualité de pastel et son aptitude à telle ou telle technique de peinture et de dessin sont étudiées dans les chapitres suivants.

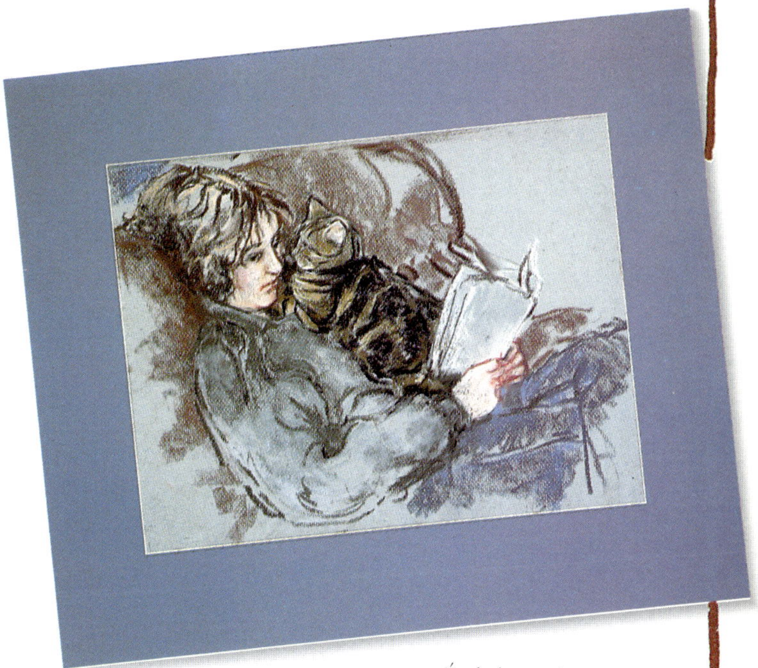

Étude de portrait

UN PEU D'HISTOIRE

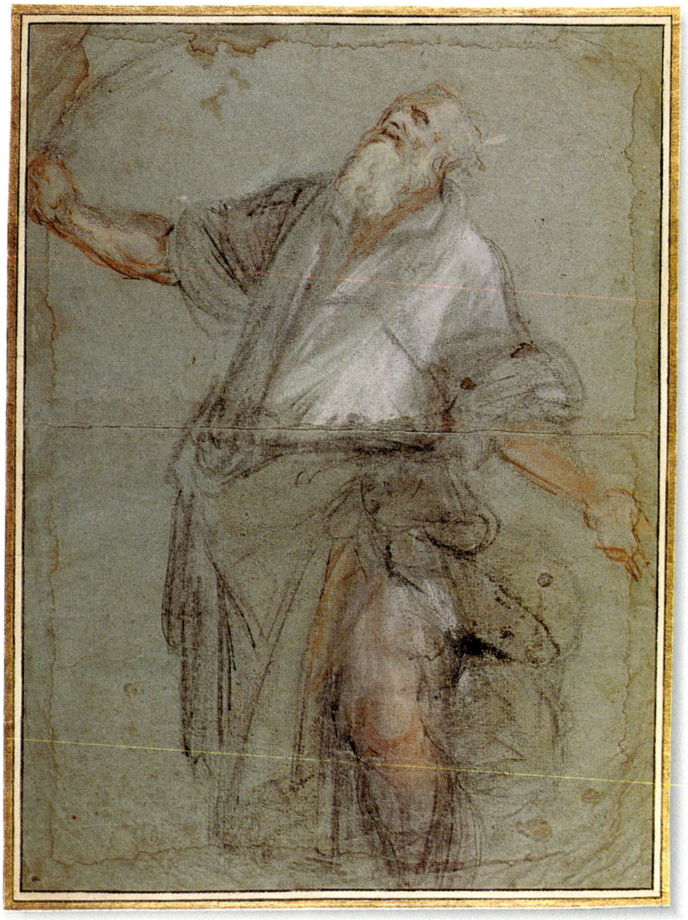

SI L'EMPLOI DU PASTEL remonte au XVe siècle, il faut attendre le XVIIe pour que cet art pictural connaisse un essor mérité. Utilisé à l'origine pour rehausser et enrichir les dessins à la craie, on doit l'invention du pastel tendre, mélange de pigments et de liant, à un artiste français, Jean Perréal, venu à Milan, en 1499, avec Louis XII lors d'une campagne militaire au nord de l'Italie. Léonard de Vinci (1452-1519) ne tarda pas à reconnaître les vertus de ce qu'il appelait le « *mode de colorier à sec* » et sut exploiter cette technique pour ses premières études de la *Cène*. Dès lors, les artistes étaient en mesure de travailler vite et facilement, avec une palette complète de couleurs, sans se soucier du séchage de leur peinture.

Jacopo Bassano, *Vieillard debout, les bras écartés, regardant le ciel,* vers 1575, *51* x *38 cm,* Paris, musée du Louvre, Département des arts graphiques.
Cette étude dynamique de vieil homme est un exemple de retouche au pastel, pratiquée sur les portraits du XVIe siècle. La craie noire sur le fond bleu est rehaussée de pastel rose pour donner plus de réalisme au dessin.

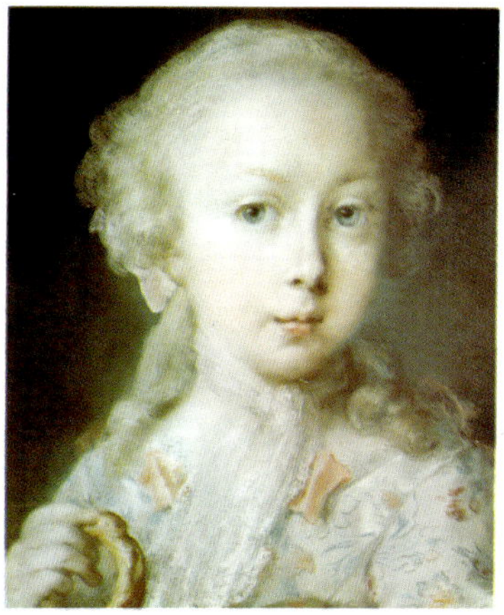

Rosalba Carriera, *Portrait de jeune fille,* vers 1727, *34* x *27 cm,* Venise, galerie de l'Académie.
La légèreté de la touche et la subtilité des mélanges de couleurs transparaissent dans ce portrait d'enfant. Le rendu du visage, des cheveux et du fichu de dentelle révèle un jeu complexe de traitements différents.

De la craie au pastel

Les grands maîtres du XVIIe et du XVIIIe siècles ne disposaient alors que d'une palette limitée au noir, au rouge (sanguine) et au blanc (craie) qu'ils déposaient sur du papier teinté. Depuis la fin du XVe siècle, la craie avait la faveur des artistes. Études et portraits, traditionnellement exécutés dans cette technique dite « des trois crayons », furent peu à peu agrémentés de pastel. C'est en se servant du pastel pour réaliser un magistral portrait à la gloire de Louis XIV (vers 1665), que Charles Le Brun donna à cet art balbutiant ses premières lettres de noblesse.

L'artiste vénitienne Rosalba Carriera (1675-1758) fut la principale instigatrice du renouveau du pastel.

Miniaturiste à ses débuts, elle se consacra bientôt à l'art du portrait.

La peinture de Rosalba, empreinte d'une grande délicatesse et d'une étonnante spontanéité, convenait bien pour les portraits de dames et de chevaliers. Les commandes des monarques et des Cours de toute l'Europe ne tardèrent pas à affluer.

En 1720, elle se rendit à Paris et y remporta un vif succès en exécutant une cinquantaine de portraits.

Si Joseph Vivien (1657-1735) jouissait déjà à l'époque d'une solide réputation de pastelliste, c'est à Rosalba Carriera que l'on doit la plus grande influence sur les peintres contemporains. Cette artiste eut de nombreux adeptes qui suivirent son enseignement et se réclamèrent de son style, longtemps après sa mort : en 1780, on recensait à Paris plus de 2 500 pastellistes.

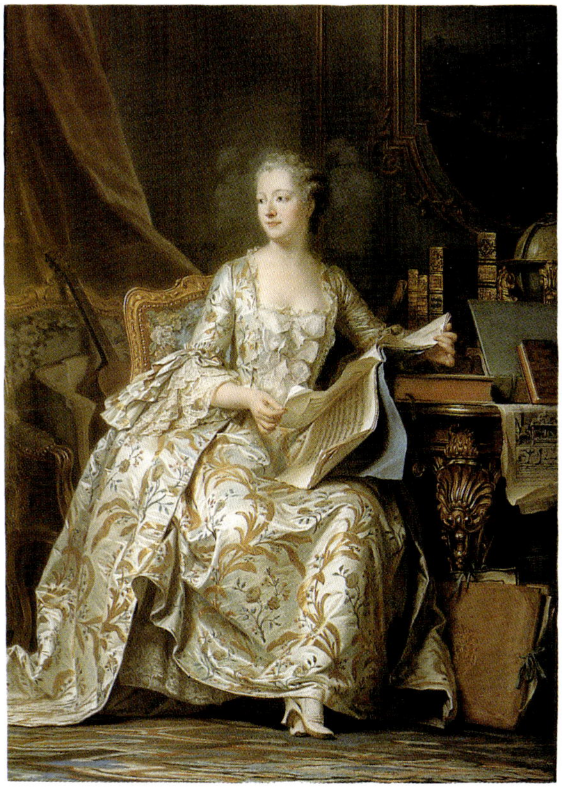

Maurice Quentin de La Tour, *Madame de Pompadour,* vers 1752, *177,5* x *132 cm,* Paris, musée du Louvre.
Ce magistral portrait témoigne des dons exceptionnels du pastelliste. La Tour exécuta d'abord le visage de la favorite sur un médaillon de papier qu'il colla ensuite au reste de la composition, elle-même constituée de plusieurs parties.

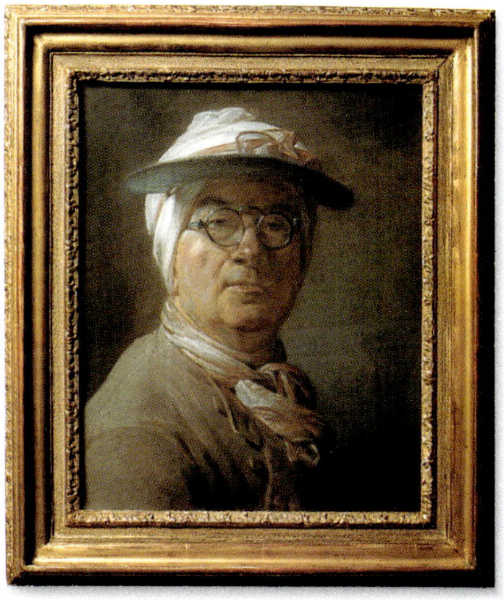

Jean-Baptiste-Siméon Chardin, *Autoportrait à l'abat-jour,* 1775, *46* x *38 cm,* Paris, musée du Louvre.
À mesure que sa vue s'affaiblit, Chardin, s'adonne surtout au pastel. Cette œuvre dénote un réalisme et une sobriété qui contrastent avec les portraits de l'époque.

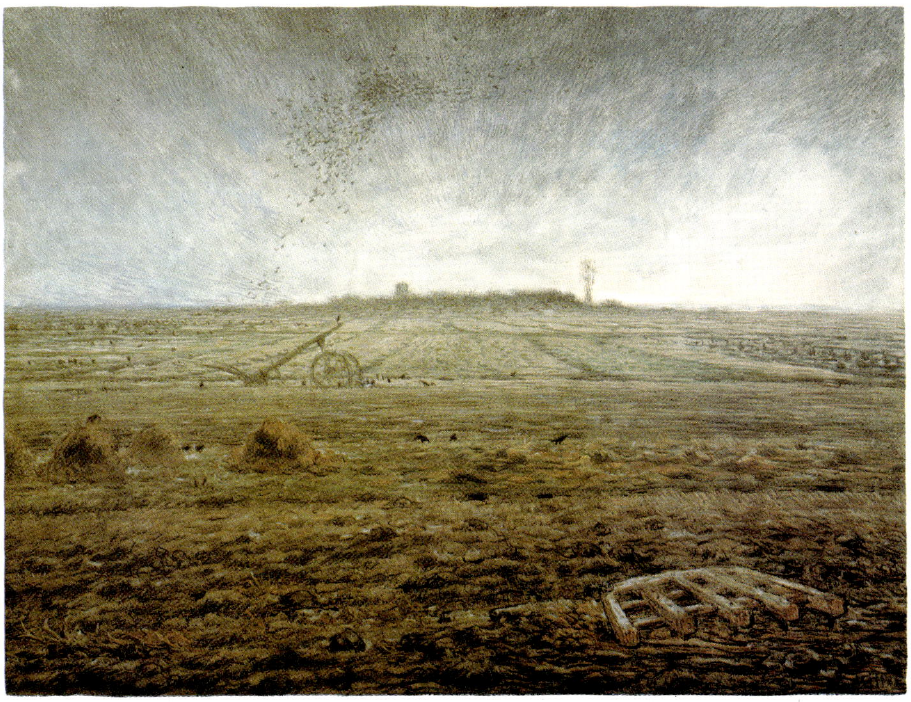

Jean-François Millet, *Hiver aux corbeaux,* 1862-1863, *72* x *96 cm,* Glasgow, Glasgow Museum, collection Burrell.
Ce peintre, auteur de monumentales figures de paysans au travail, réalisa de superbes paysages à l'huile, à la craie noire et au pastel. Sur un dessin préliminaire à la craie noire, il pose ici de petits accents de couleur pastel qui expriment toute la force du sujet, contrastent avec les formes douces et fondues du XVIIIe siècle et préludent à l'usage des couleurs diffuses, chères aux impressionnistes.

Quentin de La Tour

Les plus brillants portraitistes du XVIIIe siècle, Maurice Quentin de La Tour (1704-1788) et son disciple Jean-Baptiste Perronneau (1715-1783), firent un large usage du pastel. Dans la lignée de son émule, Rosalba Carriera, La Tour repoussa les limites de cette technique et s'imposa bientôt comme le grand maître de cet art. Ses représentations en buste sont animées d'un étonnant souffle de vie qui traduit, au-delà de la pure ressemblance, la psychologie du modèle. Attiré par la vérité intime de ses sujets, La Tour se plaisait à explorer les profondeurs de la pensée pour livrer les secrets de l'homme. Son excellente maîtrise du dessin lui permit de travailler sur de grands formats.

François Boucher (1703-1770) et Jean-Baptiste-Siméon Chardin (1699-1779) comptèrent aussi parmi les célèbres pastellistes du XVIIIe siècle. Le premier excella à reproduire l'élégance facile et la frivolité insouciante de l'époque tandis que le second introduisit de nouvelles méthodes de composition de la couleur. Ce fut pourtant Élisabeth Vigée-Lebrun (1755-1842) qui devint peintre officiel de la Cour. Le Suisse Jean-Étienne Liotard (1702-1790) exerça pour sa part une influence prépondérante grâce à ses portraits très léchés de personnages vêtus de costumes orientaux.

En sonnant le glas de l'aristocratie, la Révolution française annonça le déclin du portrait au pastel. Durant toute la première moitié du XIXe siècle, cet art ne recueillit la faveur que de quelques artistes. Il fallut attendre 1860 et le triomphe de Jean-François Millet (1814-1875) pour réhabiliter ce genre qu'il privilégia en brossant de très beaux paysages bucoliques d'une impressionnante puissance.

L'AVÈNEMENT DE L'IMPRESSIONNISME inaugura une nouvelle ère dans l'histoire de la peinture ; les artistes devinrent de fidèles observateurs du quotidien, s'évertuant à saisir les jeux de lumière. Le pastel fut un moyen d'expression idéal, très apprécié pour sa luminosité et sa spontanéité. Ces peintres ont tiré parti des effets de couleurs diffuses obtenues par le mélange optique de petites touches de primaires et de secondaires juxtaposées.

Eugène Delacroix (1798-1863), figure de proue de ce mouvement et coloriste incomparable, influença de jeunes peintres. Il pratiqua le pastel dans des dessins préparatoires réalisés pour d'imposantes compositions et des études de paysages. Eugène Boudin (1824-1898), propriétaire d'une petite société de papeterie et d'encadrement au Havre, admirait beaucoup les pastels de Delacroix. Il exécuta des centaines de scènes de la côte normande dans lesquelles il s'attacha à capter les changements de lumière et de temps. Son œuvre attira à son tour Claude Monet (1840-1926).

Si des artistes tels que Camille Pissarro (1830-1903) et Berthe Morisot (1841-1895) ont employé le pastel avec bonheur, c'est à Edgar Degas (1834-1917), Édouard Manet (1832-1883) et Mary Cassatt (1845-1926) que cet art doit son apogée.

Degas ne cessa, sa vie durant, d'exploiter cette technique pour reculer les limites de la créativité. Ce dessinateur de génie, passionné par l'étude du mouvement, travailla sur des sujets inédits qui le poussèrent sur les champs de course, dans les coulisses de théâtres, sur la scène de l'Opéra ou dans l'intimité des femmes à leur toilette.

Son regard impitoyable y scrutait les expressions des visages, sur lesquels il aimait à faire jouer une lumière artificielle. L'influence conjuguée de la photographie, qui inspira aux impressionnistes des compositions hardies, souvent décentrées, et des estampes japonaises, aux compositions insolites et aux contours nets et vifs cernant de larges plages de couleurs, contribua au renouvellement de leur art.

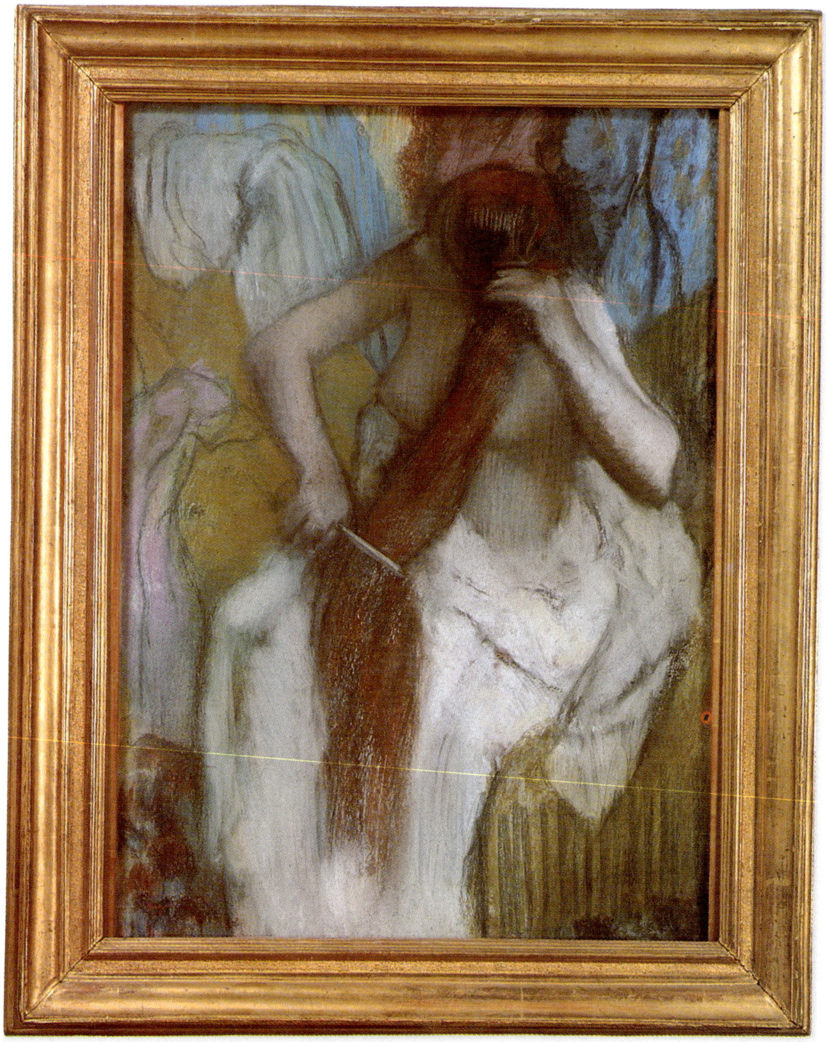

Edgar Degas, *Femme se coiffant,* vers 1890-1892, *82 x 57 cm,* Paris, musée d'Orsay.
Les pastels de Degas traduisent un dessin inventif et une quête d'effets inédits. Il mêla le pastel à la gouache, passant du dessin à la peinture avec une égale virtuosité. Ce coloriste élaborait son sujet en posant de multiples couches de couleurs et en vaporisant du fixatif sur la toile entre chaque application.

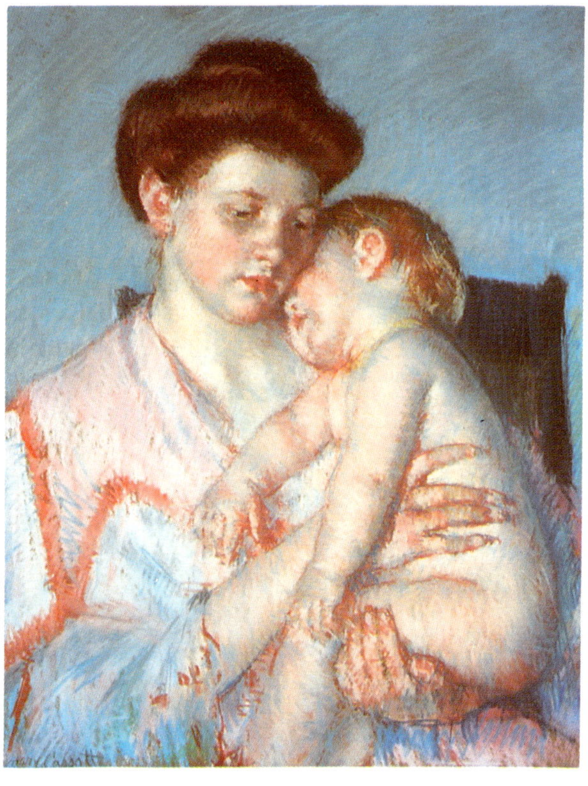

Mary Cassatt, *Mère et enfant,* vers 1910, *64,8 x 52 cm,* Dallas, Museum of Art.
Cette Américaine fit de Paris sa ville d'élection. Degas, qui admirait beaucoup son art, l'invita à se joindre aux impressionnistes. Le thème de la maternité occupe une place de choix dans son œuvre et révèle un souci constant de dépeindre le quotidien avec sensibilité.

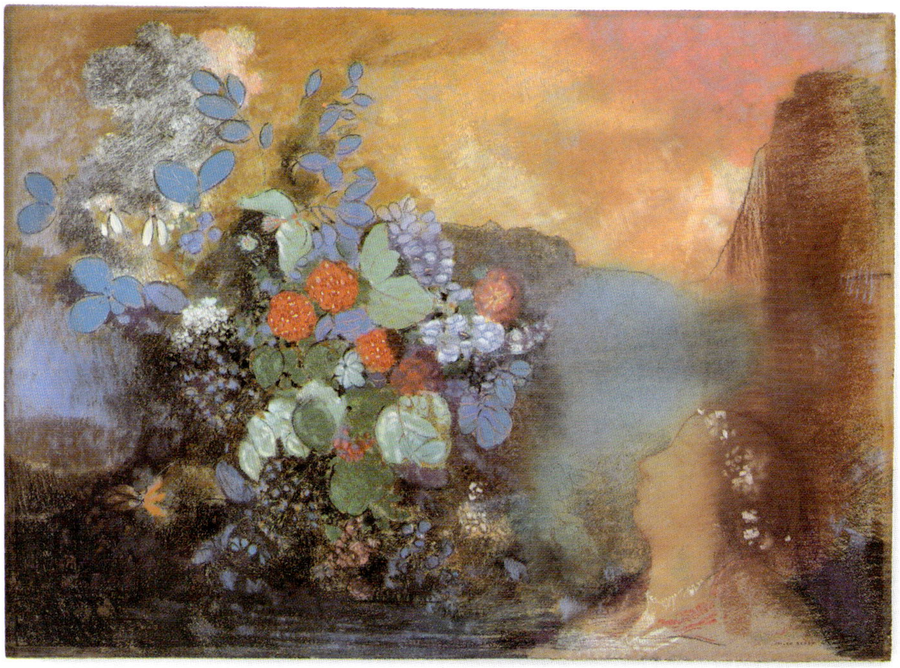

Odilon Redon, ***Ophélie et les fleurs*, vers 1905-1908,** *64* x *91 cm,* Londres, National Gallery.
Redon met en valeur un profil féminin, baignant dans une atmosphère de fleurs et de rêve. En regardant le tableau de la droite, on constate que la composition fut au départ conçue comme une étude de fleurs. Redon a ensuite ajouté la figure féminine.

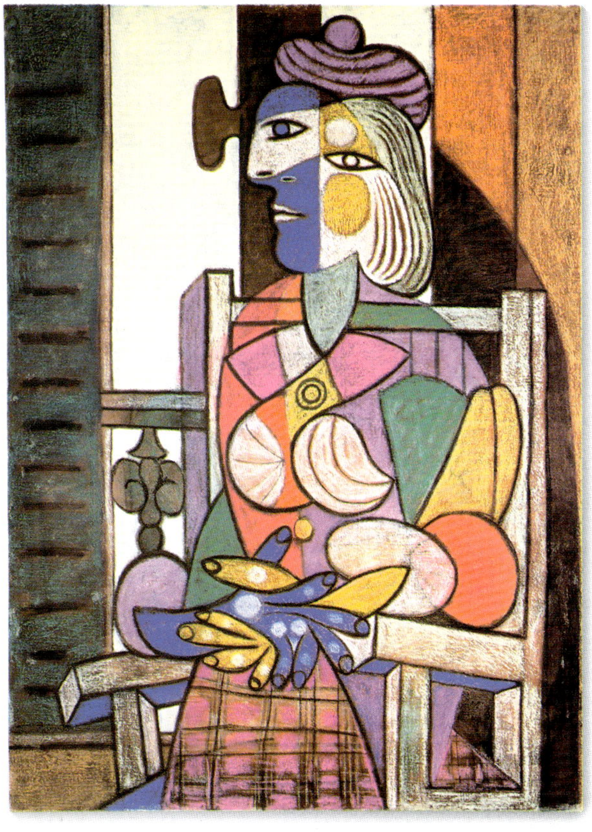

Pablo Picasso, *Femme assise à la fenêtre*, 1937, *130* x *97 cm*, Paris, musée Picasso.
Picasso pratiqua le pastel à maintes reprises au cours de sa carrière, mais rarement avec autant de raffinement que sur cette œuvre.
L'image est bâtie sur un fond brun rougeâtre qui transparaît sous le glacis. L'éclairage violent renforce les jeux de contrastes entre la forme positive du mur et la forme négative de la fenêtre. L'arrondi du visage, modelé en des teintes primaires et secondaires, dote l'ensemble d'un aspect naïf qui complète la structure sophistiquée de la composition.

À l'aube du XXe siècle

L'année 1870 marque la fondation, à Paris, de la Société des pastellistes, suivie, en 1880, par la première exposition à Londres de son homologue britannique, la Pastel Society. Renoir (1841-1919), Toulouse-Lautrec (1864-1901), Vuillard (1868-1940) et James Whistler s'illustrèrent dans cette technique. Vuillard exécuta de nombreux pastels et Whistler signa une série de compositions peuplées de figures féminines ainsi que quelques paysages.

L'un des grands maîtres du genre fut Odilon Redon (1840-1916) qui réalisa, à plus de soixante ans, de riches variations sur le thème de l'imaginaire. Isolé de ses contemporains, Redon n'en fut pas moins le guide des générations suivantes : les surréalistes virent en lui l'initiateur de leurs explorations de l'inconscient.

Nombreux furent les artistes du XXe siècle à pratiquer le pastel en complément du dessin plus que comme technique de peinture à part entière. Seul le peintre contemporain Ronald Kitaj privilégie cet art pour évoquer, dans des œuvres puissantes et d'une grande beauté pathétique, l'expérience humaine et ses réalités les plus intimes.

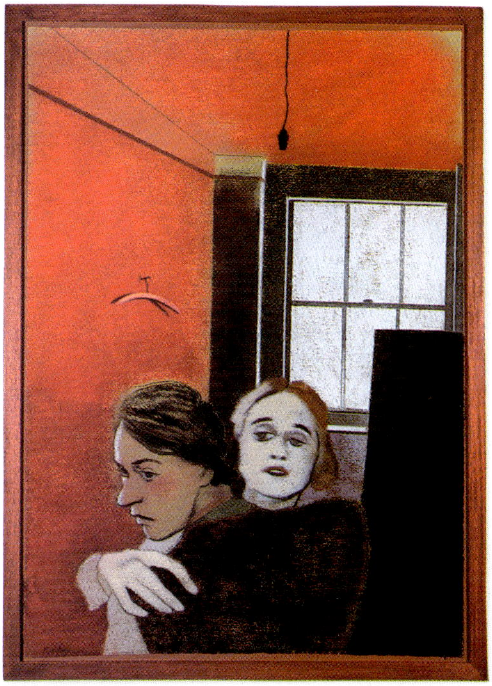

Ronald Kitaj, *Study for the World's Body*, 1974, *30* x *20 cm,* Malborough Fine Arts.
Kitaj est un peintre et un dessinateur d'exception. Ses œuvres traitées au pastel s'inspirent autant de photographies que de la réalité saisie dans l'immédiat. Les figures qui animent ses représentations de la vie moderne sont souvent aux prises avec des conflits politiques ou sexuels.

Le Pastel Tendre

Le pastel tendre, mélange de poudre de pigment pur agglomérée avec de la gomme adragante, a de tout temps eu la faveur des pastellistes. Sa finesse, sa douceur veloutée et sa facilité d'application en font un outil de choix. Opaques et couvrants, les pastels tendres peuvent se mélanger et s'estomper à loisir. Ces qualités permettent d'obtenir des résultats picturaux et variés, des fins tracés de couleurs superposées aux larges aplats ou riches empâtements. Il suffit d'une légère touche de pastel tendre sur le papier pour que de petites particules de pigment se dispersent sur le support, réfléchissent la lumière et fassent jaillir les couleurs.

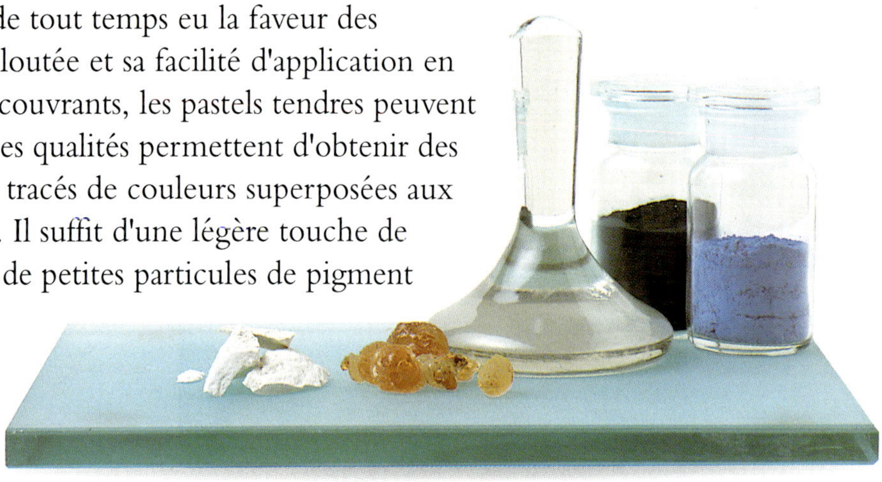

Les ingrédients du pastel
Le pastel est surtout composé de pigments secs, de craie précipitée et de liant tel que la gomme adragante.

La poudre colorée est malaxée dans une solution de gomme et d'eau en une pâte épaisse. L'adjonction de craie en quantité croissante donne des pastels de plus en plus clairs.

L'étymologie du mot « pastel » indique une origine italienne (pasta, pâte). Il est en effet fabriqué à partir de couleurs pulvérisées et de craie broyée, malaxées sous forme de pâte avec de la colle, de la gomme, parfois du miel ou du lait, puis façonnées en petits cylindres qui sont mis à sécher.

Les pastels tendres ne comportent qu'une infime quantité de liant, suffisante pour assurer la consistance du bâtonnet et idéale pour préserver la pureté du pigment d'origine. Certes, la gamme de teintes des pastels tendres est quelque peu réduite dans les tons sombres, mais ce léger inconvénient est compensé par son extraordinaire brillance. De nombreux fabricants proposent une gamme étendue de pastels tendres extra-fins, alliant finesse des pigments et solidité des couleurs, mais assez onéreux. Vous constaterez aussi que la consistance du pastel tendre varie selon le pigment entrant dans sa composition : certaines couleurs sont en effet beaucoup plus douces que d'autres.

À l'inverse, les teintes foncées se caractérisent par une dureté supérieure à celles des pastels clairs, de consistance plus friable. Cette différence est due à la forte proportion de craie existant dans les nuances les plus claires. N'hésitez pas à essayer les tons foncés pour évaluer leur douceur et la délicatesse de leur rendu.

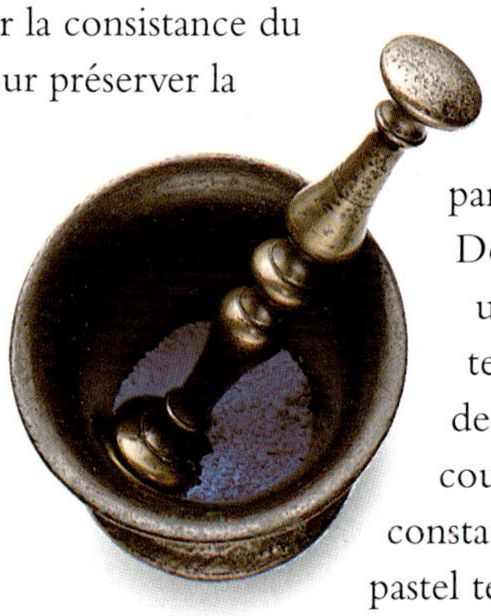

Mortier et pilon

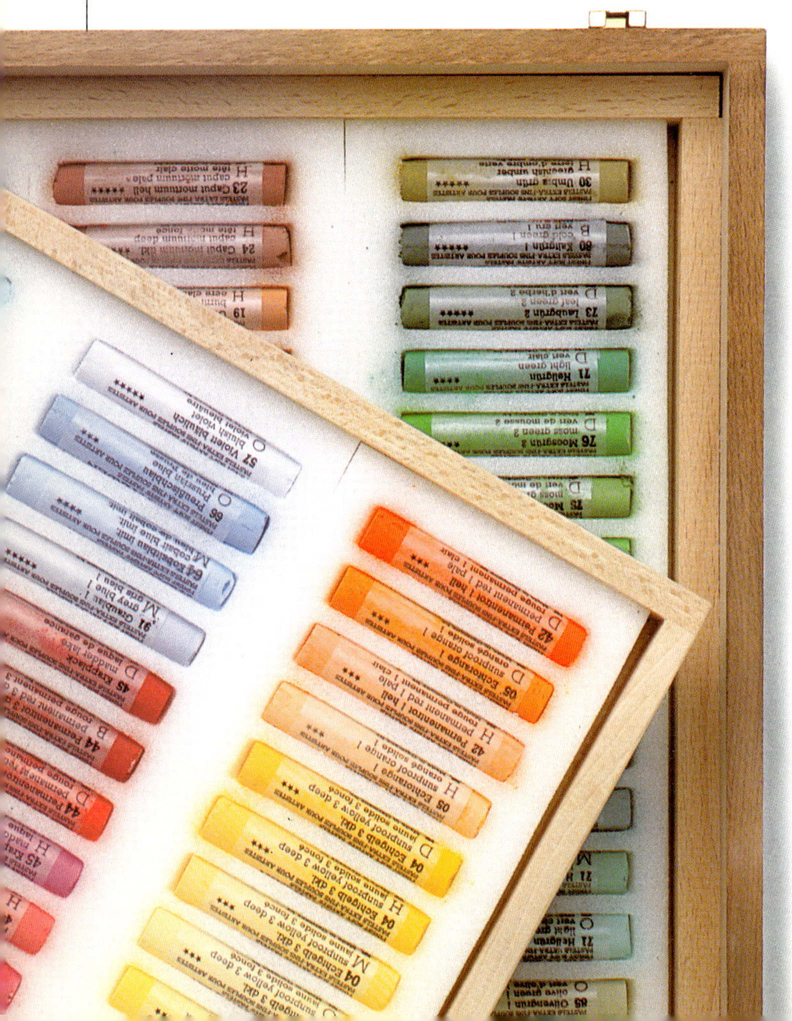

Coffrets en bois
L'extrême fragilité des pastels tendres impose un rangement soigneux des bâtonnets. Ces coffrets, tapissés de petites alvéoles en mousse épousant la forme du bâtonnet, sont parfaits pour protéger vos couleurs et préserver leur propreté. Vous pouvez aussi acheter des boîtes de pastel vides que vous garnirez de votre propre assortiment de couleurs.

DE TOUS LES TYPES DE PASTEL - tendre, dur, soluble dans l'eau, pastel à l'huile ou crayons pastel - le pastel tendre est celui qui offre la plus vaste gamme de couleurs. Vendu à l'unité, en étui ou en boîte, il existe en épaisseurs et longueurs variées. Les grands coffrets contenant un vaste choix de coloris (certains fournisseurs en proposent plus de 300) peuvent atteindre des prix fabuleux.

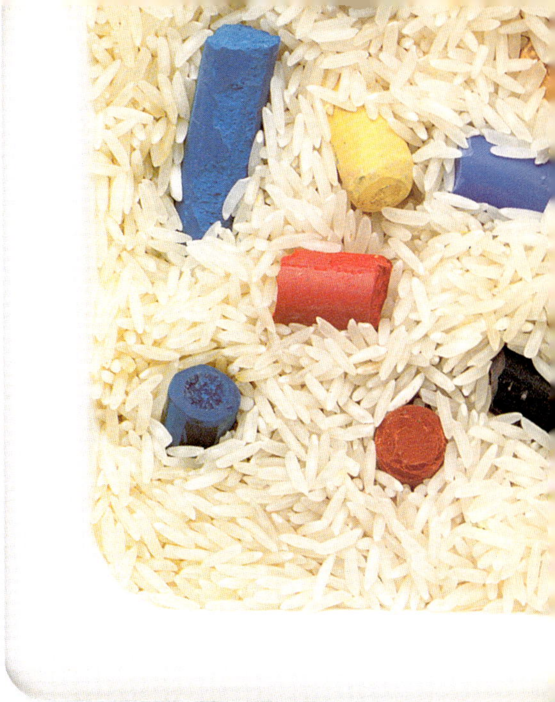

Nettoyage des pastels

Les pastels tendres se salissent à l'usage et il est difficile de reconnaître les différents tons. Il est bon de les essuyer régulièrement avec un mouchoir en papier. Pour plus d'efficacité, vous pouvez les déposer sur un lit de grains de riz qui jouera le rôle de léger abrasif et nettoiera en douceur les bâtonnets. S'ils sont très sales, secouez-les délicatement dans un bocal rempli de riz.

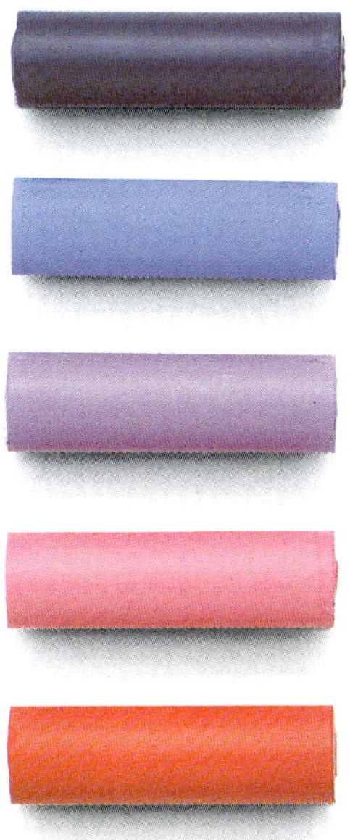

Pastels demi-longueur

Vendus en boîte de 60 couleurs assorties, ils sont appréciés pour leur petite taille et leur maniabilité.

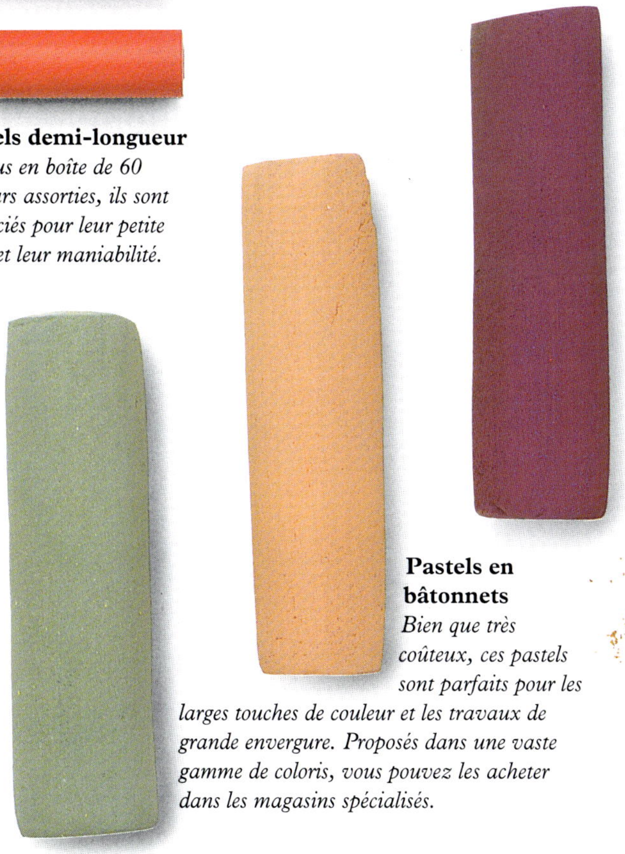

Pastels en bâtonnets

Bien que très coûteux, ces pastels sont parfaits pour les larges touches de couleur et les travaux de grande envergure. Proposés dans une vaste gamme de coloris, vous pouvez les acheter dans les magasins spécialisés.

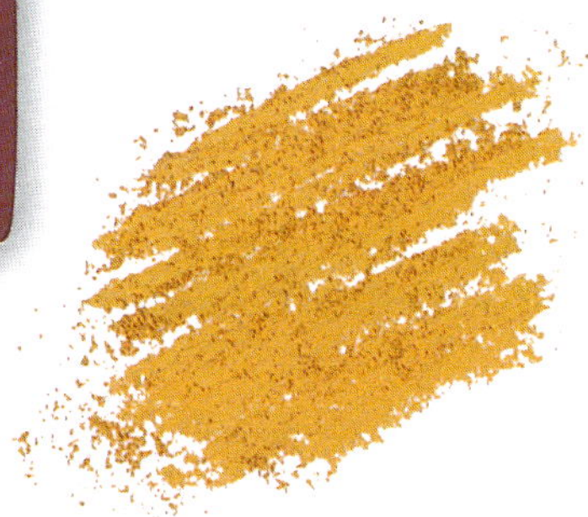

Poussière de pastel

Les pastels étant par nature très friables, il arrive que le frottement du bâtonnet sur le support laisse apparaître de petites particules de craie ou une fine poudre de pigment.

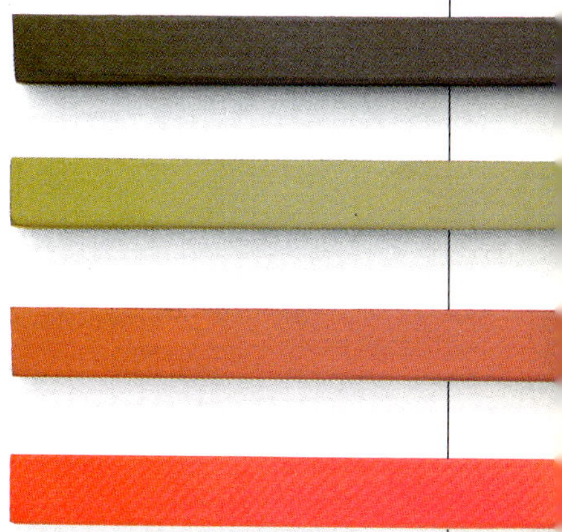

Pastels carrés

Leurs angles vifs facilitent le tracé de lignes fines, plus précises que les traits obtenus avec les bâtonnets ronds. Ces pastels ont la même consistance et la même vocation, mais se distinguent par une gamme de couleurs plus réduite.

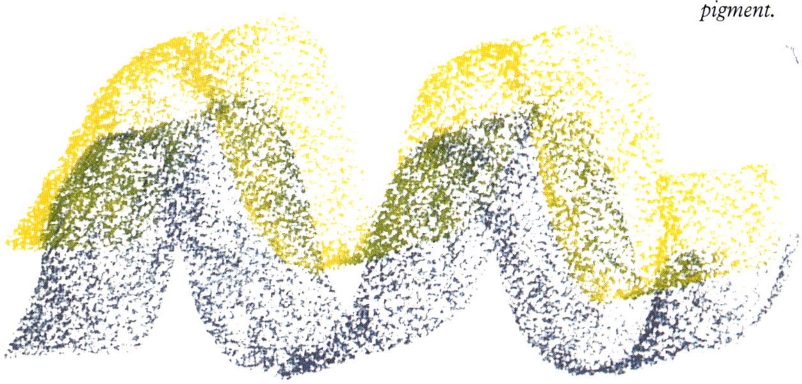

Guirlandes bleue et jaune

Le ruban bleu chevauche ici le ruban jaune, tous deux tracés avec l'arête du bâtonnet. La superposition de ces deux couleurs donne, par mélange optique, un vert.

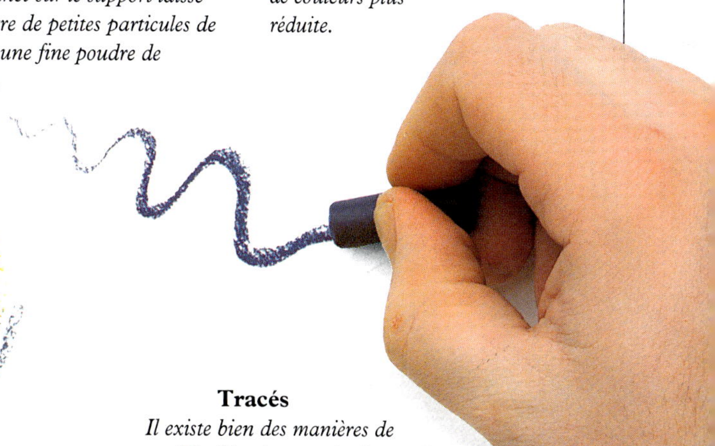

Tracés

Il existe bien des manières de modifier l'épaisseur et la finesse du trait : observez l'effet produit selon l'inclinaison et la tenue du bâtonnet. On peut encore frotter le bord, la pointe ou l'arête du pastel sur le papier et moduler la pression de la main.

AUTRES TYPES DE PASTEL

IL EXISTE UNE ÉTONNANTE VARIÉTÉ de pastels propres à satisfaire les aspirations créatrices des artistes. Tous sont fabriqués selon les mêmes principes, mais se distinguent par la nature et la quantité de liant utilisé. Qu'il s'agisse de pastels vendus sous forme de crayons ou de pastels solubles dans l'eau pouvant être travaillés au pinceau pour un rendu proche de l'aquarelle... le choix est vaste !

Suivant la proportion de gomme, on distingue trois degrés de dureté : dur, moyen et tendre. Pastels durs et crayons Conté sont, après les pastels tendres, les variétés les plus connues.
Si l'adjonction de gomme fait perdre de son éclat à la couleur, elle assure en revanche une plus grande dureté qui fait de ce pastel l'outil idéal des travaux de précision. Les pastels durs se prêtent plus au dessin qu'à la peinture.

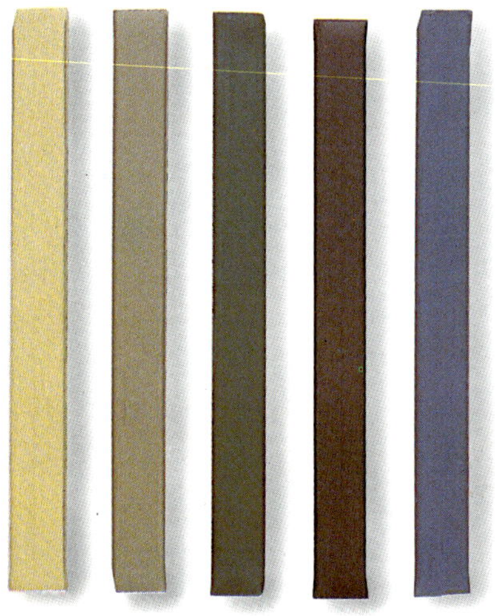

Ressemblances et différences
Les artistes emploient le pastel dur (qui se mélange bien avec le pastel tendre) au début d'une œuvre, lorsque le dessin joue un rôle primordial dans l'esquisse. Le pastel tendre prend le relais avant que le travail ne soit achevé par quelques touches de pastel dur.

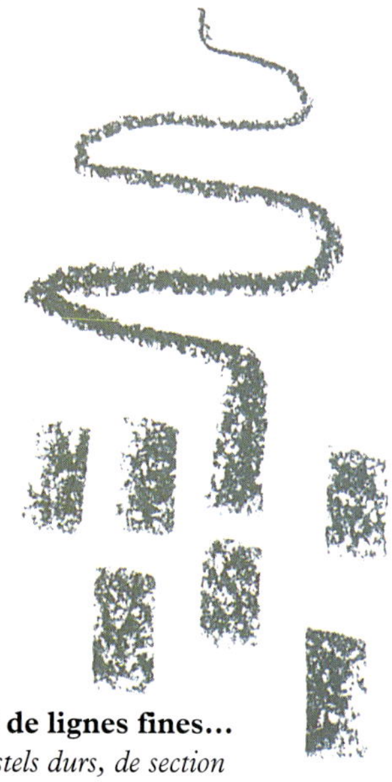

Tracé de lignes fines...
Les pastels durs, de section carrée, permettent de varier les touches en jouant sur leur tenue et leur maniement.

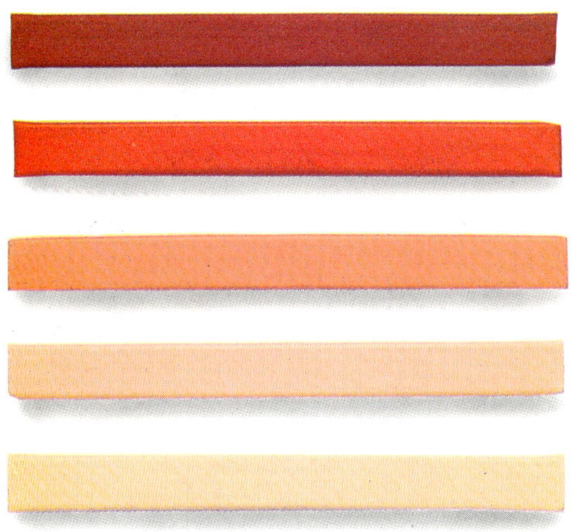

Crayons Conté
Ce pastel mi-dur allie les avantages du pastel tendre (facilité d'emploi) et les atouts du pastel dur (précision du trait). Proposé dans une gamme de 80 couleurs, il convient bien au tracé d'ébauche et à la peinture en extérieur. Petit, il est plus maniable que le pastel tendre tout en étant moins friable et moins fragile.

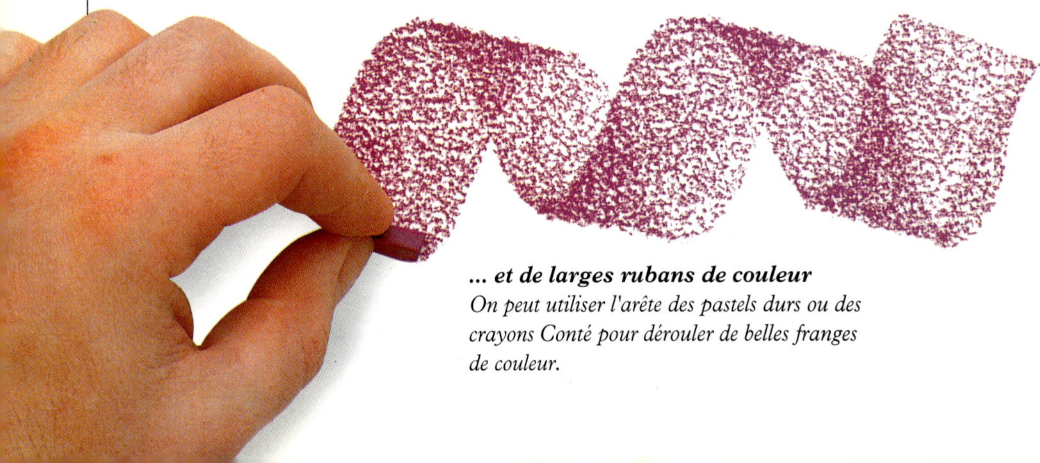

... et de larges rubans de couleur
On peut utiliser l'arête des pastels durs ou des crayons Conté pour dérouler de belles franges de couleur.

Pour enrichir l'ouvrage de quelques menus détails, l'extrémité du pastel dur peut être taillée en pointe au scalpel, limée sur un grattoir ou avec du papier de verre.

Toutefois, au moment d'utiliser ce bâtonnet bien aiguisé, n'appuyez pas trop fort sur le papier pour ne pas laisser une trace qui ressortirait sous la forme d'une ligne blanche après travail au pastel tendre.

À l'inverse, il convient de ne pas surcharger le grain du papier avec un pastel tendre sous peine d'empêcher l'application ultérieure de pastel dur.

Les pastels durs n'existent que dans une palette réduite de teintes.

Certaines marques comportent de faibles quantités de noir qui lui donnent une tonalité légèrement plus foncée que celle des pastels tendres.

Pour pallier cet inconvénient et obtenir des nuances plus subtiles, il importe de savoir exploiter les multiples possibilités offertes par les mélanges de couleur sur le papier. En superposant les couleurs par de légères hachures ou en les fondant avec le doigt ou une estompe, vous découvrirez tout un répertoire d'effets suggérant à merveille la dimension, la profondeur ou le mouvement.

Par opposition aux pastels tendres, les pastels durs ne masquent pas le grain du papier, sans pour autant prétendre à la même richesse de texture.

Si vous souhaitez donner à la couleur davantage de densité, n'appuyez pas trop fort pour ne pas abîmer la surface du papier : vous risqueriez d'en gommer les aspérités.

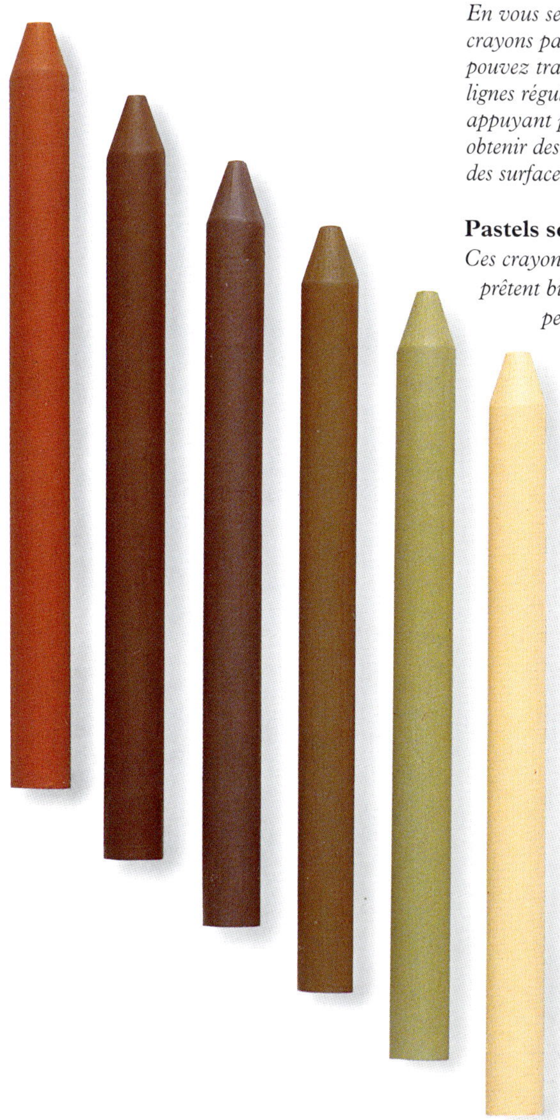

Crayons pastel
La mine de ces crayons gainés de bois est d'une consistance un peu plus douce que les crayons Conté. De ce fait, leur emploi est recommandé pour le travail des détails complexes, des lignes et des finesses ; ils peuvent aussi être fondus pour modeler des formes délicates. Ils sont vendus en coffret de 80 nuances assorties ou à l'unité. Libre à vous d'acquérir ainsi une couleur qui n'existe pas dans votre boîte ou de remplacer un à un les crayons usés.

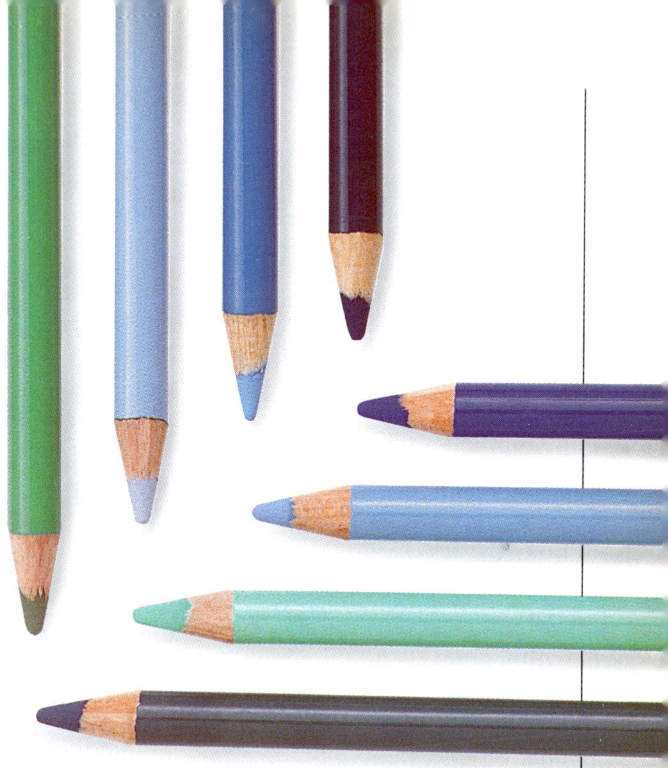

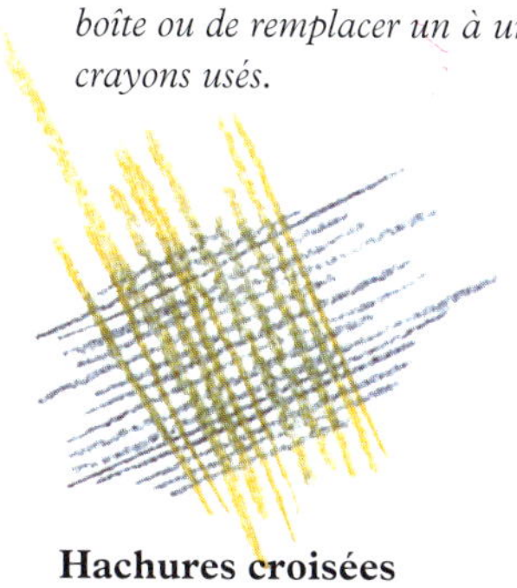

Hachures croisées
En vous servant de crayons pastel, vous pouvez tracer de fines lignes régulières ou, en appuyant plus fort, obtenir des dégradés et des surfaces texturées.

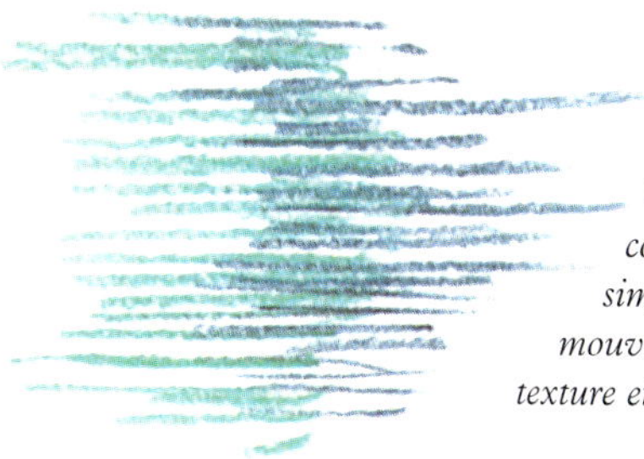

Zébrures
Ces traits de différents tons bleutés, tracés avec l'extrémité du crayon, constituent un moyen simple pour donner du mouvement, créer un effet de texture et de miroitement.

Pastels solubles à l'eau
Ces crayons à la cire s'emploient secs ou humides. Ils se prêtent bien aux techniques de peinture traditionnelles, mais peuvent aussi être appliqués au moyen d'un pinceau trempé dans l'eau pour fondre et adoucir le tracé linéaire tout en dissolvant le pigment en un « lavis » coloré. Ils existent en 48 nuances, vendues à l'unité ou en assortiment.

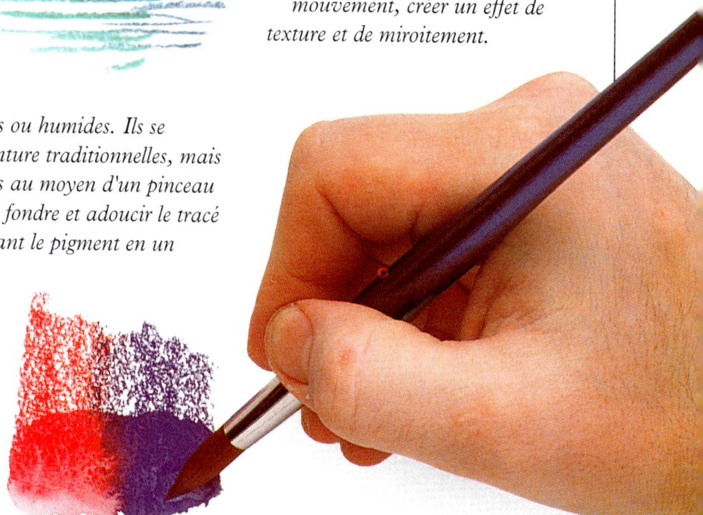

Dilution et fusion des couleurs

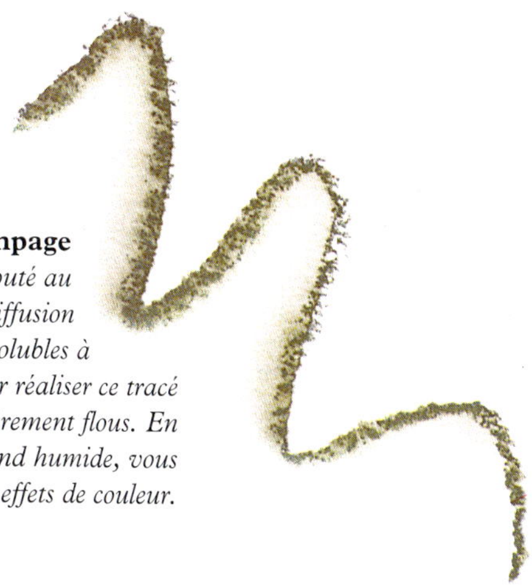

Estompage
Le volume d'eau ajouté au pastel donne le degré de diffusion du pigment. Les pastels solubles à l'eau sont conseillés pour réaliser ce tracé aux contours légèrement flous. En travaillant sur fond humide, vous obtiendrez de merveilleux effets de couleur.

LES OUTILS DU PASTELLISTE

LE PRINCIPAL AVANTAGE DU PASTEL réside dans sa maniabilité et sa grande souplesse d'exécution. Comparé aux autres techniques de peinture, il ne nécessite ni mélange sur palette, ni dilution à la térébenthine. Quelques bâtonnets, une feuille de papier fixée à une planche à dessin peuvent suffire, sans oublier le plus précieux de tous les outils, vos doigts ! À cet égard, le pastel s'apparente au dessin, par sa simplicité et la modestie des moyens mis en œuvre. Il vous permet de saisir la réalité immédiate et de la restituer à votre guise avec des couleurs riches et veloutées.

Au cours de votre apprentissage, vous serez peut-être tenté d'acheter dans les magasins spécialisés deux ou trois accessoires, peu onéreux, qui vous aideront dans la pratique et la maîtrise de cet art.

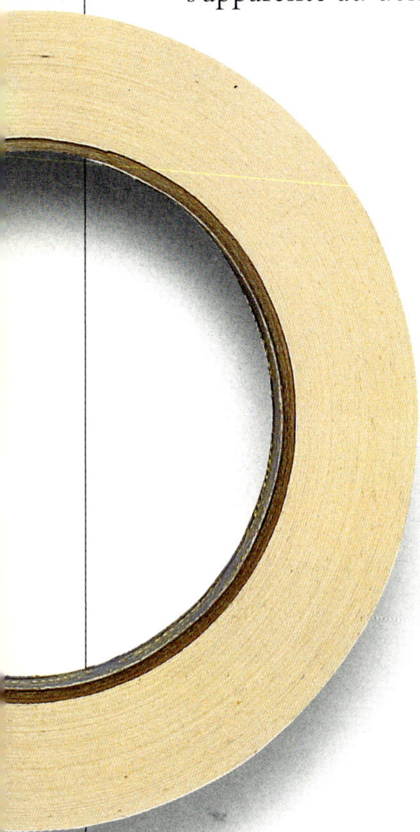

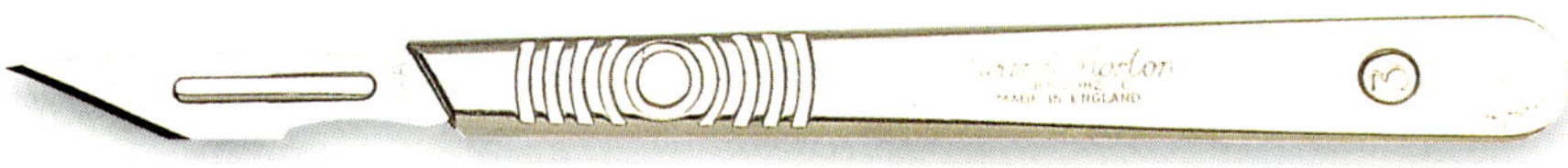

Scalpel
En grattant avec la lame d'un scalpel la pointe du pastel dans le sens de la longueur, vous obtenez de la poudre de pigment, très utile pour les lavis à sec (voir p. 52-53). Cet outil sert aussi à découper le papier et, pour les pastels à l'huile, à réaliser des « sgraffites », à tirer des lignes ou à effectuer des retouches.

Papier-cache adhésif
Il permet de masquer les bords d'une zone de peinture à travailler et de fixer à plat la feuille de papier sur la planche à dessin. Il s'enlève aisément après usage sans arracher les fibres de la surface de l'ouvrage.

Fixatif
Les pastels ont le défaut de se salir facilement et de s'abîmer avec le temps. Pour y remédier, on utilise un fixatif qui protège l'œuvre terminée en « fixant » la couleur au support sans en dénaturer l'aspect ni altérer le velouté. Il peut aussi servir, en cours de travail, à fixer chacune des sous-couches qui composent le pastel. Les fixatifs existent en flacons ou en bombes aérosol.

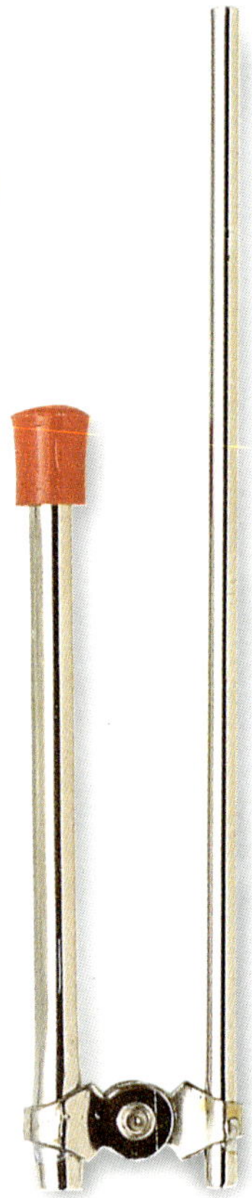

Fixateur
Le fixateur à bouche sert à pulvériser les fixatifs en flacon. Glissez la longue branche dans le flacon et soufflez dans la petite branche, en prenant garde de ne pas inhaler de vapeurs toxiques. Mais utilisez de préférence des fixatifs en bombe.

FIXAGE

La composante de base du fixatif est une résine dissoute dans l'alcool. En vaporisant le pastel, l'alcool s'évapore pour laisser place à la résine qui « fixe » le pigment. Avant de pulvériser, il est recommandé de fixer ou de coller le dessin sur un plan vertical, précaution qui évitera la projection de gouttelettes sur votre travail. Il est prudent d'opérer dehors ou dans un local bien aéré, à l'abri du vent. Balayez toute la surface de fixatif, dans un mouvement souple, de haut en bas. N'exagérez pas le fixage : vous risqueriez d'altérer les couleurs, de les ternir ou de nuire à leur pureté et éclat d'origine.

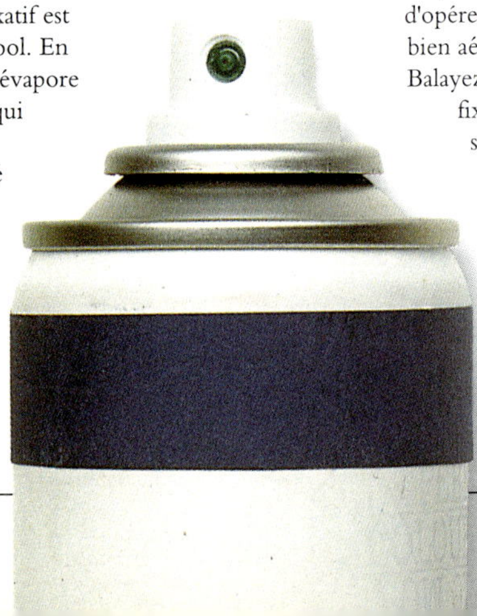

Papier abrasif
Il permet d'aiguiser la pointe des pastels durs et des crayons pastel pour exécuter des dessins linéaires exigeant précision et délicatesse. Vous pouvez acheter des petits blocs de papier de verre dans les magasins de beaux-arts, mais les papiers abrasifs vendus en droguerie feront l'affaire, sous réserve de choisir les grains les plus fins.

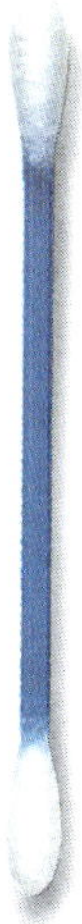

Coton-tige

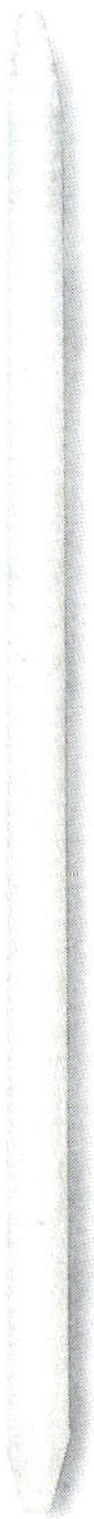

Petite estompe

Grande estompe

Estompes

Il s'agit de petits fuseaux de papier enroulé en spirale, disponibles en plusieurs tailles, utilisés pour estomper les pastels. Lorsque leur extrémité est sale, il suffit de retirer la fine pellicule de papier souillé pour retrouver une pointe parfaitement propre. À défaut d'estompes, utilisez des Coton-tige ou des boules de coton, très pratiques pour les grandes surfaces.

Boule de coton

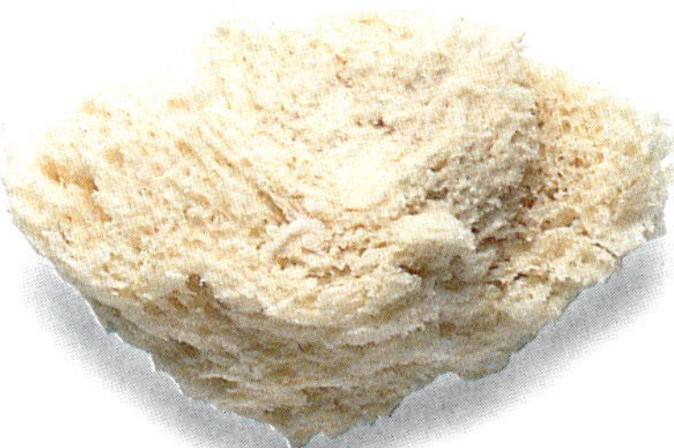

Mie de pain

Curieusement, la meilleure des gommes pour pastel reste encore la mie de pain fraîche. Modelez-la du bout des doigts en une petite boule, très pratique pour effacer le pastel tendre. N'utilisez pas de pain sec, qui risquerait de rayer l'ouvrage sans pour autant décoller efficacement les particules de pigment indésirables.

Serviettes rafraîchissantes

Cet accessoire insolite est appréciable pour le travail en extérieur comme en atelier. Utilisez-les pour nettoyer vos mains à chaque fois que vous changez de couleur ou pour épousseter votre matériel et limiter ainsi l'inhalation de poussière de pastel.

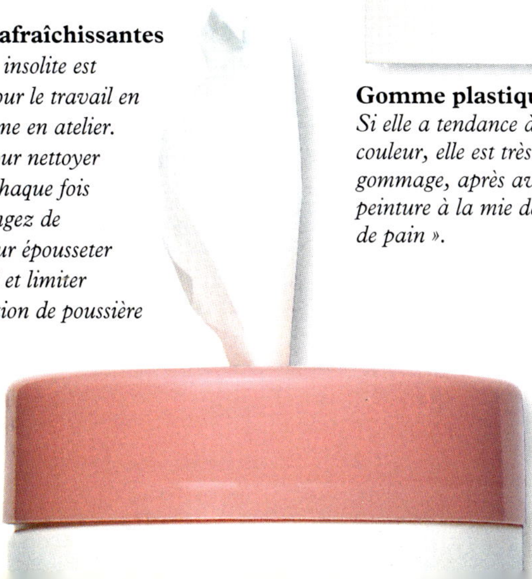

Gommes

On trouve dans le commerce un vaste choix de gommes, mais la plupart ne conviennent pas au pastel. Pastels tendres et durs peuvent être effacés à l'aide d'une gomme souple ou, plus simplement, de mie de pain fraîche. En revanche, il n'est guère possible de gommer un pastel à l'huile.

Gomme « mie de pain »

Elle est idéale pour gommer et « décoller » en douceur les pastels tendres. Elle peut aussi se façonner en pointe pour effacer les moindres détails.

Gomme plastique

Si elle a tendance à souiller le pastel en étalant la couleur, elle est très utile pour parfaire le gommage, après avoir décollé une zone de peinture à la mie de pain ou à la gomme « mie de pain ».

Brosses et pinceaux

Ils ont une double fonction : appliquer le pastel et le retirer. Sans être aussi efficaces que la gomme « mie de pain » pour décoller la couleur, ils se révèlent indispensables pour restituer le grain du papier que l'on a surchargé de pastel. Utilisez à cet effet un pinceau pour aquarelle alliant douceur et dureté, et retirez délicatement le pigment. Vous pouvez ensuite retoucher le pastel avec une autre couleur.

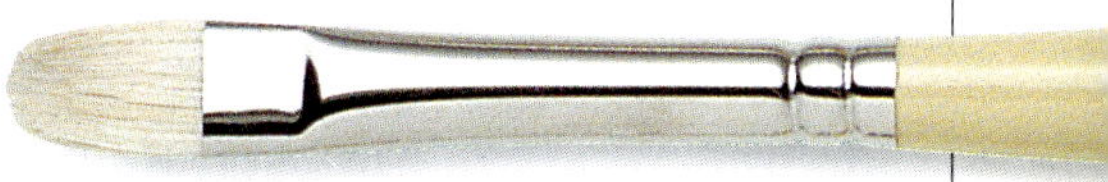

Petite brosse plate à poils courts

Elle sert à mélanger les pastels tendres et les pastels à l'huile et convient aussi aux techniques de lavis à sec. À défaut, prenez une grosse brosse ronde en soies de porc ou un pinceau pour aquarelle à poils durs que vous taillerez à la bonne dimension.

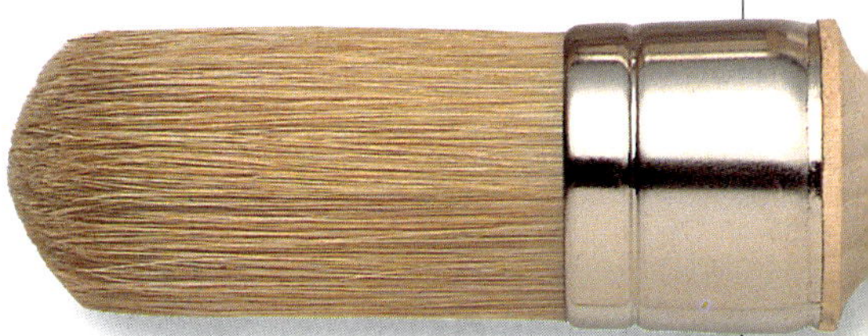

Brosse ronde en soies de porc

Certains pastellistes préfèrent ces brosses en soies dures pour effectuer des retouches sur de larges surfaces, selon la méthode de « brossage à sec ». Elles servent aussi à étaler le pastel et l'eau sur le support.

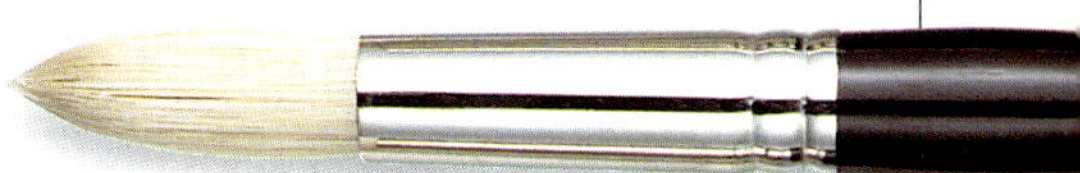

Pinceau pour aquarelle

Il peut s'employer pour retirer la poudre de pastel du grain du papier sans pour autant faire disparaître le pigment. Ses fibres nerveuses sont parfaites pour les petites retouches et les travaux de précision encore humides.

Papier calque

Le calque ou le papier cristal est un cache idéal pour protéger le pastel des bavures et des taches. On le trouve dans tous les magasins de fournitures pour beaux-arts.

Le Pastel à l'Huile

Le pastel à l'huile se distingue des autres types de pastel par sa composition (l'huile remplaçant la gomme comme liant) et son rendu, la peinture gagnant en profondeur et en transparence.

Lorsqu'on commence à appliquer les pastels à l'huile, on a l'impression qu'ils collent au grain du papier.

Ces caractéristiques varient pourtant avec la température ; la chaleur aidant, ils perdent leur aspect poisseux et s'étalent mieux sur le papier.

Le contact des mains suffisant à les ramollir, il est bon de les conserver en permanence dans leur emballage protecteur.

Ils conviennent à tous les papiers ou cartons à grain toile. Comme la peinture à l'huile, ils peuvent être modifiés par ajout de térébenthine.

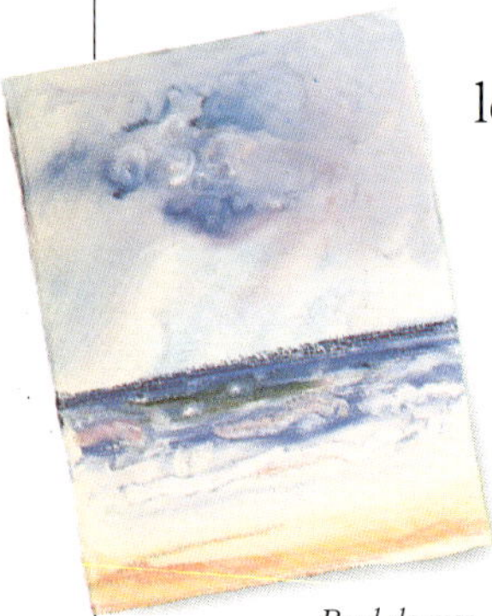

Bord de mer aux couleurs fondues

Le pastel à l'huile sature peu à peu le grain du papier, permettant ainsi aux couches suivantes de glisser sur la surface. Contrairement aux autres pastels, vous pouvez à votre guise modifier la nature et les effets du pastel à l'huile, en grattant, par exemple, la couleur avec la lame d'un couteau ou en ajoutant de la térébenthine ou du white spirit.

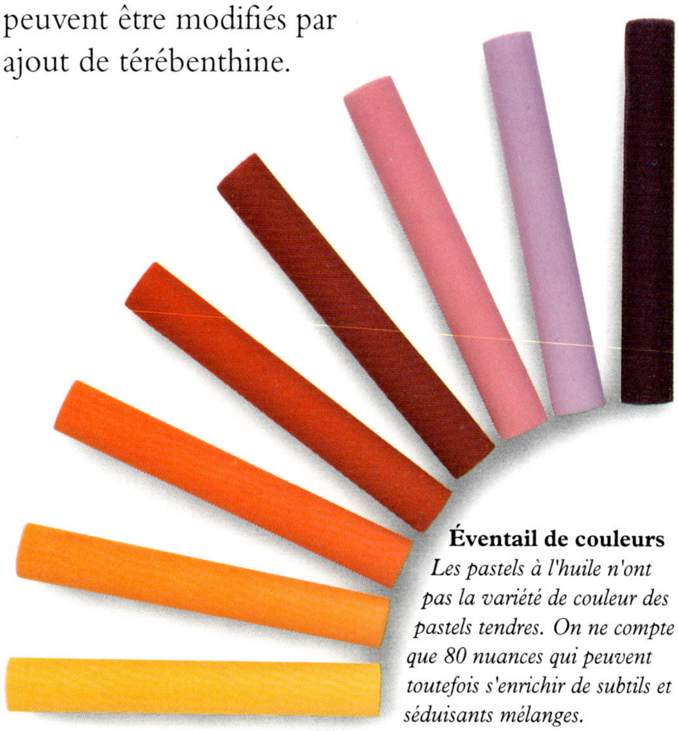

Éventail de couleurs
Les pastels à l'huile n'ont pas la variété de couleur des pastels tendres. On ne compte que 80 nuances qui peuvent toutefois s'enrichir de subtils et séduisants mélanges.

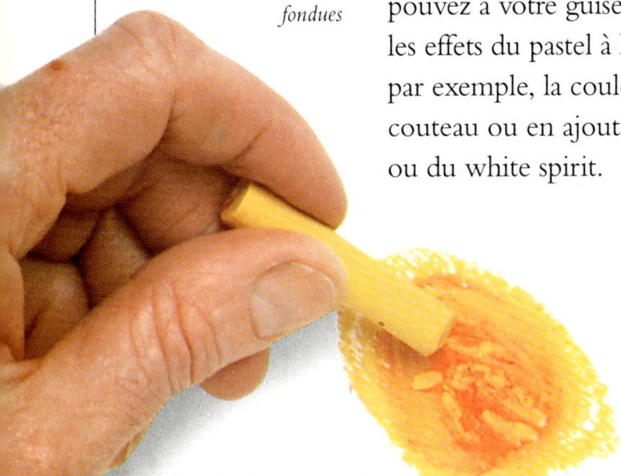

Fusion de deux couleurs
C'est la texture grasse du pastel à l'huile qui confère à ce mélange de rouge et de jaune sa belle transparence.

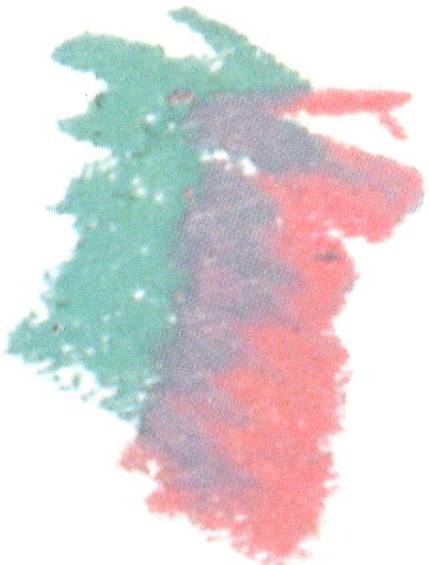

Fusion de rose et de bleu

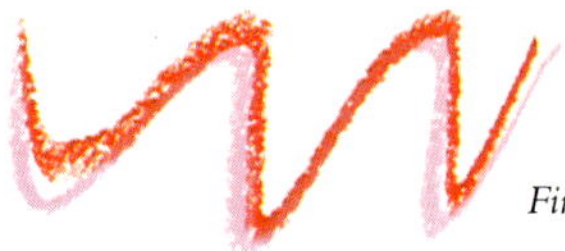

Finesse du tracé

Effet de « lavis »

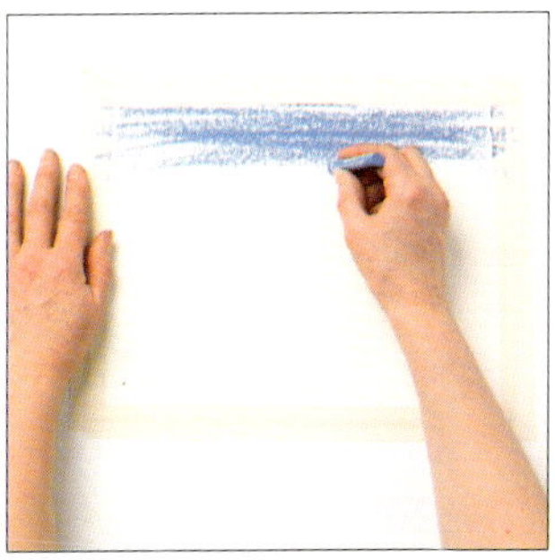

1 *Étalez librement une légère couche de pastel à l'huile, par un tracé régulier en aller et retour.*

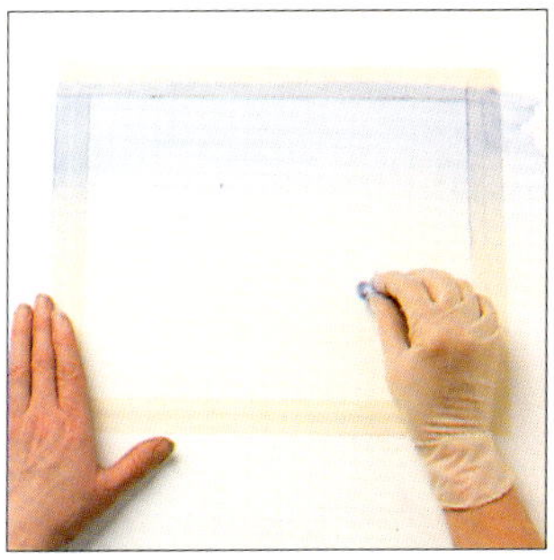

2 *Passez un Coton-tige imbibé de white spirit pour estomper la couleur en un subtil dégradé de bleu.*

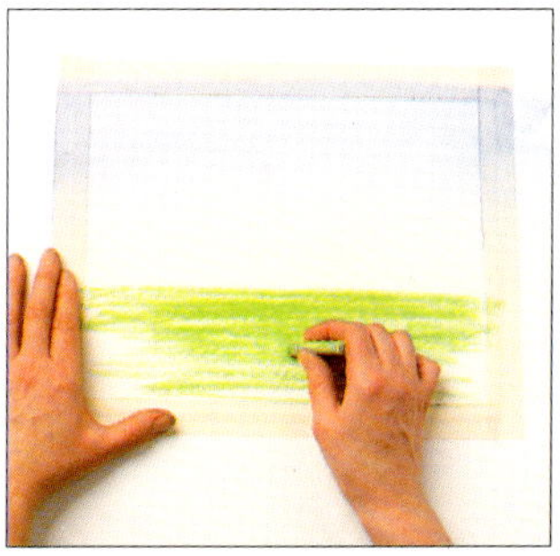

3 *Procédez de même pour composer le sol en balayant le support de traits verts.*

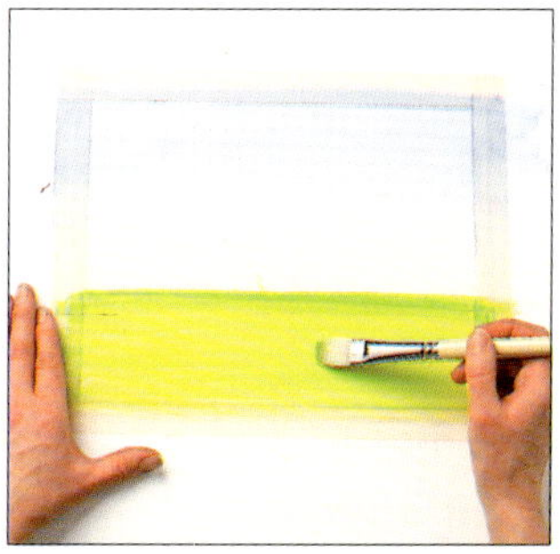

4 *Passez le white spirit au pinceau : la couleur s'estompe en douceur tout en se parant d'un éclat plus vif.*

Techniques

L'attrait des pastels à l'huile tient à la variété des techniques offrant un fascinant répertoire de textures. Ils peuvent être dilués pour donner de lumineux lavis de couleurs, fondus, ou encore appliqués en couches épaisses pour créer un effet d'empâtement. Ils sont parfaits pour réaliser des sgraffites (voir ci-dessous). Allongés au white spirit, les pastels à l'huile trouvent un support idéal dans le papier ou carton à grain toile, de préférence au papier pour aquarelle. Précisons que l'usage de solvant impose le port de gants.

CONTOURS FLOUS

L'apport de white spirit ou de térébenthine confère au pastel une plus grande souplesse et donne d'excellents résultats. Il est ainsi plus facile de mélanger les couleurs sur le support en les fondant, d'adoucir les bords d'une image au pinceau ou au coton, ou encore de passer en douceur d'une nuance à l'autre par un subtil dégradé de tons.

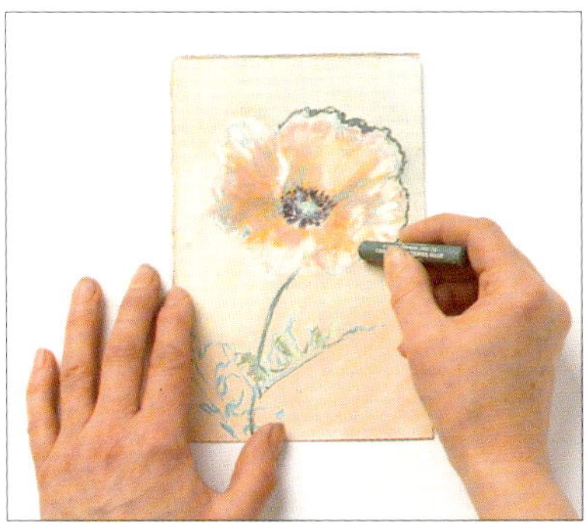

1 *Cernez le bord de la fleur d'un fin trait de pastel qui précisera la forme des pétales et soulignera leur délicatesse.*

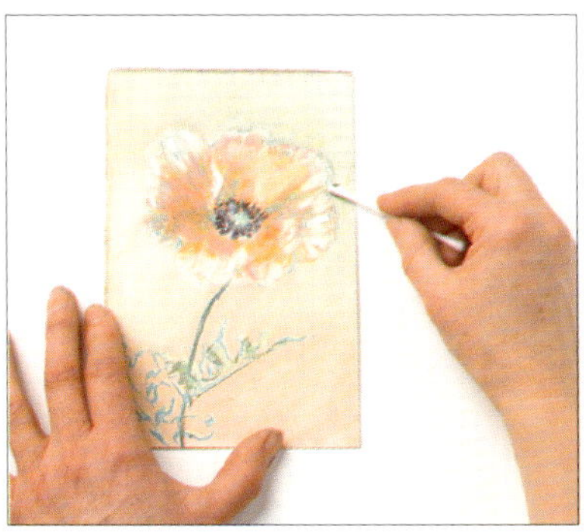

2 *Passez sur ce trait un Coton-tige imbibé de white spirit pour l'estomper. La finesse du Coton-tige donne de la précision au fondu.*

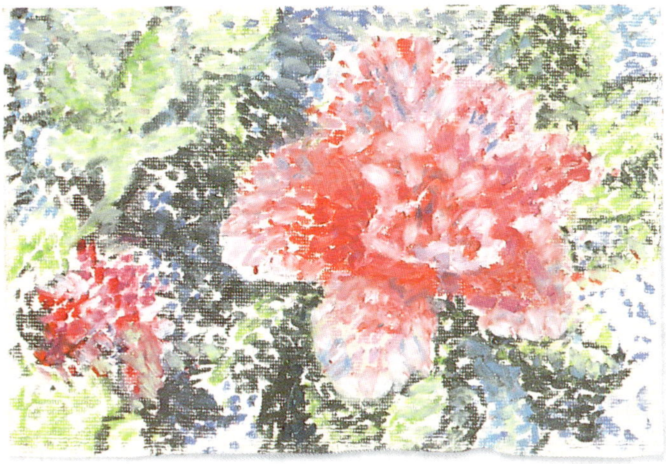

Pointillisme
L'artiste a posé ici le pastel en un semis de petites touches se mêlant au hasard (selon le procédé de « fondu optique ») pour faire chanter les couleurs.

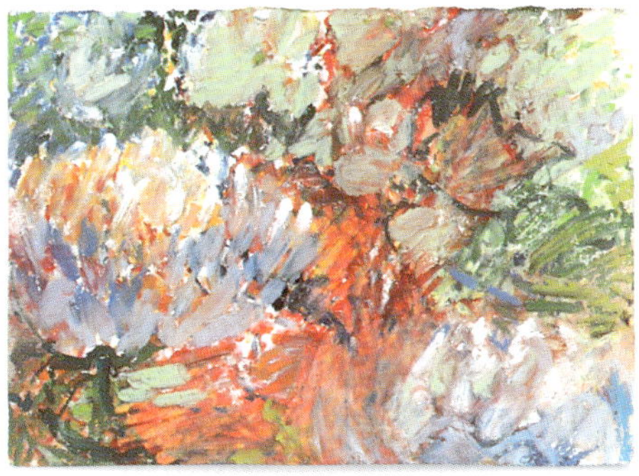

Empâtement
Grâce à sa consistance riche et dense, le pastel à l'huile se prête très bien aux effets d'empâtement que l'on obtient en appuyant fortement sur la craie pour masquer le support d'une belle épaisseur de couleur opaque.

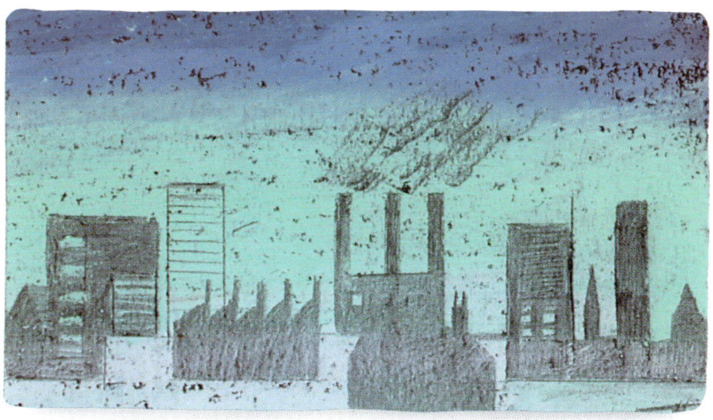

Sgraffite
Cette technique, d'un bel effet sur le pastel à l'huile, consiste à gratter ou à rayer une couche de peinture (ici, le ciel exécuté dans les tons bleu et vert) avec la pointe d'un canif pour révéler la couleur de fond.

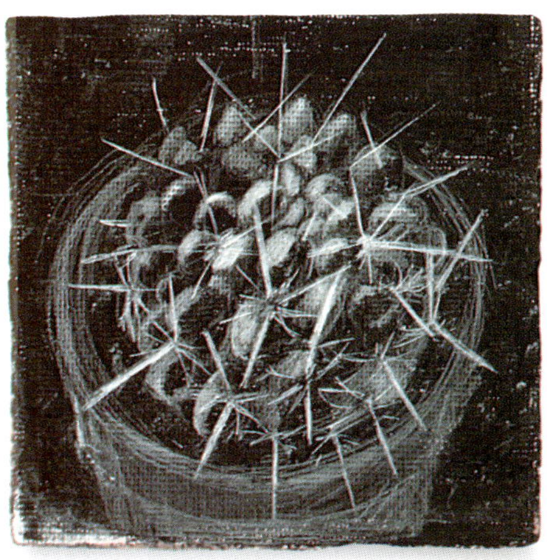

Quelques enseignements
L'artiste a ici étalé une bonne épaisseur opaque de pastel à l'huile sur un support clair, puis rayé le pastel par endroits avec la lame d'un canif, laissant apparaître la teinte du support. C'est en modulant la pression exercée sur la lame que l'on peut varier les effets et les tonalités.

Matériel

Coton

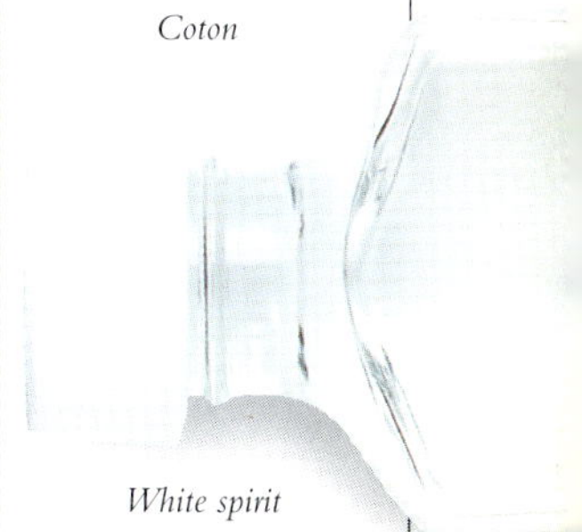

White spirit

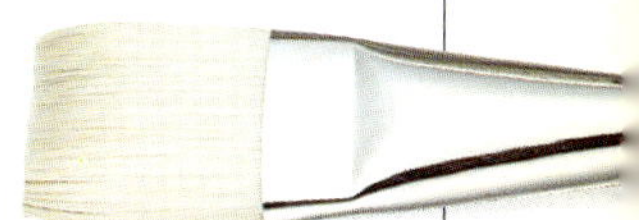

Pinceau

Coton-tige

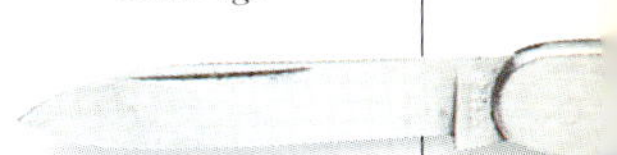

Canif

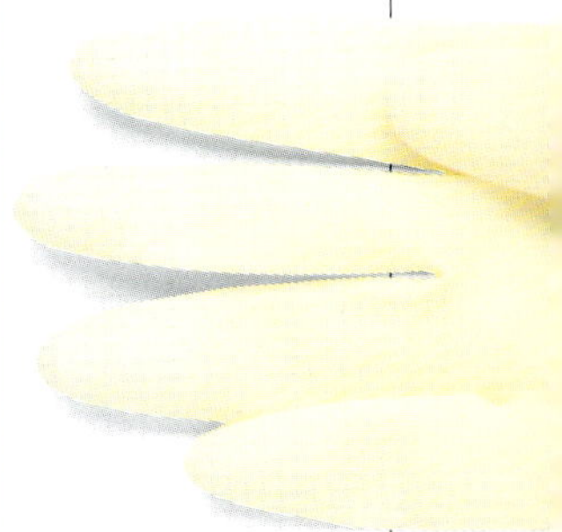

Gant de chirurgien

Papier à grain toile

CHOIX DES COULEURS

LA TECHNIQUE DU PASTEL INTERDISANT les mélanges, il est indispensable de posséder une gamme de teintes beaucoup plus riche que celle utilisée pour l'huile ou l'aquarelle. L'artiste est vite confronté au choix des couleurs qui lui permettront de composer sa propre palette aux tons et nuances variés. Cette démarche peut être abordée sous deux angles : faut-il se contenter d'un modeste assortiment de teintes fondamentales ou se laisser séduire par ces grands coffrets offrant une large gamme de coloris ? Dans le premier cas, vous constaterez vite qu'une petite boîte de pastels convient très bien au dessin, mais ne permet guère de réaliser les mélanges de couleur indispensables à l'artiste accompli. Par conséquent, si vous avez soif d'explorer des sujets aussi variés qu'enrichissants, n'hésitez pas à vous lancer avec un bel assortiment de 48 couleurs.

POUR COMPOSER SA PROPRE PALETTE de couleurs idéale, il faut d'abord chercher la bonne mesure entre l'économie et le superflu : certaines teintes constituent une base de travail fondamentale, d'autres s'avèrent inutiles. Les fabricants mettent à votre disposition des cartes de nuances qui arborent un nombre impressionnant de coloris (près de 300 pour certaines). Vous verrez ainsi qu'il existe des couleurs intenses appelées « têtes de ton », chacune étant assortie d'un jeu de huit tons dégradés tirant progressivement vers le blanc. Commencez par acquérir cette gamme essentielle que vous compléterez d'une ou deux nuances de votre choix.

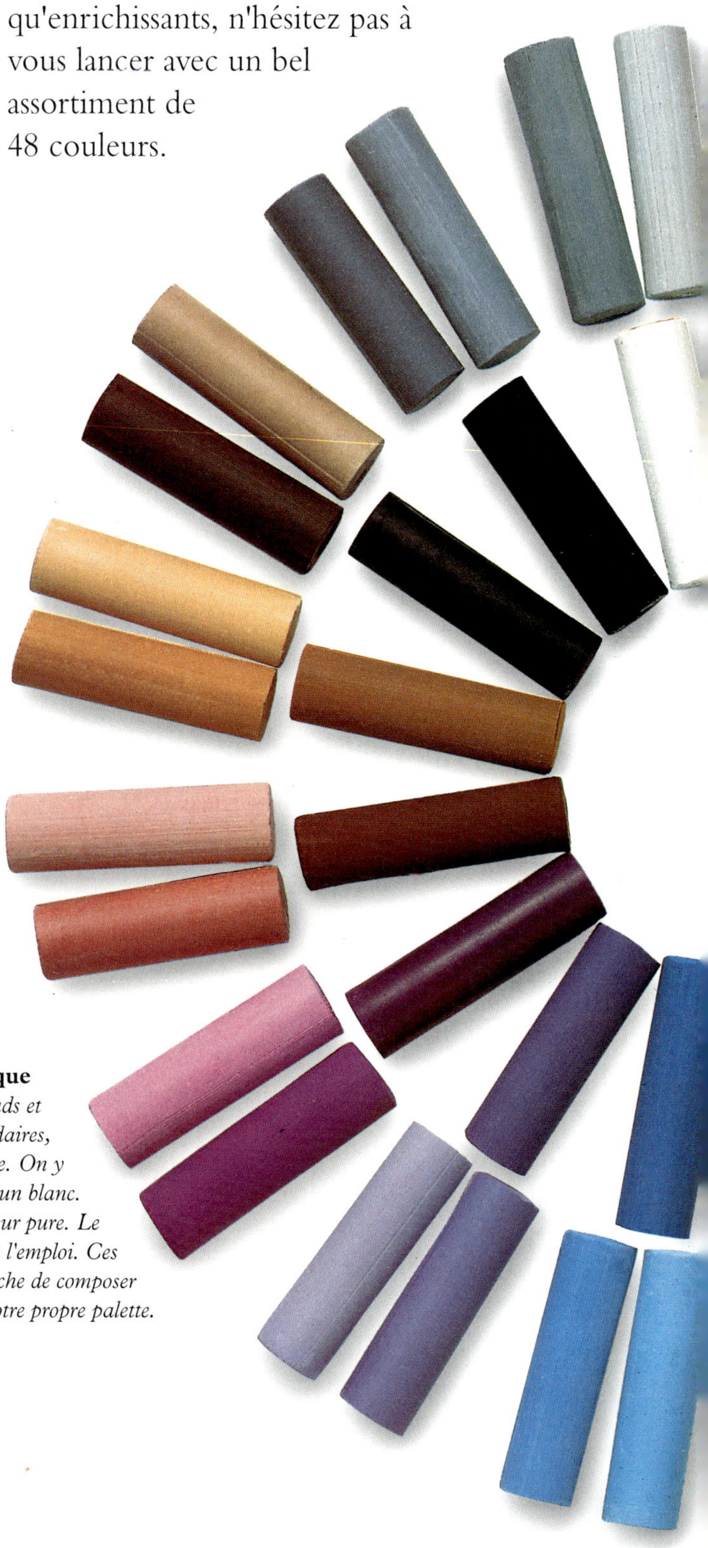

Cercle chromatique
Le petit cercle présente un échantillon de tons chauds et froids de chacune des couleurs primaires et secondaires, indispensables au pastelliste, ainsi qu'un orange. On y trouve aussi des bruns appelés « terres », un noir et un blanc. Le grand cercle comporte deux tons de chaque couleur pure. Le tout donne un assortiment de 48 nuances, prêtes à l'emploi. Ces pastels étant disponibles à l'unité, rien ne vous empêche de composer votre propre palette.

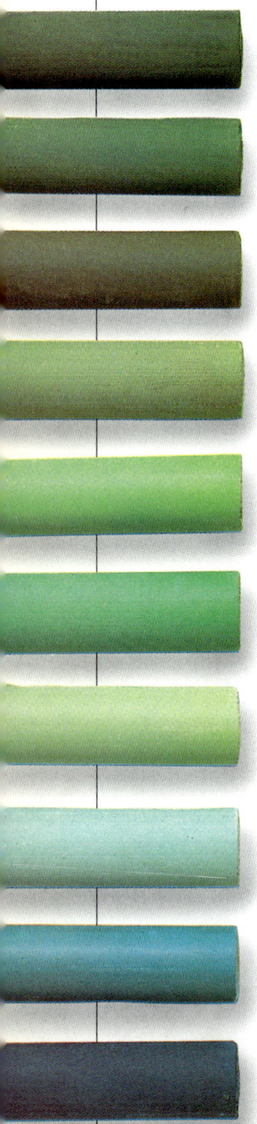

Gamme de verts
Les pastels vendus à l'unité sont en général exposés sur des présentoirs qui déclinent toute la gamme de tons disponibles pour une couleur donnée. Le choix de pastels tendres est vaste ; cette sélection de verts chauds et froids vous donne une idée de la variété des tons proposés pour une seule couleur.

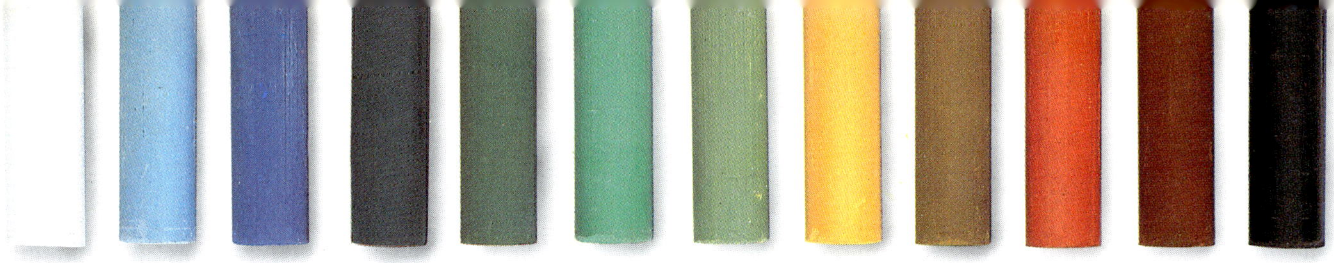

Assortiment « paysage »

Les fabricants proposent des assortiments de teintes adaptés aux paysages ou aux portraits. La série paysage bénéficie d'une grande richesse de coloris (des bruns aux ombres en passant par les verts et les bleus), qui suffisent à traiter la plupart des scènes en plein air et l'atmosphère des saisons. Si le paysage est votre thème favori, cette palette vous est tout indiquée.

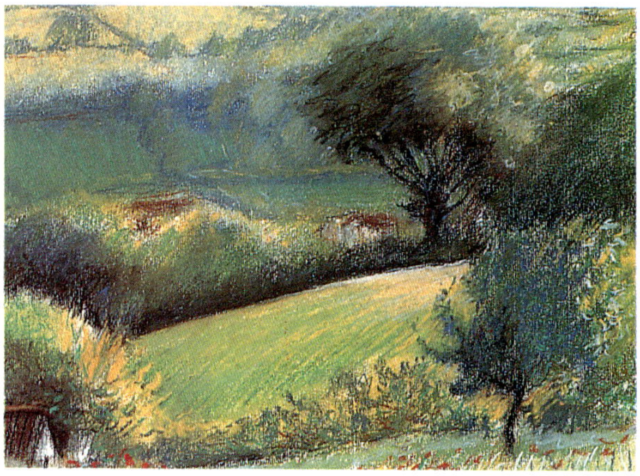

Quelques enseignements

Ces couleurs sont parfaites pour donner forme au vallon du premier plan et suggérer les champs qui se perdent à l'horizon sous une lumière vaporeuse.

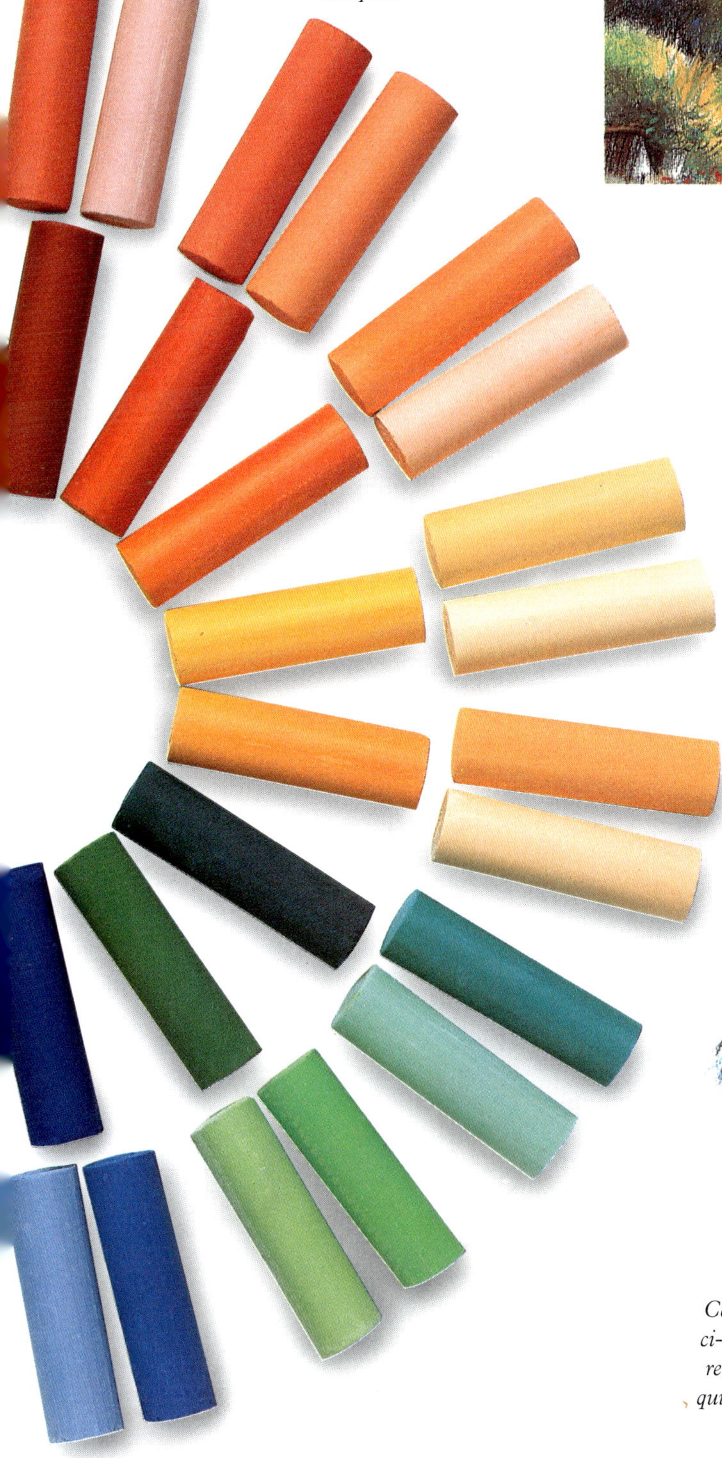

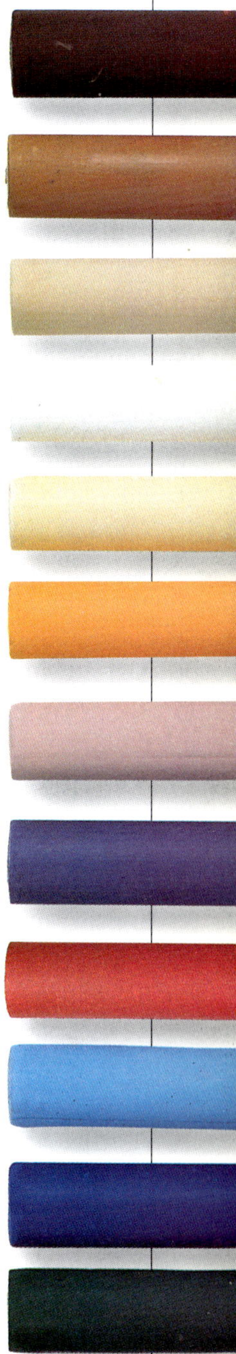

Assortiment « portrait »

Cet assortiment comporte une petite gamme de tons chauds et froids qui rendent bien les carnations de la peau. Vous serez surpris du nombre de couleurs nécessaires pour traduire fidèlement les jeux de lumière sur les expressions changeantes d'un visage. Comme d'autres boîtes de pastels, cet assortiment n'offre qu'un choix limité de fonds et de couleurs de peau.

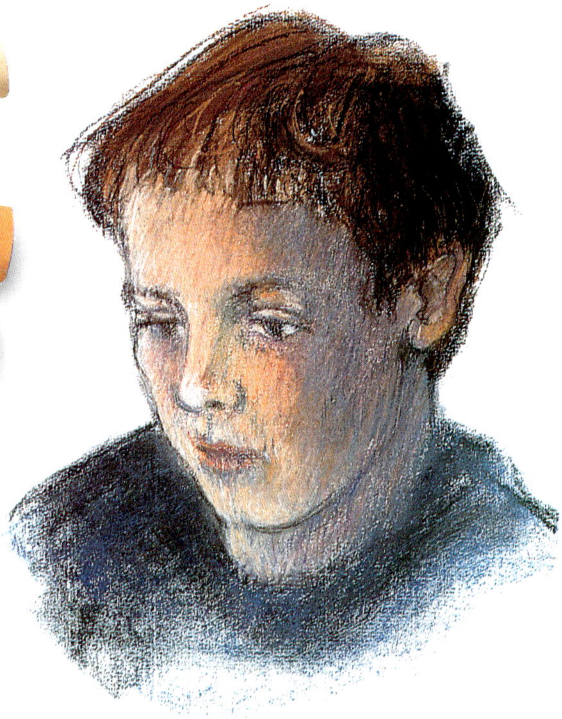

Quelques enseignements

Ce portrait est exécuté avec la palette de teintes représentée ci-contre. Voyez le nombre de couleurs mises en œuvre pour rendre la délicate alternance de tonalités chaudes et froides qui découpent ce visage en taches d'ombre et de lumière pour lui donner forme et caractère.

Regards sur les Types de Pastel

Les différents types de pastel, fussent-ils tendres, durs, à l'huile ou solubles dans l'eau, présentent des particularités qui les réservent à une technique et à un usage bien précis. Lorsque l'artiste choisit une qualité de pastel, il révèle sa prédilection pour la couleur sèche et le rendu velouté d'un pastel tendre ou dur, par exemple, ou la transparence et la souplesse d'un pastel à l'huile ou soluble à l'eau. Les exemples présentés ici, exécutés avec différents types de pastels, constituent à cet égard un répertoire de techniques éprouvées.

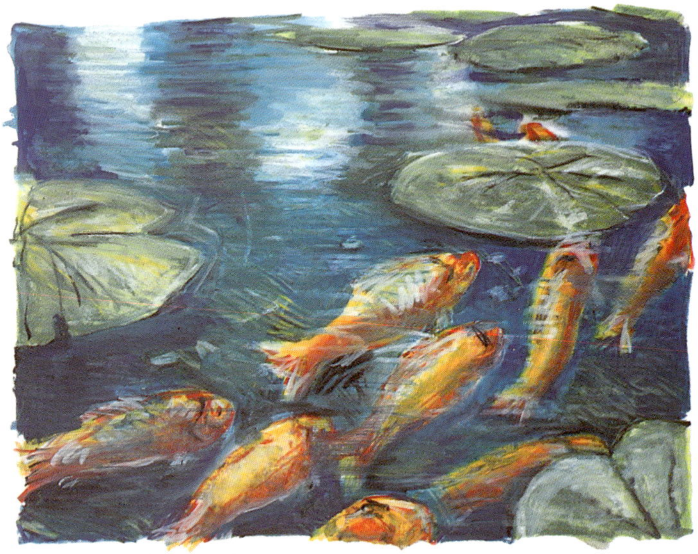

Ian McCaughrean, *Carpes*, *23* x *33 cm.*
L'artiste emploie ici des pastels solubles à l'eau pour reproduire le mouvement et les reflets du milieu aquatique. Le dessin linéaire qui définit la forme des carpes et des nénuphars s'allie aux hachures pour souligner les détails de couleur dense. Un pinceau humide est ensuite passé sur le pastel pour créer un effet de lavis. Si les pastels solubles dans l'eau sont, à sec, de même consistance que les crayons à la cire, ils s'apparentent aux lavis d'aquarelle lorsqu'ils sont travaillés à l'eau. Le passage de la couleur sèche aux lavis est visible dans les rehauts jaunes des poissons et les reflets de la lumière dans l'eau.

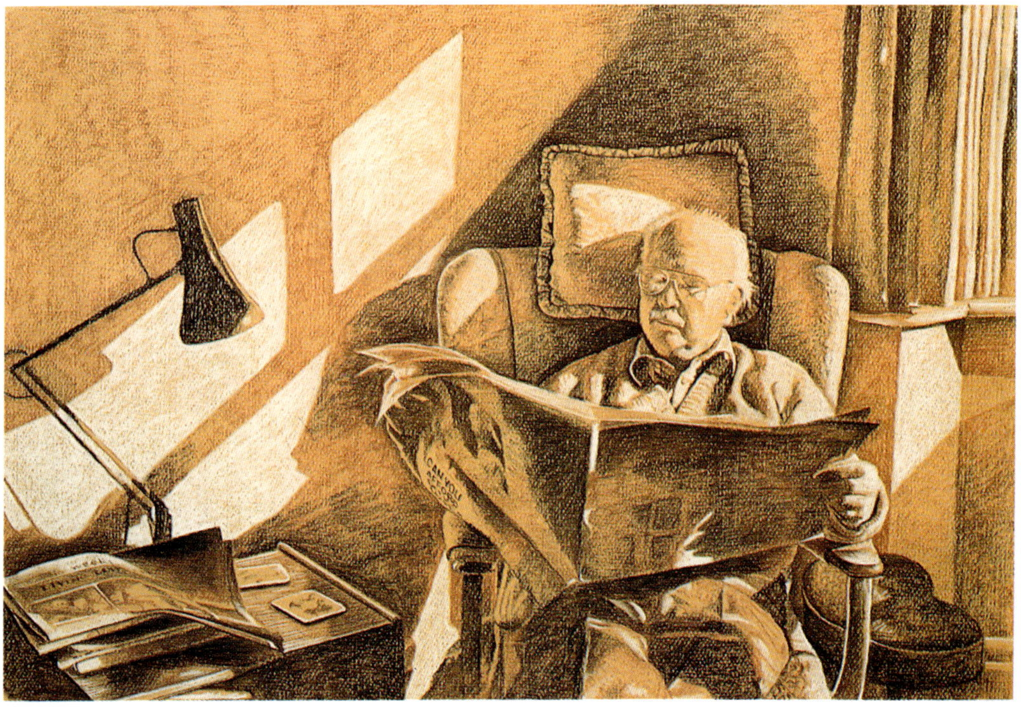

Paul Bartlett, *Mon père lisant son journal*, *43* x *64 cm.*
Sur ce portrait très soigné de son père, Bartlett s'est contenté de couleur sèche et de trois nuances de crayon pastel - rose, brun et noir - pour capter les contrastes d'ombre et de clarté qui façonnent la pièce. L'emploi de pastel dur, parfait pour ce travail de grande précision, crée une puissante composition dominée par une vive lumière oblique. Remarquez la profusion de petites lignes fines posées sur le mur de gauche.
L'artiste a choisi ici un papier légèrement rosé, au grain marqué, pour offrir une couleur de fond chaude et accentuer le réalisme de la scène.

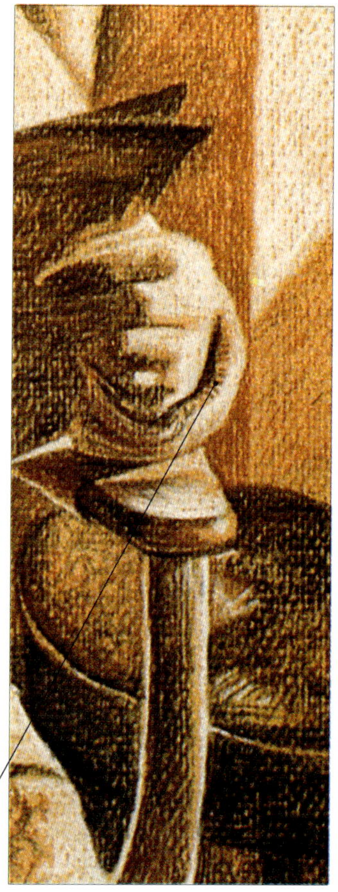

Seuls les crayons pastel pouvaient rendre cette abondance de détails, les pastels tendres étant incapables d'une telle finesse de lignes et de tons. Le soin apporté au dessin des doigts et aux détails de la manche témoigne de l'attachement de l'artiste pour son père.

Odilon Redon, ***Profil, le drapeau,* vers 1900,** *38,5* x *37,5 cm*, collection particulière.
Cette composition illustre les techniques combinant pastel tendre, pastel dur et craie. Redon a employé ici une craie foncée pour donner forme au profil, souligner la tête, les yeux et la bouche, et hachurer certaines parties du visage. Quelques rehauts d'or fin donnent de l'éclat au nez, aux pommettes et aux tempes, et définissent le bandeau qui cerne le front. Un fondu de pastel tendre donne à l'arrière-plan sa richesse et sa densité.

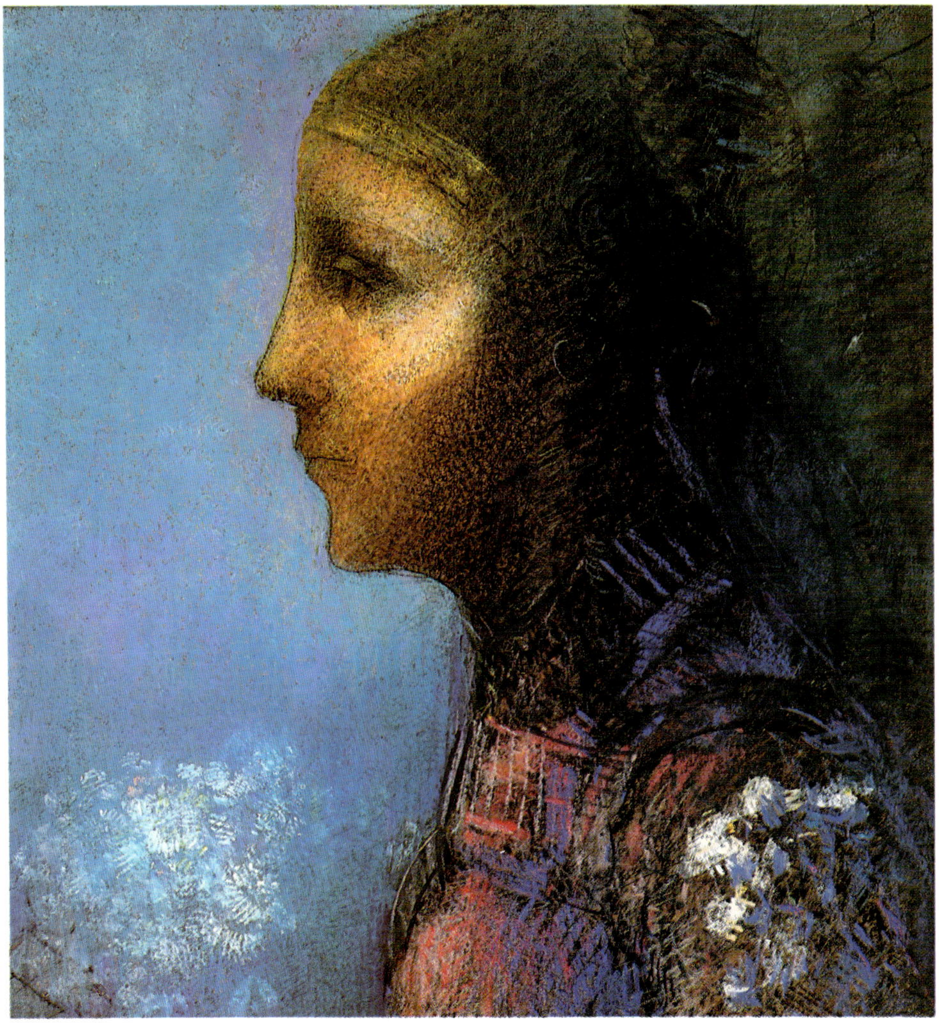

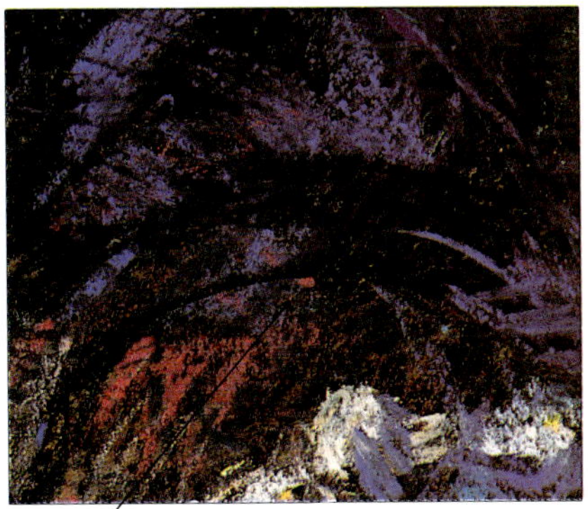

Ce détail de l'épaule révèle la variété des touches employées par l'artiste, des fines lignes de craie noire aux taches bleues et roses, librement posées sur la toile pour accentuer l'effet de matière. Le blanc appliqué au hasard, en couche épaisse, donne au tableau une note contemporaine qui préfigure la peinture abstraite.

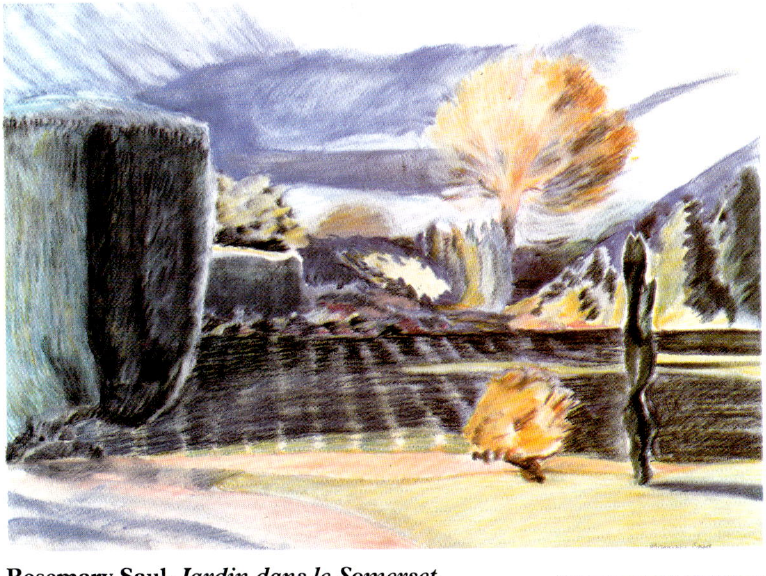

Rosemary Saul, ***Jardin dans le Somerset,*** *42* x *59 cm*.
Cette composition exécutée au crayon pastel évoque un paysage onirique et surréel. La puissante interaction des zones d'ombre et de lumière sculpte les formes et suggère le mouvement. L'artiste a employé les crayons pastel pour fondre couleurs froides et chaudes dans un riche écheveau de hachures et de zébrures parallèles.

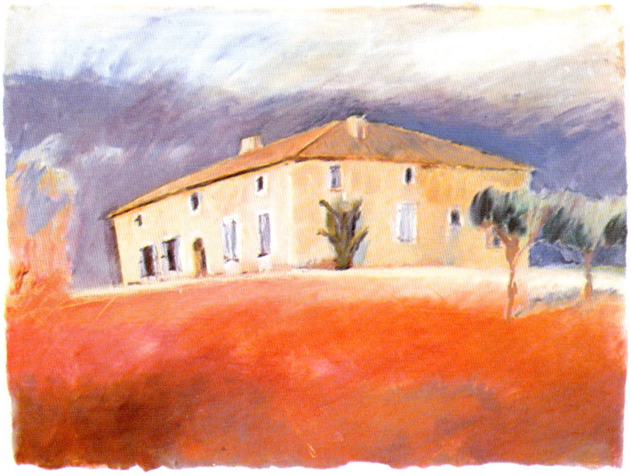

Jane Strother, ***La Maison jaune,*** *21* x *26 cm*.
En jouant avec audace sur les contrastes de couleur du pastel à l'huile, l'artiste crée ici une composition dramatique. La maison irradiée de lumière se détache sur le violet profond d'un ciel menaçant. Strother emploie la térébenthine pour allonger le pastel à l'huile et créer des lavis colorés, bien visibles dans les larges traînées de rouge feu qui tapissent le premier plan.

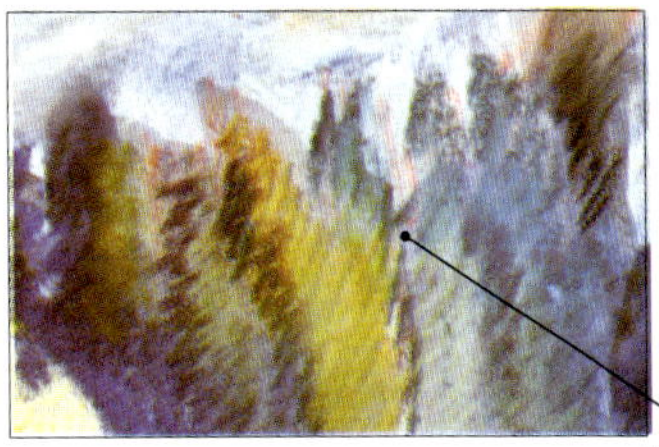

Observez comment l'artiste a su conjuguer les multiples possibilités de fondu et de dessin du crayon pastel, dont la pointe suffit ici à créer un bel éventail de textures et d'effets.

CHOIX DU PAPIER

Papier Canson

LA QUALITÉ DE VOTRE SURFACE DE TRAVAIL est un facteur clé dans la peinture au pastel, car sa texture et sa teinte altèrent les couleurs, influencent votre technique et le rendu de l'œuvre achevée. Papier, carton et toile spécialement conçus pour le pastel ont une surface texturée caractéristique, appelée « grain ». Le choix d'un support rugueux offre une texture sur laquelle le pigment adhère bien. Les fabricants proposent une large gamme de papiers convenant aux multiples exigences des divers types et techniques de pastel.

Papier velours cartonné

LE PAPIER D'AQUARELLE ou le papier d'imprimerie, façonné à la main ou à la machine, constitue une surface idéale. Plus cher que le papier ordinaire, ce papier de qualité est assez lourd pour favoriser la superposition de couleurs. Il est souvent filigrané et porte en relief la signature du fabricant.

Papier aquarelle

Papier pastel

Il importe de choisir un papier 100 % chiffon, dont le grain et le grammage « accrocheront » la poudre de pigment. La plupart des papiers aquarelle conviennent, mais il existe des supports conçus pour le pastel, comme les papiers Ingres et Canson qui sont vendus en feuilles ou sous forme de blocs, dans une vaste gamme de couleurs et de tons. Il s'agit de papier « vergé » dont la texture grenue présente un filigrane de lignes parallèles dû au procédé de fabrication du papier.

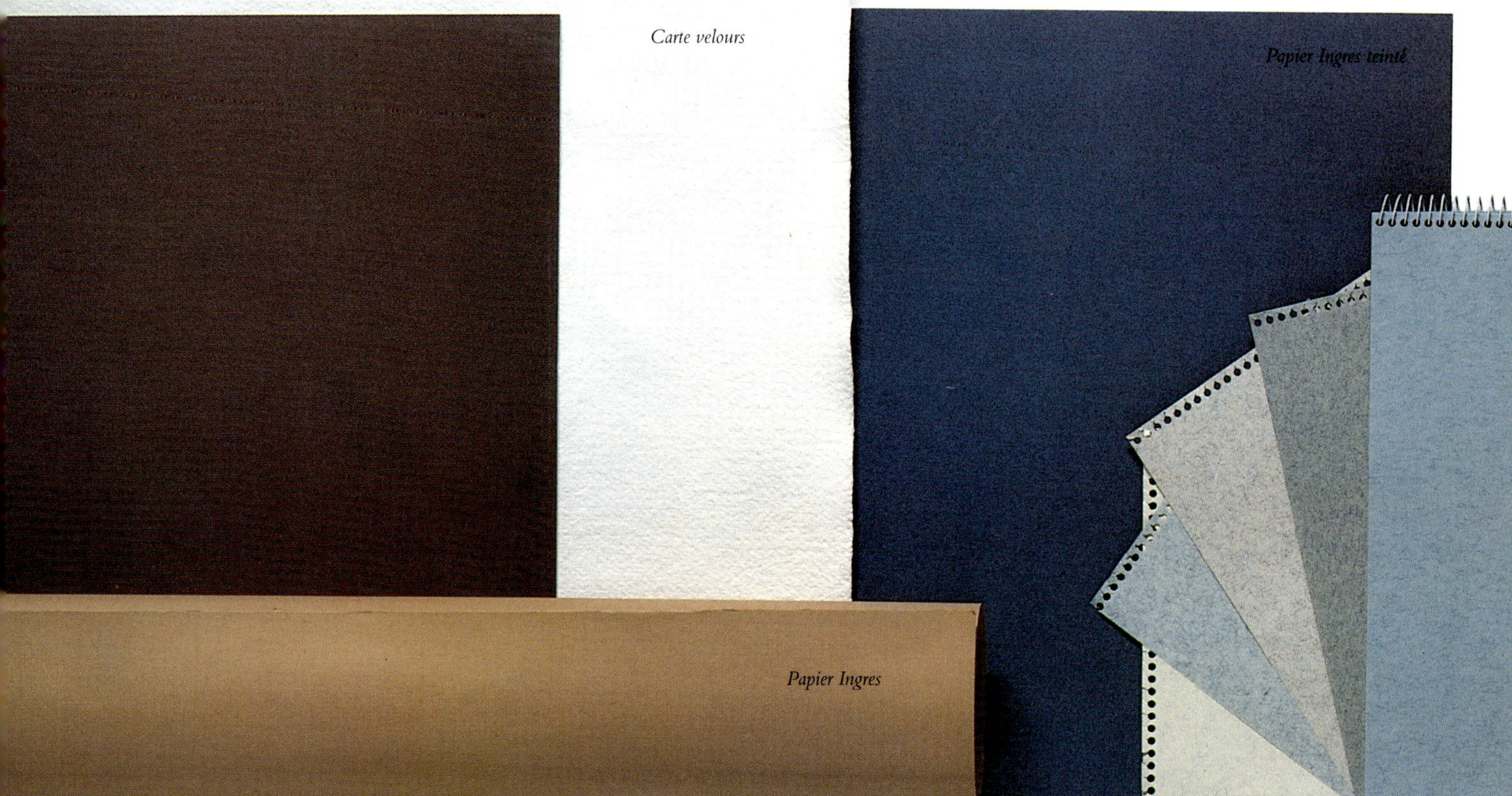

Carte velours

Papier Ingres teinté

Papier Ingres

Ces papiers de qualité supérieure sont 100 % chiffon. À la différence des papiers fabriqués à partir de pâte à papier, qui perdent de leur solidité et jaunissent en vieillissant, ils sont façonnés sans agent de blanchiment et ne varient pas avec le temps. Ils sont vendus en plusieurs épaisseurs ou « grammages », calculés selon le poids d'une rame de 500 feuilles : 150 g pour les papiers fins, 300 g et plus pour les papiers forts, 190 g constituant le grammage le plus courant.

Certains papiers lourds sont disponibles en grain « torchon », que caractérise une texture grossière, rude au toucher. En revanche, il est déconseillé d'employer du papier satiné, parfaitement lisse, qui empêche l'adhérence du pigment.

Outre le papier, d'autres supports peuvent être utilisés pour le pastel. Citons le carton pastel, au grain plus marqué par sa fabrication (de fines particules de tissu sont pulvérisées sur sa surface), ainsi que le papier velours dont la surface veloutée adoucit le passage du pastel et se révèle idéale pour les fondus délicats. Enfin, le papier de verre, très apprécié des artistes pour son gros grain, constitue un excellent support pour les effets d'empâtement.

Feuilles et rouleaux
Les papiers 100 % chiffon sont vendus en feuilles de plusieurs formats allant jusqu'à 153 x 122 cm. Ils sont aussi disponibles en rouleaux de 10 m, en 75 ou 150 cm de large, qui peuvent être coupés à la dimension voulue, selon l'ampleur de la composition envisagée. En raison de leur prix élevé, Il est toutefois conseillé d'acheter une seule feuille pour juger de la qualité du papier avant d'en acquérir un rouleau entier !

Blocs à reliure spirale
Les blocs spirale offrent un assortiment de teintes chaudes et froides et sont très pratiques pour le croquis. Libre à vous d'essayer divers pastels de couleur sur différents supports pour choisir celui qui convient le mieux à votre composition. Sur les blocs spirale de qualité, une feuille de papier cristal est intercalée entre chaque feuille de papier pastel pour assurer la conservation de l'œuvre achevée.

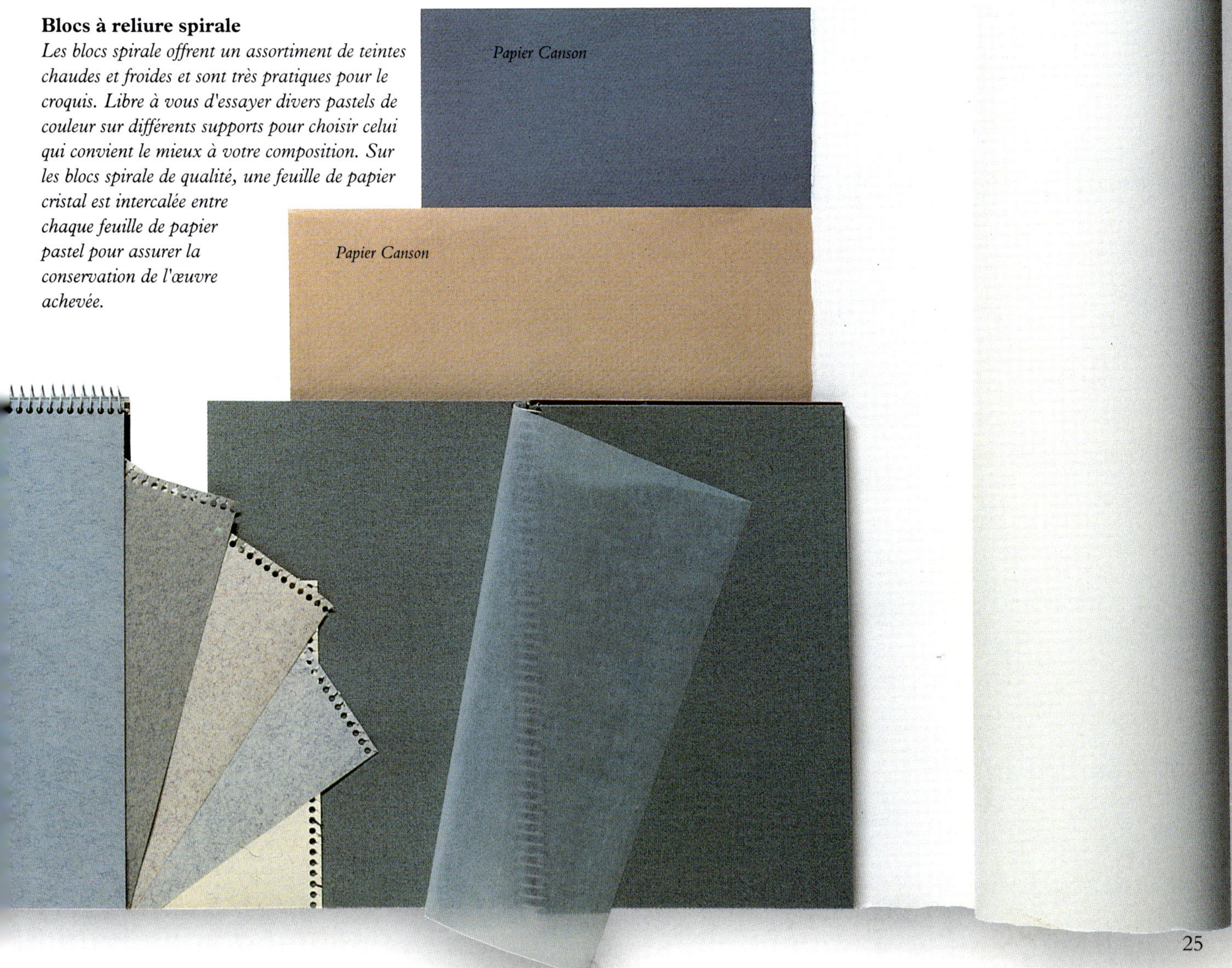

TEXTURES ET COULEURS

VOUS SEREZ SURPRIS DE VOIR à quel point les différentes textures et couleurs de papier peuvent influencer une œuvre. Aussi faudra-t-il bien choisir le support afin d'obtenir l'effet recherché.

Pour commencer, n'hésitez pas à exercer votre talent sur une large gamme de supports en réalisant un sujet simple, de deux ou trois couleurs tout au plus. Vous constaterez qu'une même couleur de la composition sera rehaussée ou, à l'inverse, ternie selon la couleur de fond sur laquelle elle est posée.

Les diverses textures des supports dicteront le mode d'application du pastel.

NOMBREUX SONT LES PAPIERS TEXTURÉS et les cartons mis à la disposition du pastelliste. Des surfaces veloutées semblables au buvard aux supports granuleux comme le papier de verre, chaque papier a sa vocation propre et sa méthode d'application du pastel. Le papier au grain prononcé a l'avantage de retenir parfaitement les particules poudreuses et de favoriser les applications en couche épaisse. Grâce à sa résistance, il accepte les superpositions.

En travaillant sur une surface texturée avec un toucher léger, vous ne couvrez que les aspérités du papier, laissant ainsi apparaître par endroits le support demeuré vierge. En appuyant plus fort, vous obtenez une couleur dense et uniforme.

Papier aquarelle
Sa texture régulière se prête mieux au fondu des couleurs que les papiers au grain marqué, plus lourds.

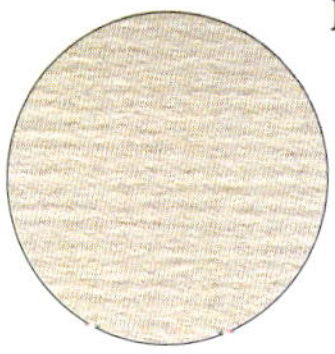

Papier Ingres
L'Ingres est un support très utilisé, proposé dans une large gamme de couleurs et très apprécié pour sa trame régulière de fibres parallèles.

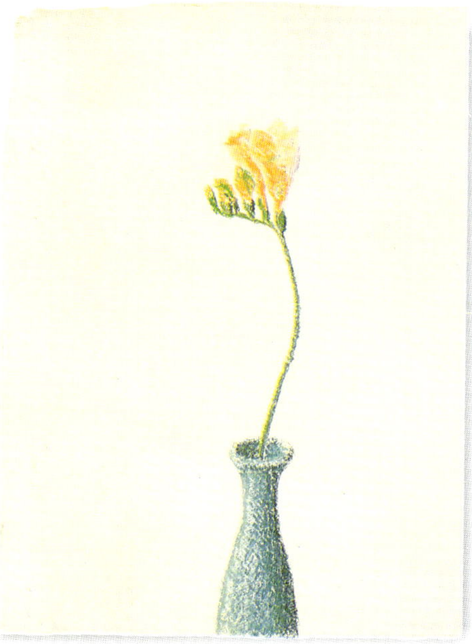

Papier texturé
Ce fuchsia est dessiné sur un papier aquarelle façonné à la main. Le sujet ressort peu sur le papier blanc crème qui affadit les couleurs de la fleur et du vase.

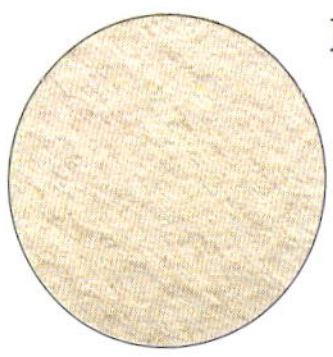

Papier Canson
Ce papier, disponible en multiples couleurs, se caractérise par une face mouchetée.

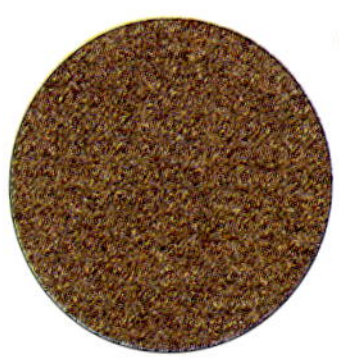

Carte velours
Le papier velours donne une image douce et sensuelle, et se prête au fondu vaporeux appelé « sfumato ».

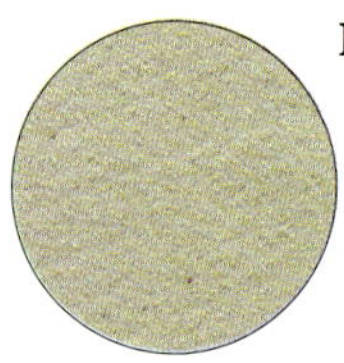

Papier de verre
Son grain exceptionnel en fait un support idéal pour les effets d'empâtements.

Papier aquarelle
Ce papier à grain torchon offre une surface texturée, rude au toucher, apte à recevoir les traitements les plus sévères.

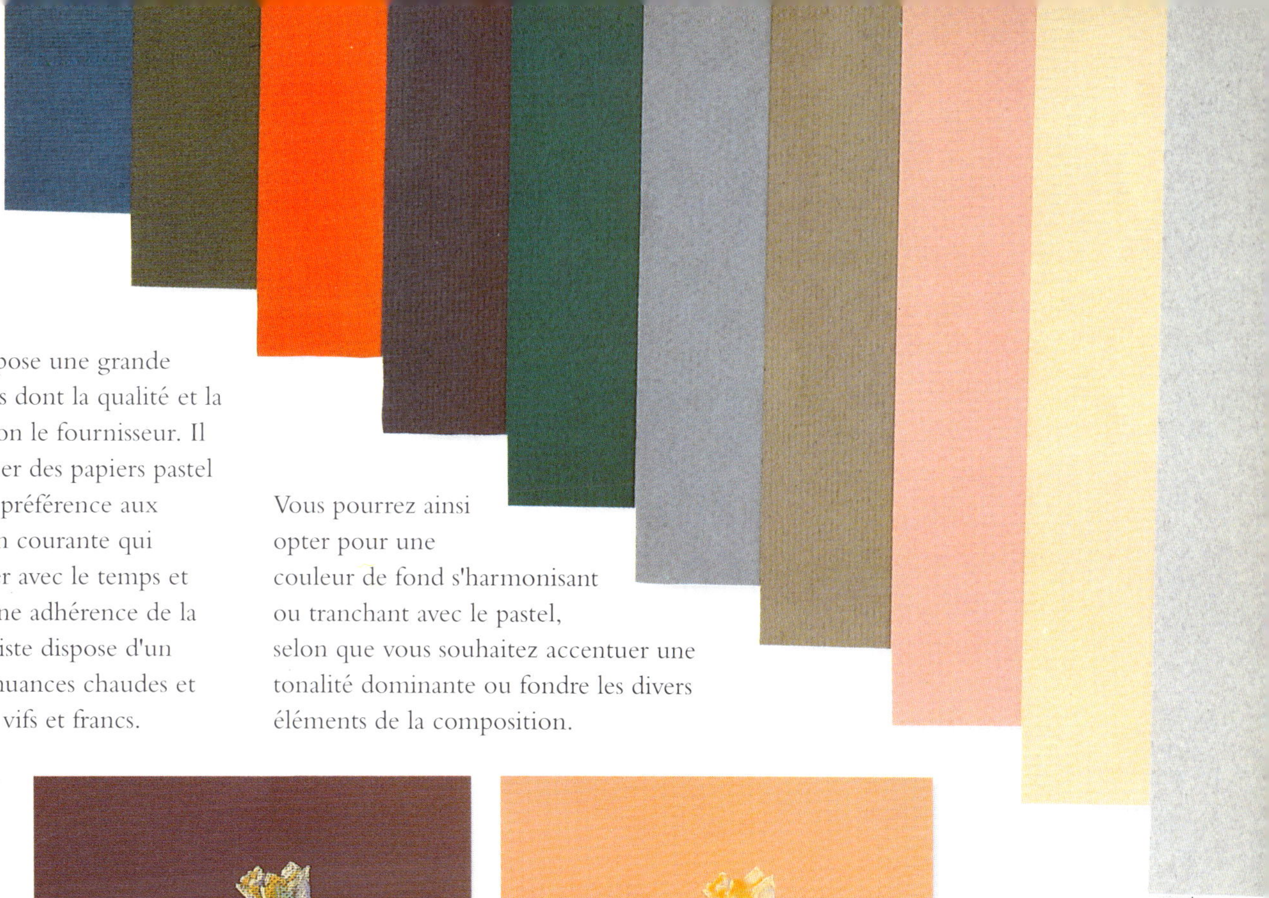

Assortiment de papiers de couleur

Le commerce propose une grande diversité de papiers dont la qualité et la texture varient selon le fournisseur. Il est prudent d'utiliser des papiers pastel 100 % chiffon, de préférence aux papiers d'utilisation courante qui risquent de s'altérer avec le temps et empêchent la bonne adhérence de la couleur. Le pastelliste dispose d'un éventail subtil de nuances chaudes et froides ou de tons vifs et francs.

Vous pourrez ainsi opter pour une couleur de fond s'harmonisant ou tranchant avec le pastel, selon que vous souhaitez accentuer une tonalité dominante ou fondre les divers éléments de la composition.

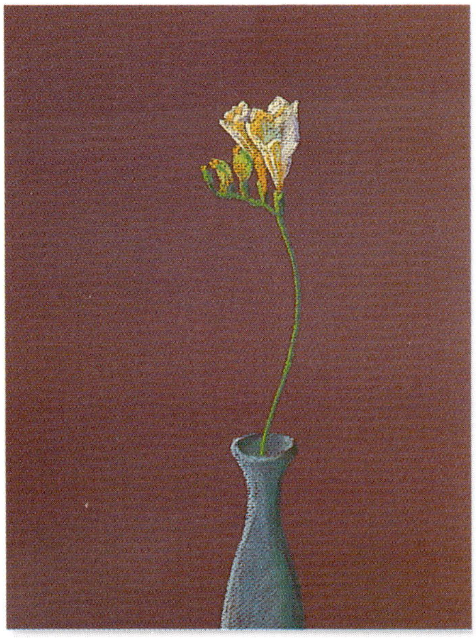

Papier pourpre
Le support pourpre foncé offre à la composition une luminosité accrue. Le vase se marie délicatement au fond puisque tous deux sont réalisés dans une même couleur de base, à nuance froide, le bleu. Le pourpre met aussi en valeur le jaune de la tige et de la fleur.

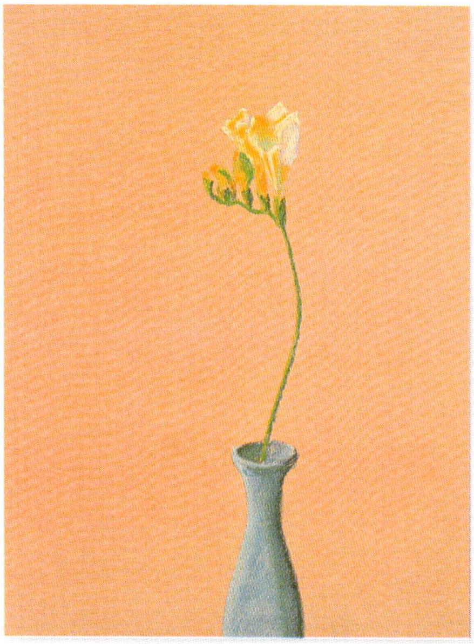

Papier pêche
Cette image toute en finesse n'est pas aussi puissante que les trois autres, l'artiste ayant préféré jouer sur une alliance délicate de complémentaires. Le regard se porte d'emblée sur le bleu du vase qui est mis en valeur par la douceur du fond pêche ; le ton du papier est assez foncé pour souligner les pétales clairs de la fleur.

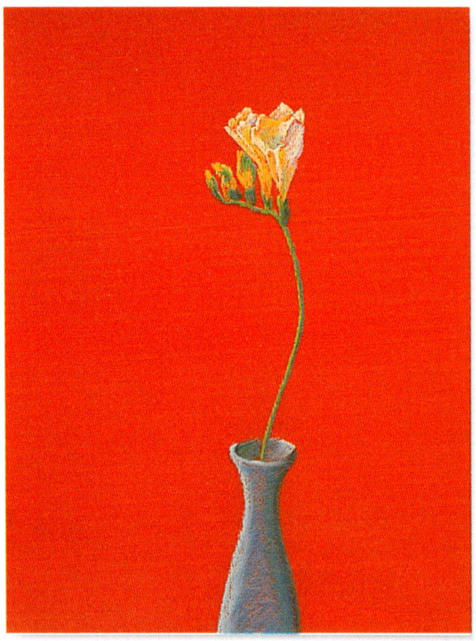

Papier rouge
L'artiste a choisi ici un rouge très vif, le vermillon. Le vert de la tige semble vibrer sur ce fond écarlate, le vert et le rouge étant deux couleurs complémentaires qui s'avivent l'une l'autre. Ces complémentaires peuvent rehausser une peinture, mais veillez à les utiliser avec modération pour éviter un rendu trop criard.

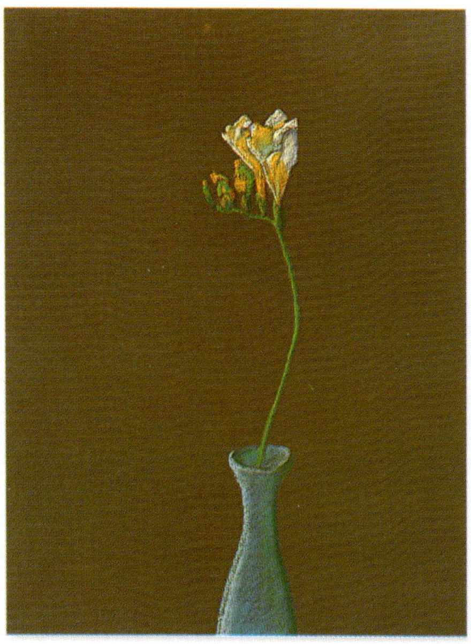

Papier vert
Ce pastel contraste très nettement avec celui de la page précédente, réalisé sur fond blanc. La fleur, fort différente, gagne en luminosité sur le papier sombre. Le vert olive s'harmonise avec le vert tilleul de la tige et accentue la gracilité de la fleur pour créer une atmosphère mélancolique.

CRÉER SON SUPPORT

N'HÉSITEZ PAS À ESSAYER sur vos supports des textures et des couleurs variées et vous serez séduits par la simplicité des procédés utilisés, l'originalité et l'expressivité des effets obtenus. Cette démarche offre un double intérêt : élargir le choix des possibilités du commerce et enrichir votre palette de textures et de matières s'adaptant au sujet que vous souhaitez traiter ou à la technique mise en œuvre. La mousseline et la toile peuvent être tendues et collées sur du carton pour donner des surfaces très stables, au grain bien marqué, idéales pour la peinture au pastel. Vous pouvez aussi coller une couche de grès, de sable ou de tout autre abrasif équivalent sur le support avec de la colle vinylique ou un apprêt gesso : vous obtenez des textures du meilleur effet qui peuvent être colorées en ajoutant des pastels réduits en poudre ou enduites de peintures à l'eau.

L'EMPLOI DU GESSO est une très ancienne méthode de préparation des surfaces ; l'apprêt acrylique utilisé aujourd'hui résiste aux craquelures et convient bien aux supports souples tels que le papier et la toile. Pour créer un support uniforme, légèrement granuleux, appliquez à la brosse plate en soies de porc une bonne couche d'apprêt en traits réguliers de haut en bas que vous laisserez sécher, puis que vous revêtirez d'une seconde couche passée à l'horizontale. Si vous recherchez une surface texturée, vous pouvez compléter le gesso d'une poudre abrasive (du sable ou du carborundum, par exemple) avant de peindre le support.

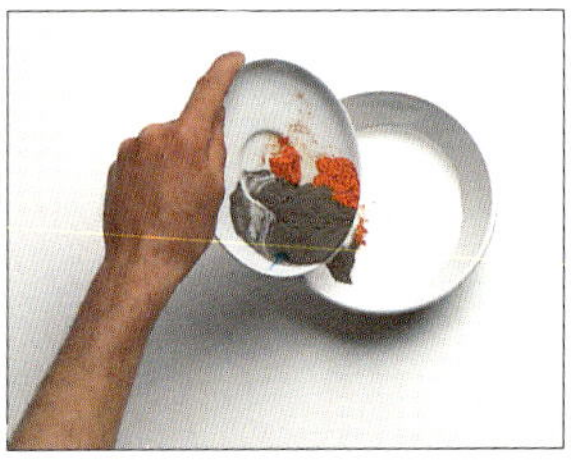

1 ▲ Versez de la poudre de pastel orange et du carborundum à grains fins dans un récipient de gesso.

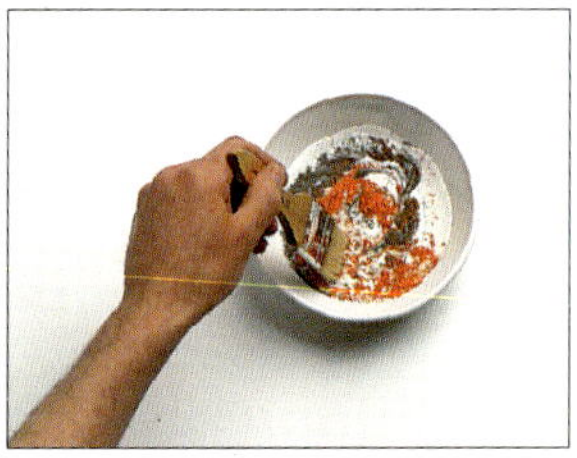

2 ▲ Mélanger progressivement ces trois ingrédients à l'aide d'une brosse plate à poils durs.

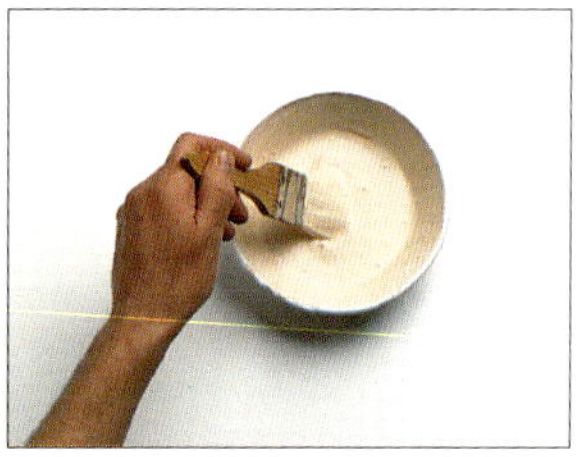

3 ▲ Travaillez cet amalgame quelques minutes pour obtenir la couleur et la densité recherchées.

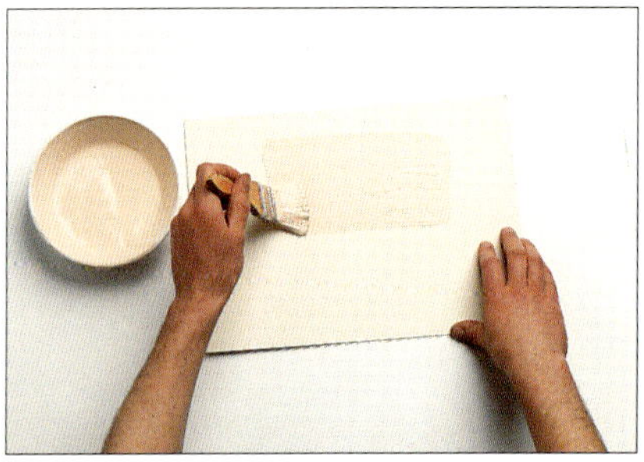

4 ▲ Appliquez le mélange sur toute la surface du support en traits parallèles : vous devez produire une texture bien régulière.

Résultat après séchage à plat

Matériel

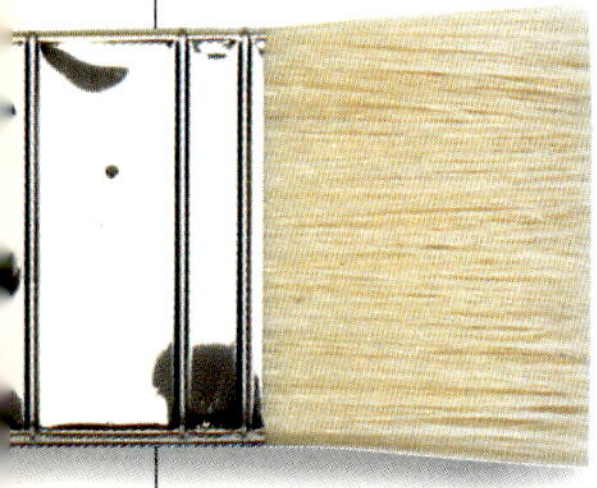

Brosse large en soies de porc

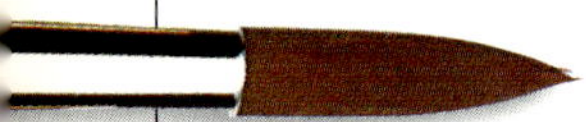

Pinceau rond souple

TEXTURE MOUCHETÉE

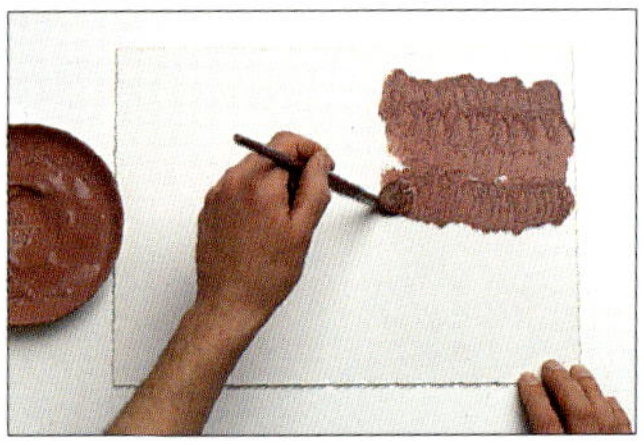

1 *Pour donner plus de matière à la composition, mélangez du sable fin et un pastel brun foncé réduit en poudre dans du gesso.*

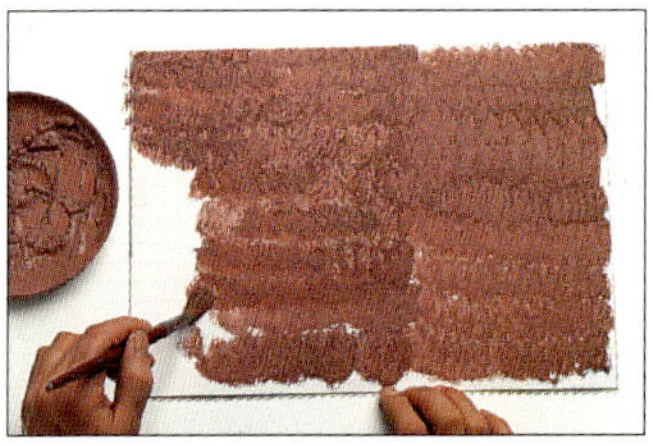

2 *Appliquez ce mélange par petites touches énergiques, posées en virgule sur toute la surface, avec un pinceau bien chargé.*

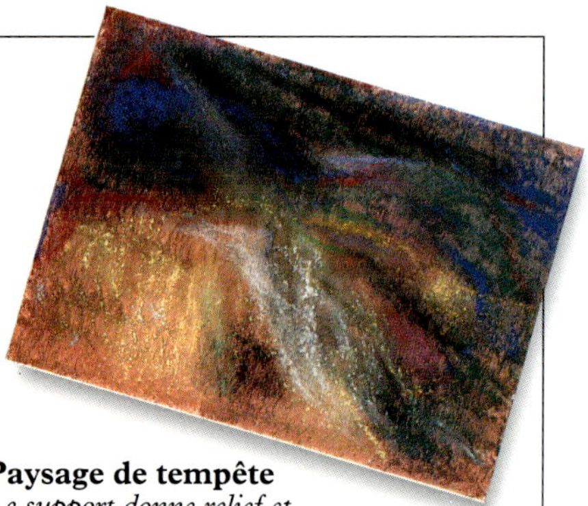

Paysage de tempête
Le support donne relief et mouvement à cette peinture abstraite pour suggérer le tumulte orageux.

LE FROTTAGE

Ce procédé simple permet d'exploiter le grain du support pour créer un motif texturé. Il suffit pour cela de poser une fine feuille de papier sur une surface rugueuse comme une planche de bois brut et de balayer le support avec le chant du pastel. On peut employer plusieurs couleurs pour multiplier les effets ou frotter la surface selon divers angles, en variant la tenue du bâtonnet. Il en résulte un riche éventail de fonds qui constitue pour le pastelliste autant d'invitations à l'improvisation et à la peinture abstraite. C'est aussi un mode idéal de création de papiers hétérogènes, aux textures variées, très appréciés pour le collage.

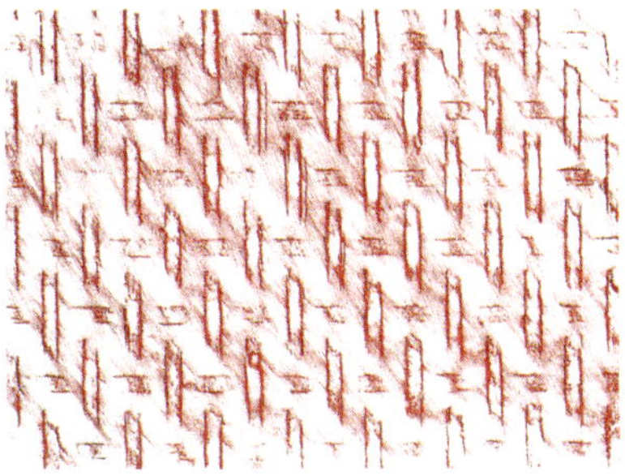

Imitation de l'osier

Créer son support texturé avec du carborundum

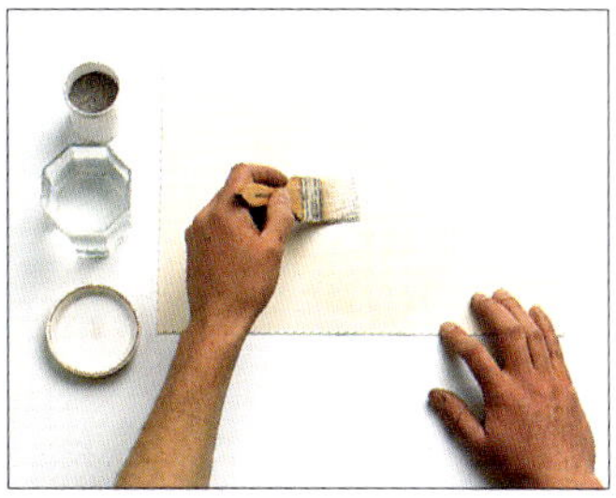

1 ▲ Diluez de la colle vinylique dans de l'eau pour la rendre plus soluble et appliquez-en une couche régulière sur du carton ou un contrecollé à la brosse large.

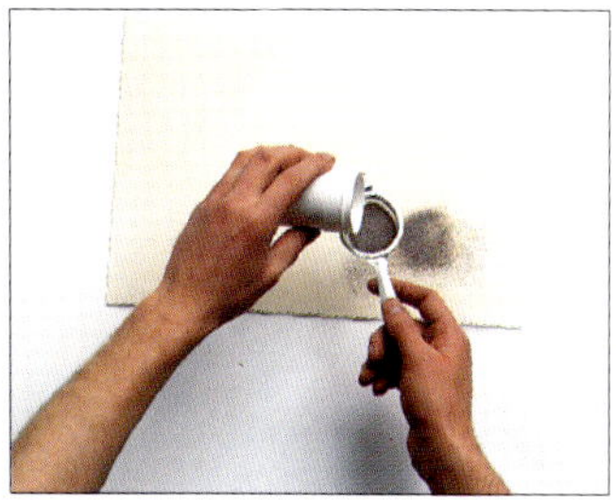

2 ▲ La colle encore humide, versez de la poudre de carborundum dans une petite passoire et saupoudrez toute la surface d'une couche de cet abrasif.

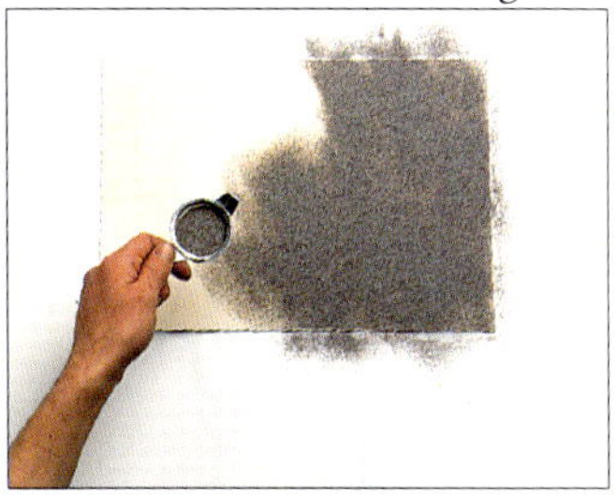

3 ▲ Continuez jusqu'à ce que le support soit entièrement masqué, sans hésiter à déborder sur les extrémités du carton.

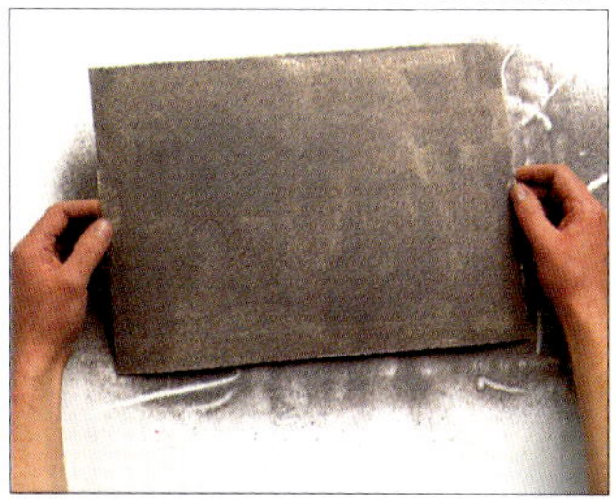

4 ▲ Agitez le support pour enlever le surplus et placez-le sous des poids pour l'empêcher de gondoler au séchage.

Matériel

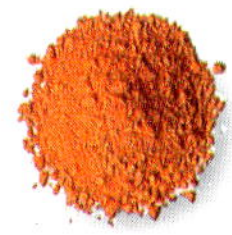

Poudre de pastel orange

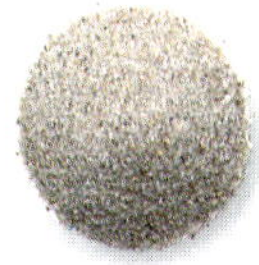

Sable

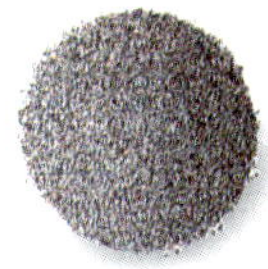

Poudre de carborundum

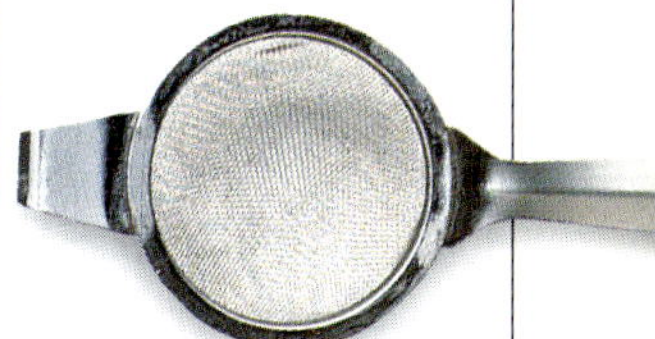

Tamis

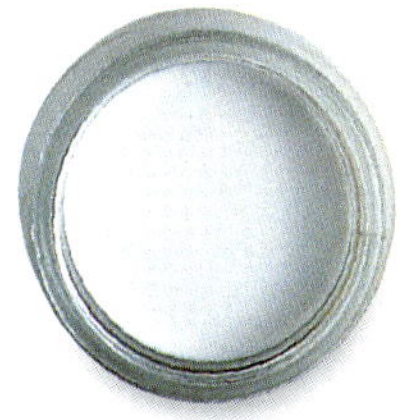

Colle vinylique

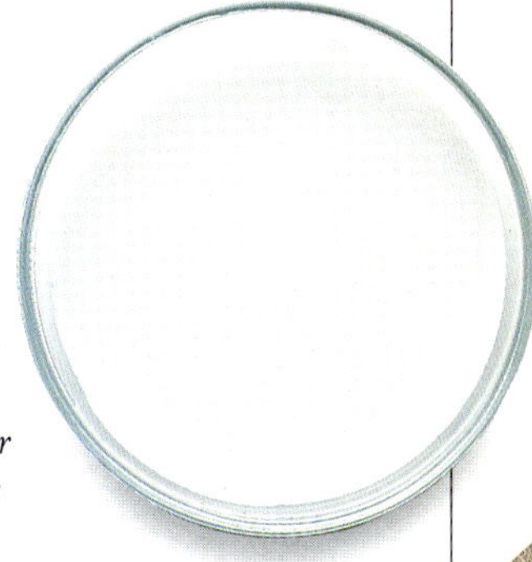

Apprêt acrylique (gesso)

Abrasifs
Ces cartons ont été recouverts de trois grains différents de matériau abrasif. Le premier est un sable grossier, parsemé sur le support pour obtenir une texture granuleuse et irrégulière ; celui du milieu est constitué de sable fin, tamisé. Quant au plus foncé, il s'agit d'un abrasif au grain très fin et doux au toucher, le carborundum.

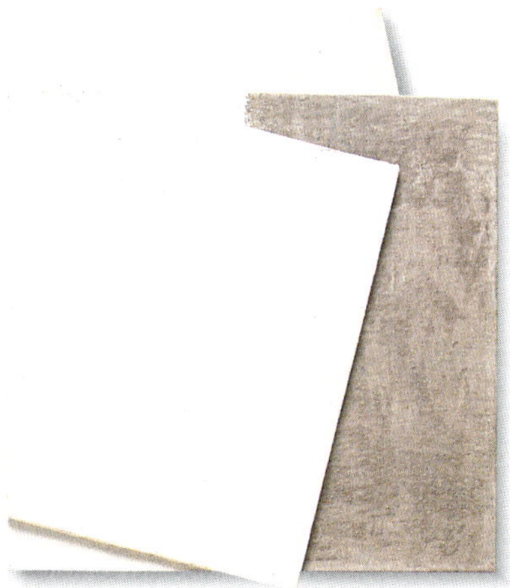

Mousseline et toile
Le support de dessous est un papier toilé fabriqué à la machine, tandis que les deux autres surfaces sont façonnées à la main ; celle du milieu est revêtue de mousseline et celle du dessus, d'une toile de coutil de coton de qualité fine ; toutes deux ont été préparées au gesso.

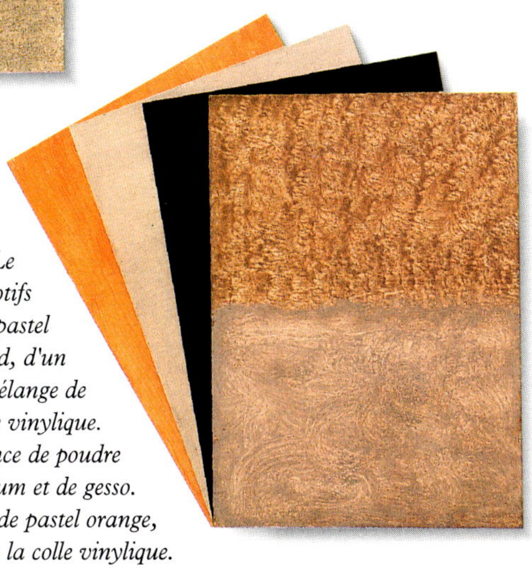

Matières et couleurs
Voici un assortiment de supports mariant textures et couleurs. Le premier (dessus) offre deux motifs mouchetés obtenus avec un pastel marron et du gesso. Le second, d'un noir intense, consiste en un mélange de fusain finement broyé et de colle vinylique. Le troisième est une subtile alliance de poudre de pastel orange, de carborundum et de gesso. Le dernier est lui aussi constitué de pastel orange, mélangé à de la colle vinylique.

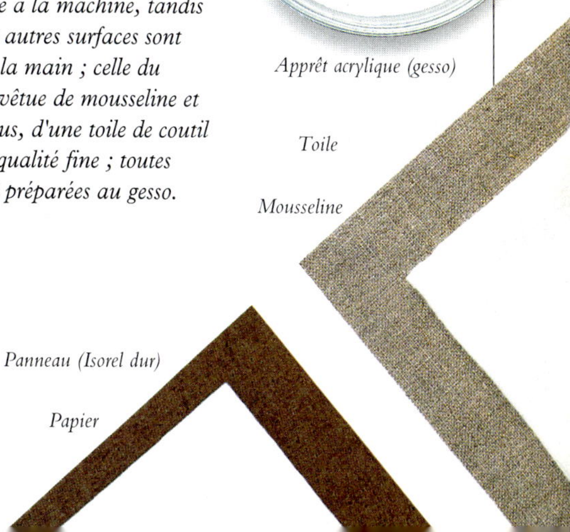

Toile

Mousseline

Panneau (Isorel dur)

Papier

Regards sur LES SUPPORTS

LE FORMAT, LA TEXTURE et la couleur du support sont trois atouts dans la réussite d'une composition au pastel. En travaillant, par exemple, sur un support aux dimensions imposantes, vous donnez plus d'ampleur et d'ambition au thème traité. La texture influence la qualité de la touche et permet de maîtriser l'adhérence du pastel au grain du papier. La teinte du support permet de jouer sur l'harmonie ou le contraste qu'offrent les couleurs entre elles. Chacune des œuvres de maîtres reproduites ici révèle avec quel talent leurs auteurs ont su tirer parti d'un support judicieusement choisi.

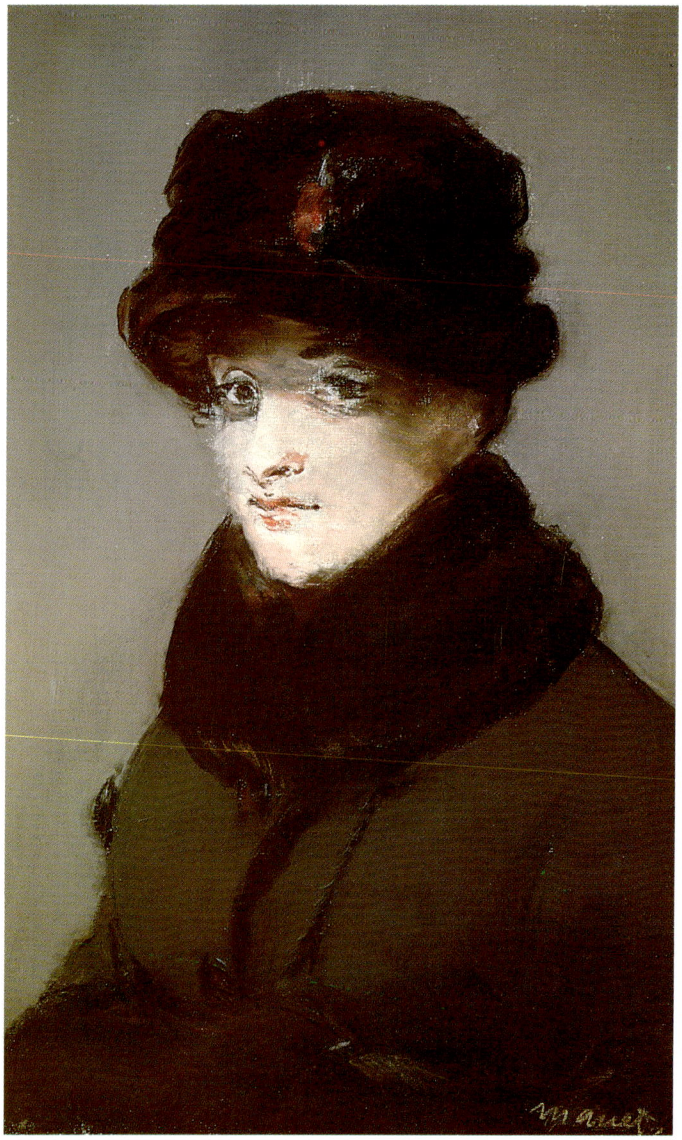

Édouard Manet, *Portrait de Méry Laurent,* 1882, *54* x *34 cm,* Clark Art Institute, Massachusetts.
Manet choisit ici de peindre au pastel tendre, sur une toile fine. Cette texture met en relief son extraordinaire maîtrise des fondus de couleurs, la trame de la toile retenant le pigment. Ce portrait plein d'acuité traduit aussi l'emploi d'une gamme restreinte de nuances et les puissants contrastes de clairs et d'obscurs qui caractérisent l'œuvre du peintre. Le jeu de la lumière froide voilant délicatement le visage éclairé de la jeune femme accentue le charme du portrait.

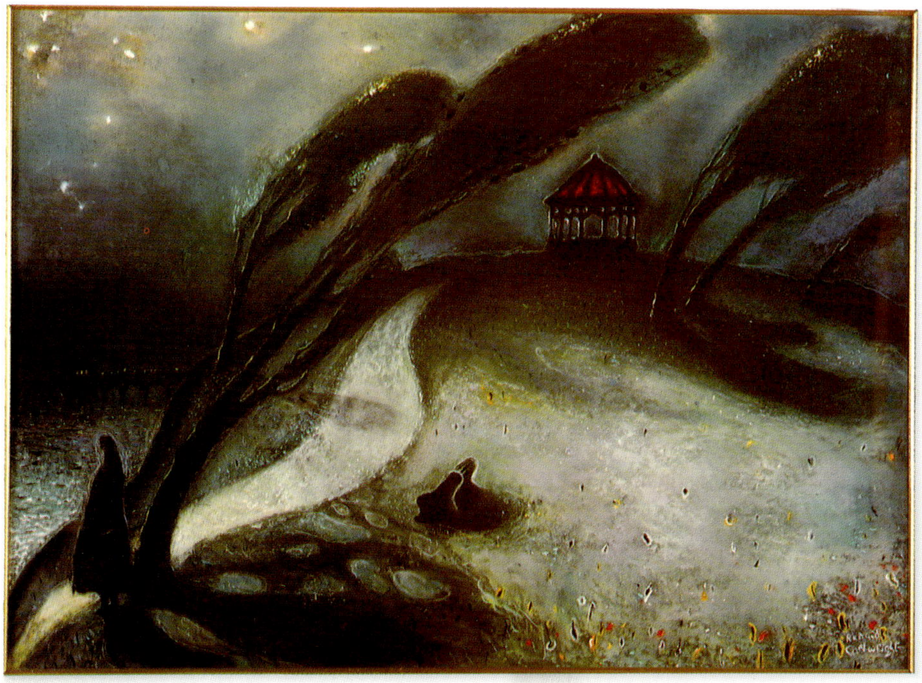

Richard Cartwright, *Le Kiosque à musique de Clevedon par une nuit étoilée,* *74* x *99 cm.*
Cartwright utilise ici un papier pastel noir fixé sur du carton et compose son tableau en commençant par un fondu de pastels tendres appliqués sur la surface du papier. Il se plaît à évoquer les mystères de la nuit et la tristesse d'une figure solitaire.

Pour obtenir ces effets de clarté nocturne, l'artiste a fait appel à de multiples techniques de pastel : fondu de couleurs, semis de petits points et saupoudrage de pastel sur le support.

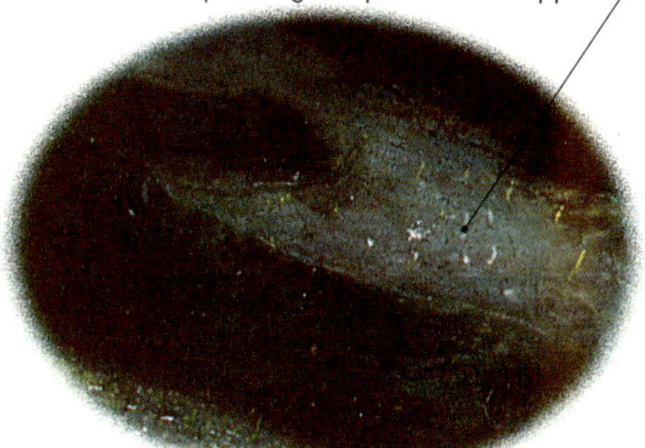

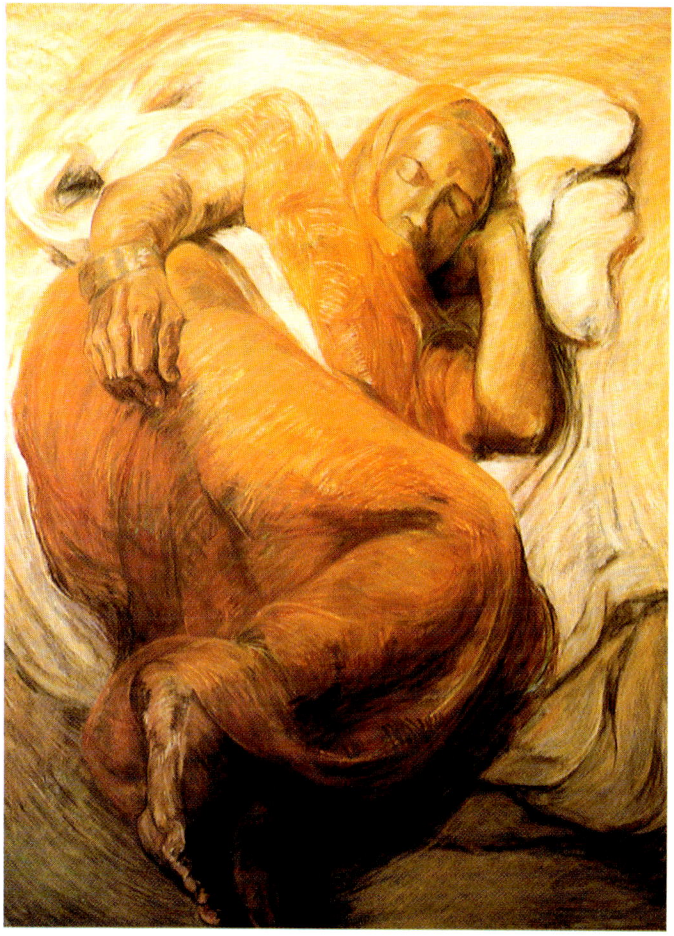

Shanti Thomas, *Femme endormie,* *150* x *122 cm.*
Le papier aquarelle se présente sous forme de grandes feuilles ou de larges rouleaux dont le grammage et la texture conviennent aux travaux d'envergure. Ce portrait monumental, presque grandeur nature, a nécessité toute une feuille. L'artiste a doté son modèle de proportions imposantes pour montrer le rôle nourricier prépondérant, mais souvent discret, que joue la femme dans la société hindoue.

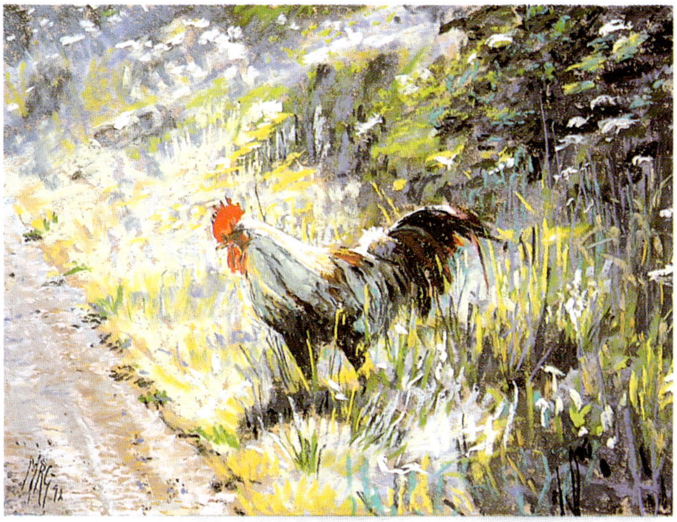

Margaret Glass, *Free range,* *24* x *33 cm.*
Le papier pastel utilisé ici se caractérise par une texture dense et régulière. Qu'il s'agisse de papier de verre ou de papier « free cut », sa tenue exceptionnelle en fait un support idéal pour les épaisseurs de couleurs et les effets d'empâtements. Le support de cette peinture assure la conservation de l'image, sans fixatif, et donne à cette scène haute en couleur une incomparable luminosité.

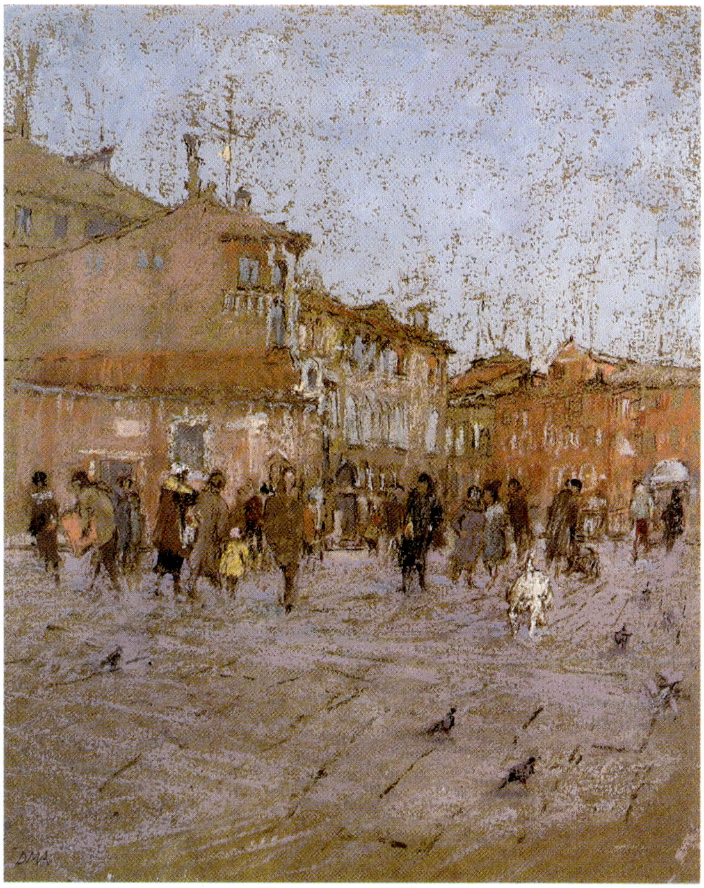

Diana Armfield, *Campo San Angelo, Venise,* 1988,
25 x *21 cm.*
En pastelliste accomplie, Armfield mise ici sur un support de ton chaud pour contrebalancer la richesse du ciel bleu et suggérer le soleil irradiant les bâtiments. Elle a pris soin de laisser de nombreuses réserves de papier de sorte que la teinte des édifices est davantage liée au ton du papier qu'à la superposition de pastels. La composition s'articule autour de deux complémentaires, bleu et rose saumon, et joue sur le contraste des couleurs froides juxtaposées aux couleurs chaudes.

Dans ce détail, le ton chaud du support transparaît sous les touches de couleurs diffuses qui esquissent les bâtiments, les silhouettes et la chaussée, et donnent à la composition une grande unité et harmonie de teintes.

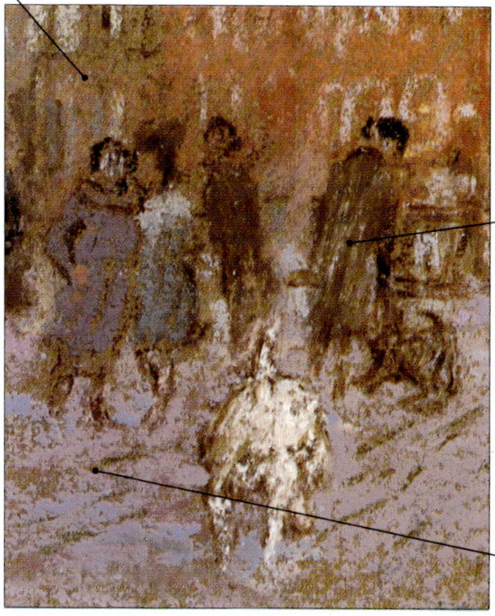

Le mouvement des figures est évoqué par le rythme et l'angle selon lesquels les touches de pastel sont appliquées sur le papier.

Ici, les silhouettes font écho aux pavés de la piazza italienne et sont déclinées dans la même gamme de notes gris-bleu à tendance froide.

LES TECHNIQUES DU PEINTRE

VOUS VOICI ÉQUIPÉ DU MATÉRIEL DE BASE - un assortiment de pastels et quelques blocs de croquis – et vous souhaitez installer votre propre atelier. Choisissez un endroit clair, près d'une fenêtre, mais évitez une exposition directe au soleil qui risquerait de jeter trop d'ombre dans la pièce. La nuit, optez pour un éclairage artificiel qui reproduise la lumière du jour, pour travailler en gardant une bonne perception des couleurs. Si vous peignez d'un trait ferme et décisif, gardez la fenêtre ouverte pour limiter l'inhalation de poudre de pastel.

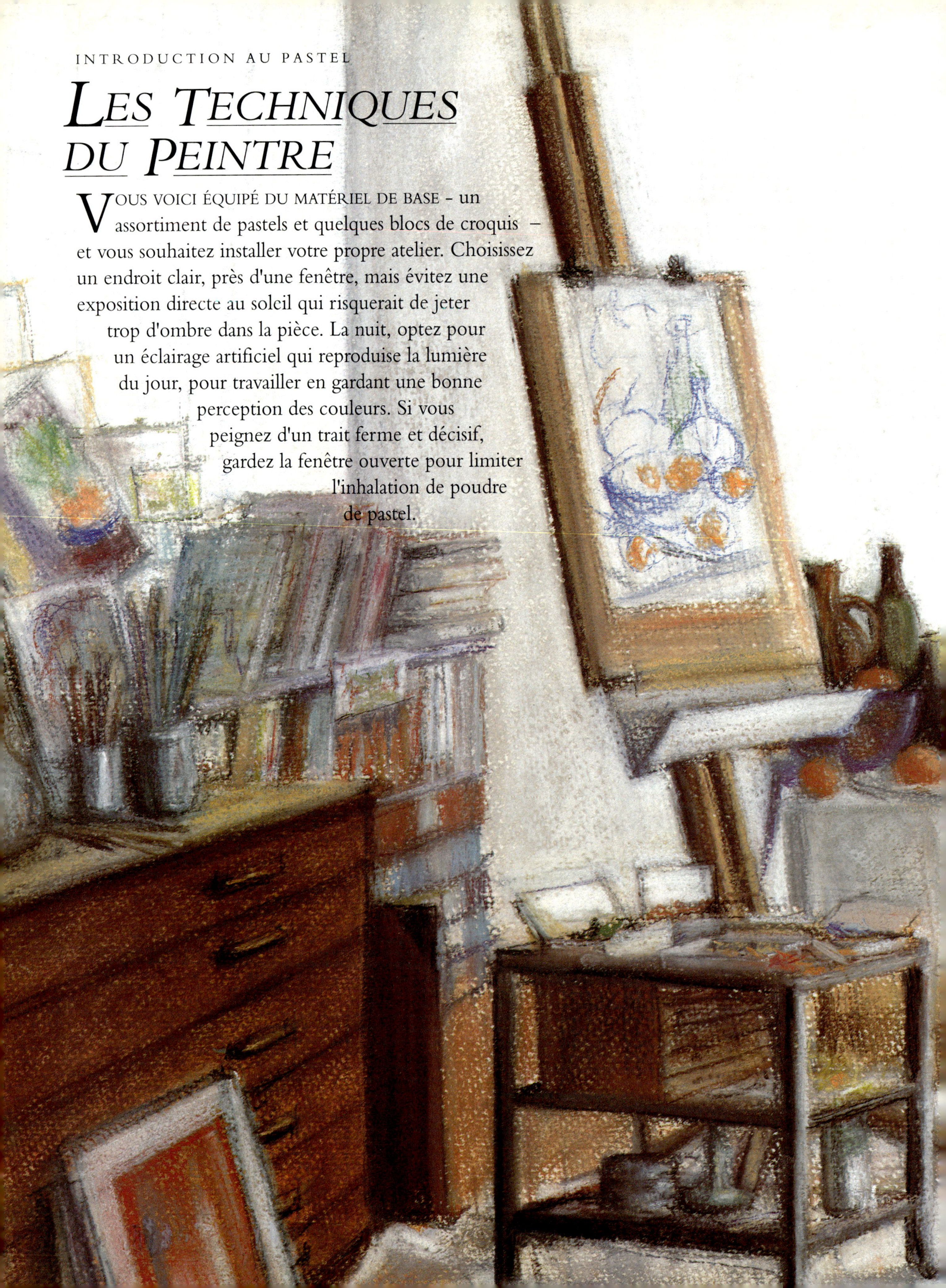

Surface de travail

Il vous faut avant tout un support rigide et stable. Si vous utilisez un chevalet, vous pourrez l'incliner et faire ainsi tomber la poussière de pastel due au frottement du bâtonnet, sans risquer de souiller votre ouvrage. Choisissez-le assez solide pour soutenir une grande planche à dessin tout en étant léger pour être aisément portable et pliable. À défaut, un contreplaqué ou un panneau de fibres agglomérées, taillé à la dimension et incliné sur vos genoux, fera l'affaire. Pour recueillir la poussière de pastel, prévoyez un auget ou une tablette en carton dur, de même longueur, pliée en deux, que vous fixerez aux extrémités du support avec des pinces à dessin ou du ruban adhésif.

Nettoyage

Ayez toujours à portée de main des mouchoirs en papier, très utiles pour s'essuyer les mains entre deux applications de couleur ou nettoyer les bâtonnets. De même, la poudre de pastel, très fine, peut se répandre et s'accumuler rapidement dans la zone de travail. N'oubliez pas de protéger votre plancher avec une grande feuille de papier ou une bâche avant de vous lancer.

Rangement des peintures

L'idéal est de protéger l'œuvre terminée d'une feuille de papier calque et de la ranger bien à plat dans un carton à dessin ou une armoire à plan. Ne roulez jamais votre pastel sous peine de l'abîmer.

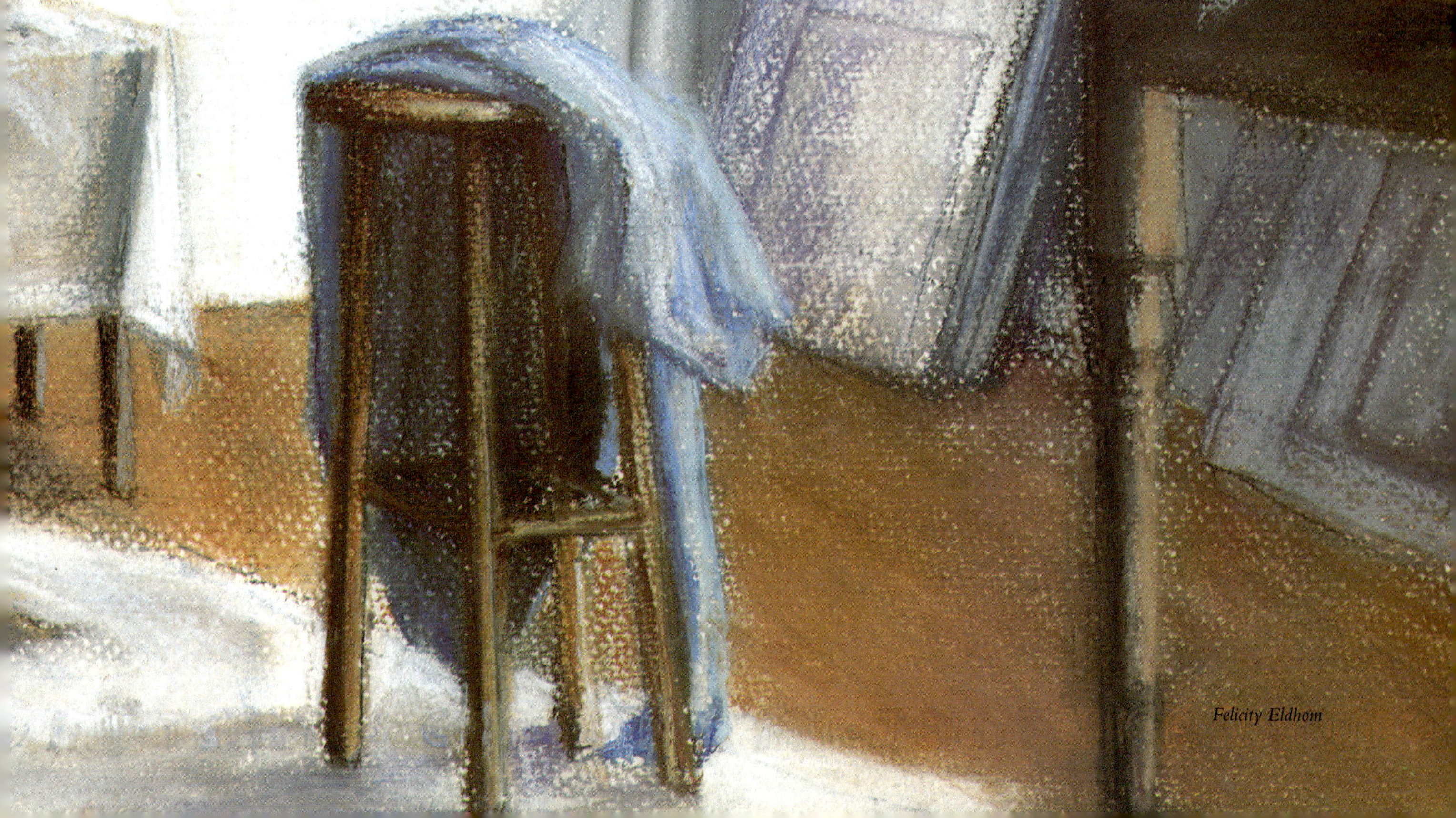

Felicity Eldhom

SAISIR UNE IMAGE

IL EXISTE PLUSIEURS FAÇONS de capter une image, selon la nature du thème que vous souhaitez traiter et le temps dont vous disposez. En règle générale, le débutant a intérêt à commencer par un sujet statique comme une nature morte, qui lui donne tout le loisir d'effectuer des retouches. En revanche, si vous croquez, par exemple, un enfant en train de jouer, la difficulté consiste précisément à saisir son mouvement. De nombreux procédés permettent d'y parvenir, notamment exécuter une suite de croquis rapides ou prendre des photographies du sujet dans diverses attitudes. N'hésitez pas à expérimenter chacune de ces techniques ou à les associer. Si vous voulez fixer sur le papier les évolutions d'un sujet en mouvement, prenez un bloc pastel assez grand pour y composer votre tableau et contentez-vous de quelques couleurs. Sélectionnez les aspects clés : vous vous rendrez vite compte que quelques traits incisifs et deux ou trois couleurs bien agencées reflètent mieux la sensibilité de l'artiste qu'un luxe de détails superflus. Variez les sujets et votre aptitude à saisir l'essentiel ne tardera pas à s'améliorer.

L'UN DES AVANTAGES de la photographie est de vous permettre de décomposer un mouvement en plusieurs vues instantanées et de capter des détails que vous n'auriez sans doute pas perçus à l'œil nu. Avec l'appareil photo, vous pouvez régler à volonté le viseur et choisir d'emblée le cadrage qui convient le mieux à la composition finale. Rien ne vous empêche, à l'inverse, de découper vos photographies après coup.

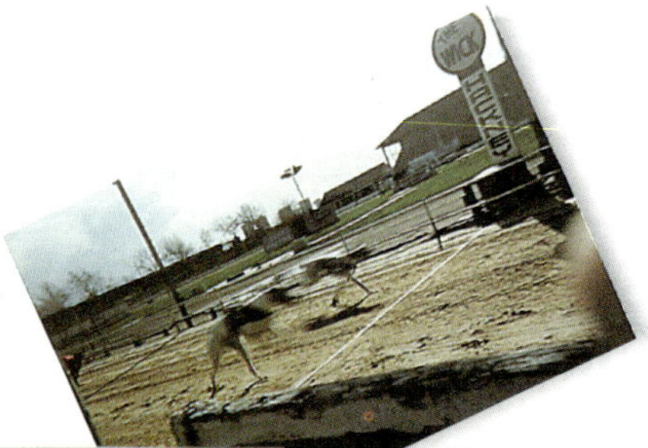
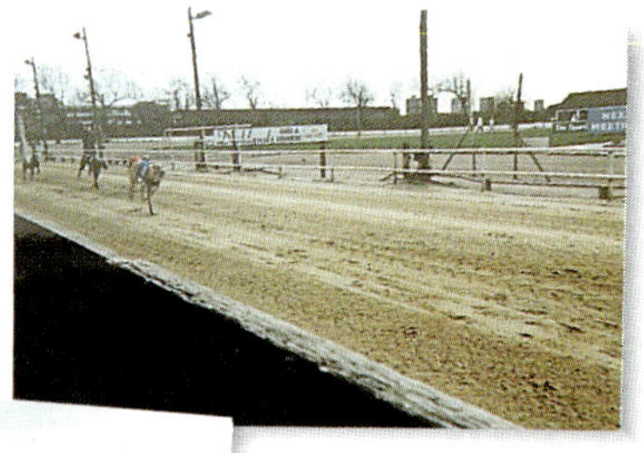
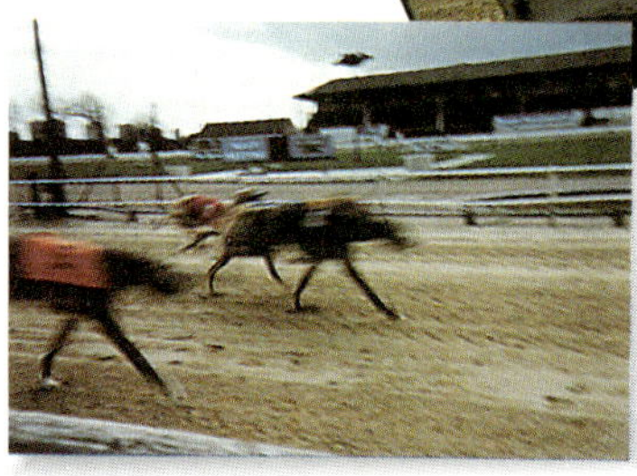
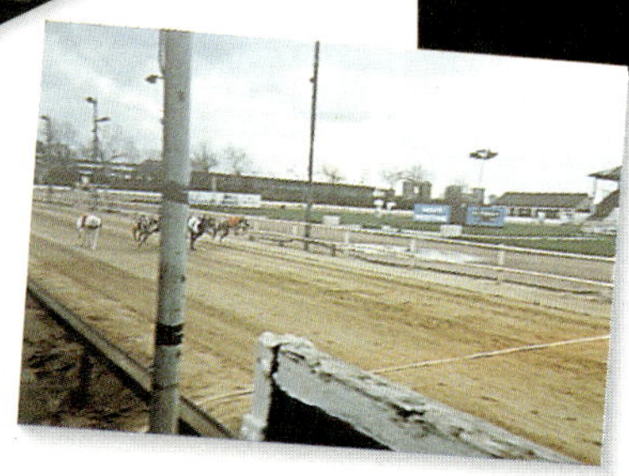

Série d'instantanés

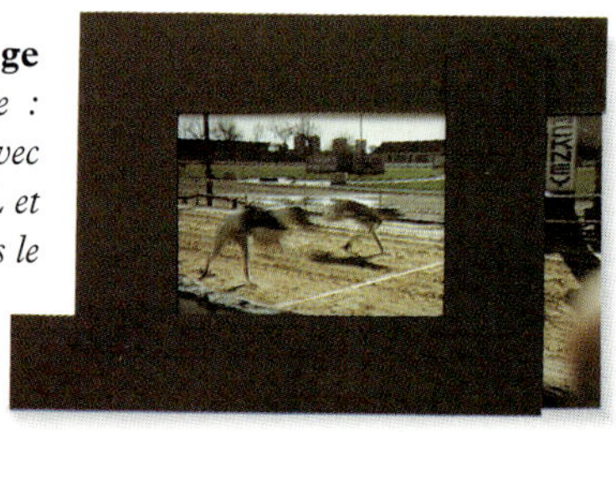

Cadrage
Voici une excellente méthode : réalisez un viseur rectangulaire avec deux cartons découpés en L et posez-le sur la photographie dans le sens de la largeur ou de la hauteur ; il vous reste à choisir le format qui traduit le mieux le mouvement.

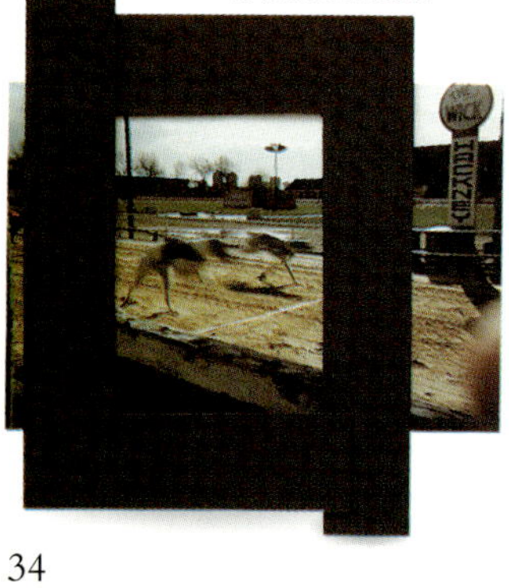

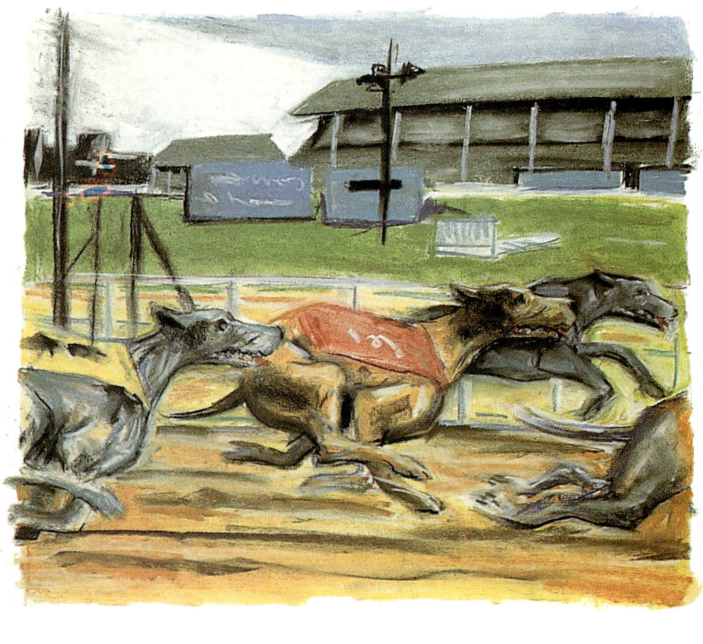

Course de lévriers
Ce pastel est une image reconstituée à partir de plusieurs vues. La rapidité des lévriers et la brièveté de l'action sont rendues par l'enchevêtrement des pattes dont la netteté contraste avec le flou des ombres sur la piste. L'artiste a choisi de faire disparaître le premier et le dernier animal du tableau pour accroître la sensation de vitesse.

Ébauche de la couleur

Peindre en extérieur est un loisir passionnant, mais encore faut-il avoir le don de croquer d'un trait un paysage dont l'atmosphère change au gré des heures et de la lumière. Il importe de travailler rapidement pour embrasser d'un seul coup d'œil les principales formes et tonalités de la scène. Efforcez-vous de dépouiller le sujet pour n'en garder que les éléments essentiels, puis posez les premières plages de couleurs dominantes.

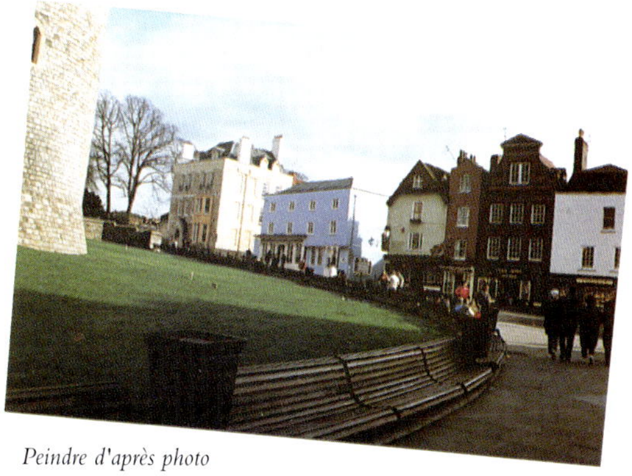

Peindre d'après photo

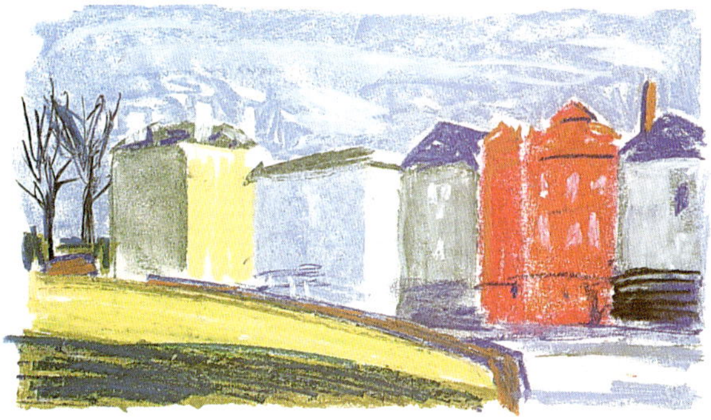

Mise en couleur

Rue de village

L'artiste a commencé par dégager les principales formes et tonalités de ce paysage qu'il a ensuite ébauchées en de larges pavés de couleur. Pour terminer, il a choisi de tronquer le côté gauche de la photo, puis peaufiné certains détails et accentué les couleurs.

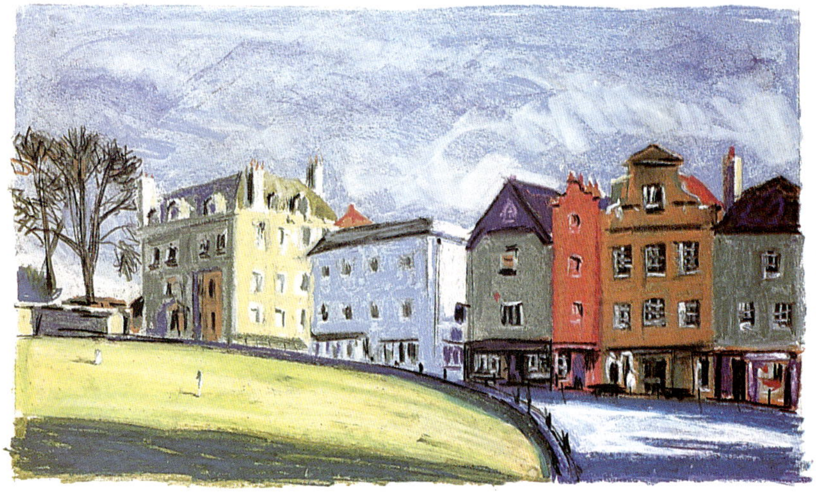

Ébauche du trait

Les chats sont d'excellents sujets d'étude car leurs gestes et leurs jeux quotidiens offrent une extraordinaire richesse de mouvements. Commencez par ébaucher les contours et les volumes par quelques traits rapides et incisifs. Vous sélectionnerez ensuite les meilleurs croquis, en repassant le bâtonnet de pastel sur votre tracé ou en reproduisant ces esquisses sur une autre feuille, ce qui vous permettra d'en changer le format à loisir.

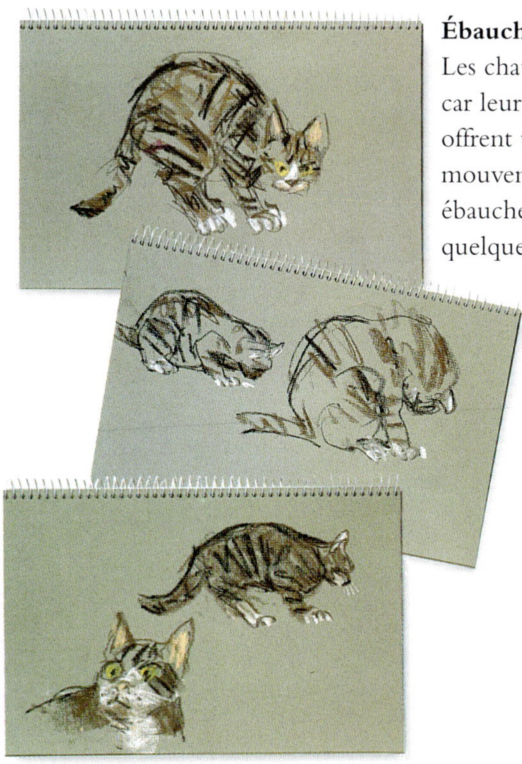

Croquis sur le vif

La toilette du chat

La composition représente un chat lustrant sa fourrure sur sa couverture. Les croquis préliminaires et leur tonalité limitée ont laissé place à des couleurs plus vibrantes.

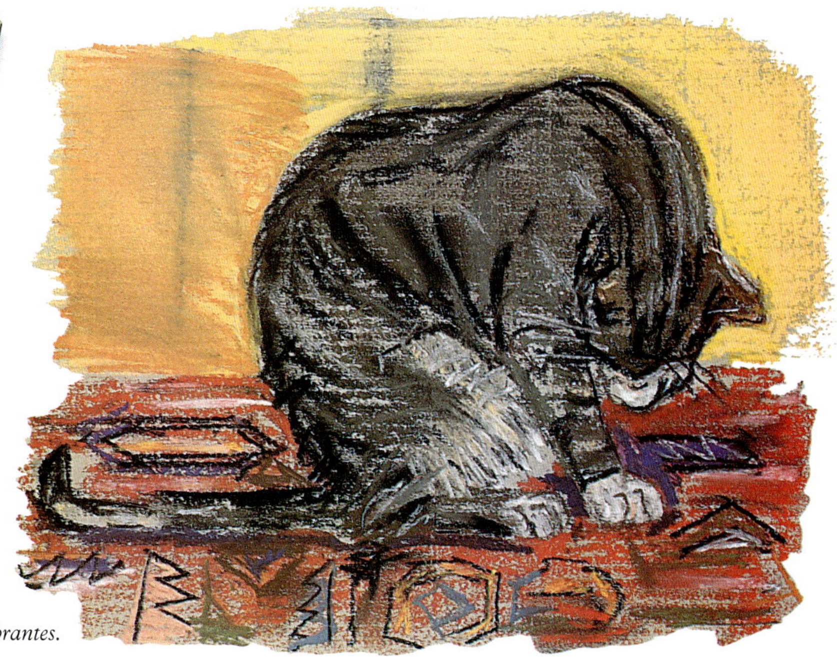

Composer un Tableau

La composition est au cœur de la peinture. C'est l'art d'ordonner les formes, les volumes et les couleurs pour susciter une émotion, évoquer une ambiance. Lorsque vous regardez votre tableau préféré, vous êtes d'abord séduit par le style de l'artiste et la manière dont il a illustré le sujet ; mais plus important encore : la peinture dévoile l'âme du peintre, vous révèle ses choix dans l'agencement et l'invention de nouvelles formes qui dépassent le cadre du sujet. La réussite d'une composition repose sur l'existence d'un thème dominant, c'est-à-dire une particularité qui apparaît dans toute l'œuvre, comme une atmosphère, un sentiment ou un rythme bien précis. Si vous reproduisez fidèlement un sujet, votre composition respectera certaines conventions comme, par exemple, l'influence de la force ou la permanence des jeux de lumière et d'ombre sur les objets d'une pièce. Ignorez ces principes de base et votre composition déroutera le spectateur. En revanche, on se lasse facilement des usages pour leur préférer une répartition originale des couleurs dans le tableau ou une juxtaposition insolite des formes. Quel grand peintre n'a pas cherché à sortir des sentiers battus pour cultiver l'ambiguïté entre le conformisme et l'inattendu ?

La nature morte constitue un sujet idéal pour le débutant soucieux de percer les secrets de la composition et de se familiariser avec ses règles. On peut en effet maîtriser la disposition des objets, exploiter le contraste ou l'harmonie d'un choix de couleurs bien précis, varier les effets de lumière sans crainte de voir son sujet changer d'aspect au fil du temps.

Plan traditionnel
La disposition d'un groupe d'objets dans une composition s'apparente au placement des comédiens sur une scène : chacun a sa personnalité propre qui influence intimement son partenaire. Ici, le vase est le centre d'intérêt de la nature morte tandis que les objets voisins, pichet et fruits, se font mutuellement écho en termes de forme et de volume.

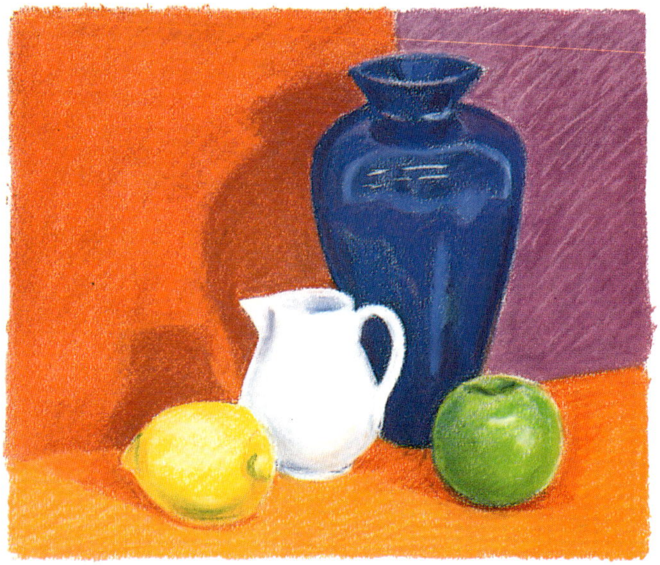

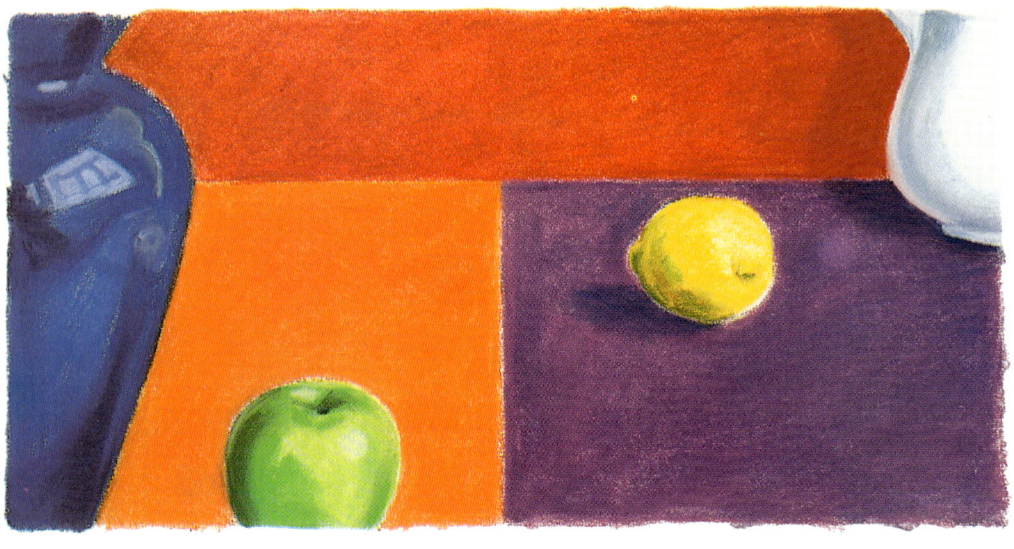

Format en largeur
En cherchant à transposer sur le papier, surface de travail bidimensionnelle, les éléments d'une réalité à trois dimensions, vous créez des formes qui n'existent pas sur le modèle original perçu par votre œil. Ces nouvelles formes sont modelées en coupant et en cadrant le sujet à l'aide des bords verticaux et horizontaux du support. Dans cette composition horizontale, constituée de deux carrés accolés, l'artiste a donné autant de prix et de soin au travail des formes négatives et positives des objets qu'aux objets eux-mêmes.

Équilibre

Consciemment ou inconsciemment, on recherche toujours dans un tableau l'équilibre harmonieux des formes, des couleurs, des tons et des lignes. Imaginez que vous placez la peinture sur un pivot pour en déterminer le point d'équilibre. Celui-ci se trouve rarement au centre de la composition, mais est toujours un peu décalé sur le côté. Les couleurs ont un impact variable sur l'œil selon leur degré d'intensité et d'obscurité. De vastes pans de couleur claire, à peine teintés, peuvent être contrebalancés par de petites touches denses et sombres.

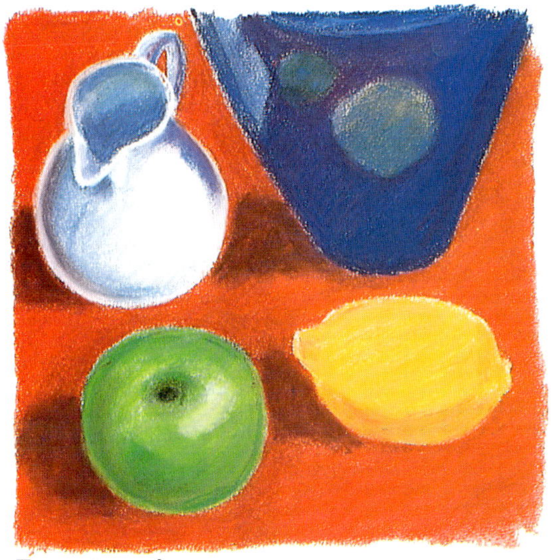

Format carré

Les couleurs nous touchent profondément. Synonymes de joie ou de tristesse, leurs connotations physiques et émotives sont multiples : le bleu est la couleur du ciel et de l'eau, le vert symbolise la nature, le rouge le sang et le feu, le jaune évoque le soleil, le blanc le clair de lune. Ici, les couleurs franches des fruits et du pichet, en équilibre parfait, chantent sur le fond rouge.

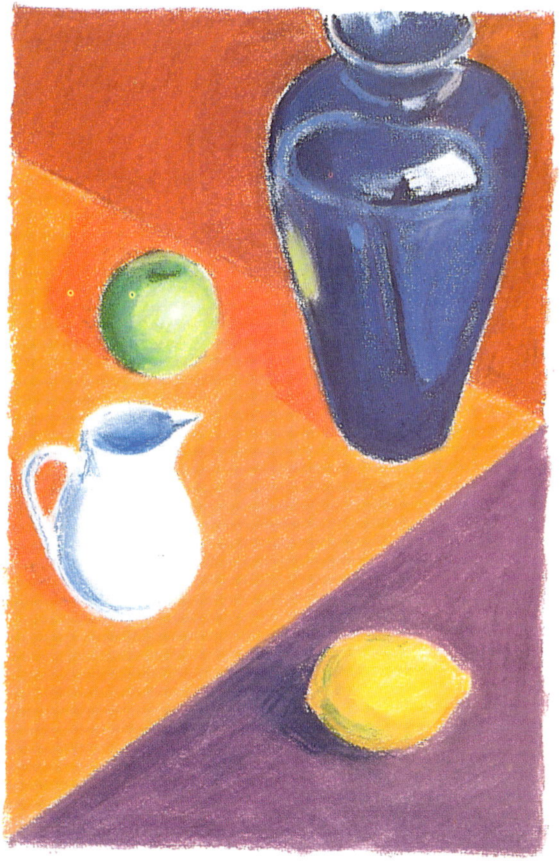

Format en hauteur

Quelques lignes de force suffisent à donner à la composition un rythme et une dynamique propres à suggérer le mouvement. Les diagonales guident le regard vers le haut du tableau où domine le vase, en suivant un tracé en zigzag qui balaie toute la largeur du cadre. Ces lignes brisées contrastent avec les formes rondes et douces des objets.

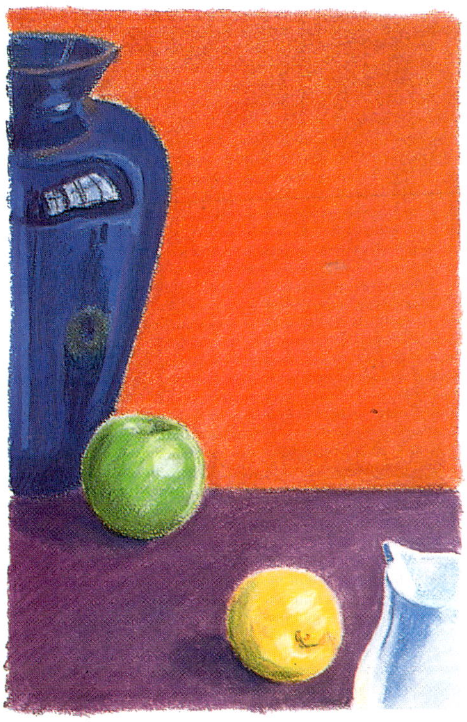

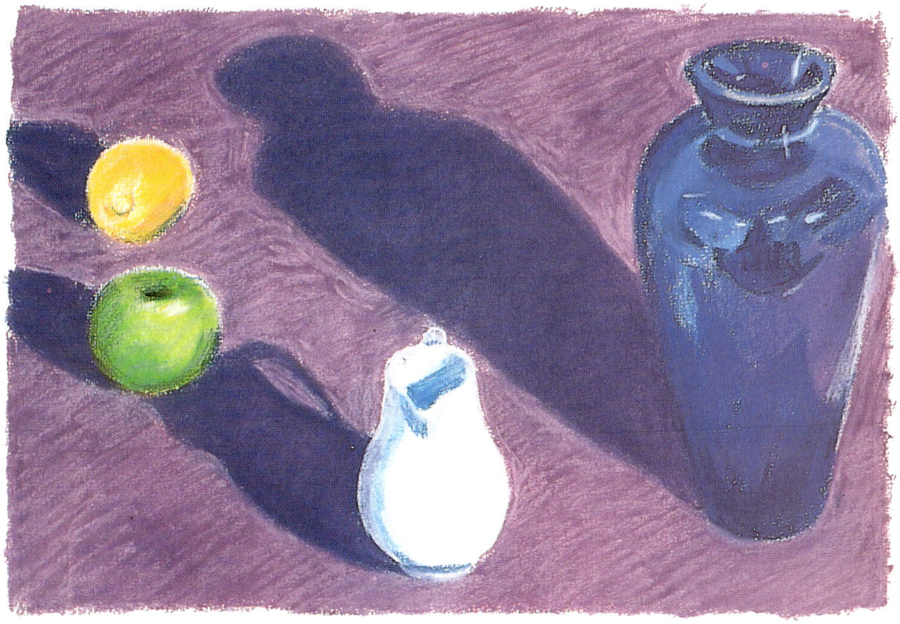

Format en hauteur

Le format du support joue beaucoup sur une composition. En général, un format vertical est plus dynamique, un format horizontal plus reposant. L'artiste a choisi ici le format en hauteur tout en travaillant l'équilibre de la composition. Elle a placé sa ligne horizontale au premier tiers de la peinture, construisant d'instinct la surface picturale selon la doctrine esthétique de la « section d'or » consacrée par les peintres du XIXe siècle.

Jeux d'ombres

Vous pouvez métamorphoser un objet en variant l'angle de l'éclairage ou en tirant parti d'une lumière artificielle. Il se dégage ici une atmosphère lourde inspirée par les ombres diagonales qui s'étirent vers le haut du tableau. Cette tension est amplifiée par le choix d'une vue plongeante sur les objets. L'éclairage artificiel renforce le sentiment de menace qui pèse sur la scène et les ombres ambiguës laissent libre cours à l'imagination du spectateur.

Regards sur LES COMPOSITIONS

LA COMPOSITION EST L'ART de choisir et de disposer les éléments d'un tableau. Le même sujet abordé sous deux angles produira des effets très divers : l'un suggérera l'équilibre et la paix ; l'autre inspirera le drame ou jettera la confusion dans l'esprit du spectateur. Aussi les peintres ont-ils coutume de peindre un sujet selon différents modes. L'art de la composition vous impose d'être sélectif et de trouver le compromis idéal entre les détails qu'il convient d'écarter et les éléments qui méritent d'être traités.

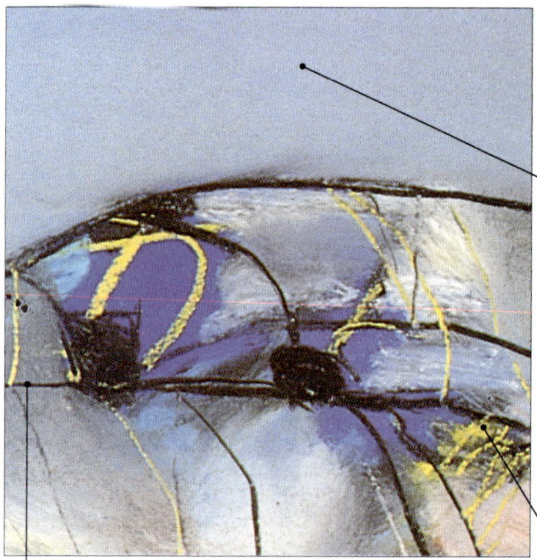

Blackburn a travaillé le pastel dans le grain du papier, créant ainsi une densité de couleur qui évoque la lumière et l'infini.

La limite des champs et des bosquets est suggérée par quelques jets de lumière jaune citron ponctués de notes bleu foncé.

Ces lignes d'un noir intense symbolisent les jeunes arbres s'accrochant vigoureusement au flanc des collines.

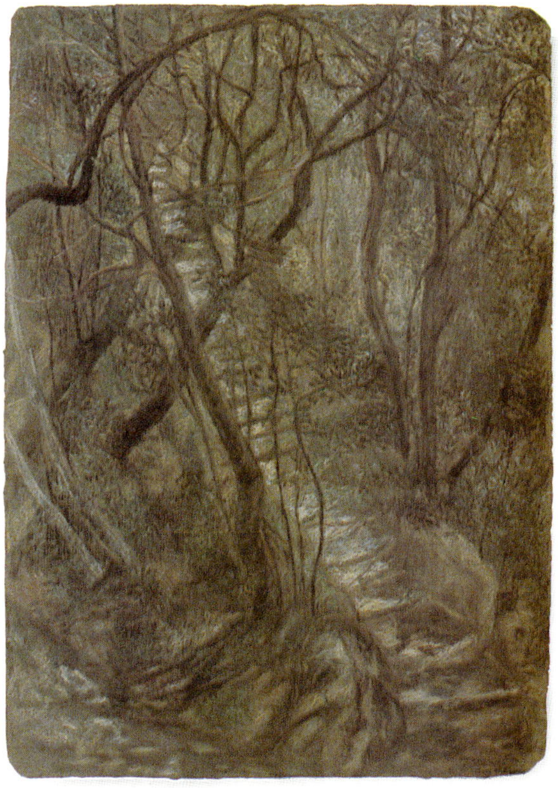

Joy Girvin, *Chemin de lumière,* *96 x 76 cm.* *L'artiste exploite le format en hauteur pour accroître la sensation d'espace clos inspirée par l'enchevêtrement des arbres. Les entrelacs de racines et de branches tissent une riche trame de formes qui envahit toute la composition. L'œil suit la diagonale d'un chemin de lumière qui s'insinue entre les ombres froides du feuillage environnant pour mener vers le haut du tableau, comme attiré par une promesse de chaleur et de lumière.*

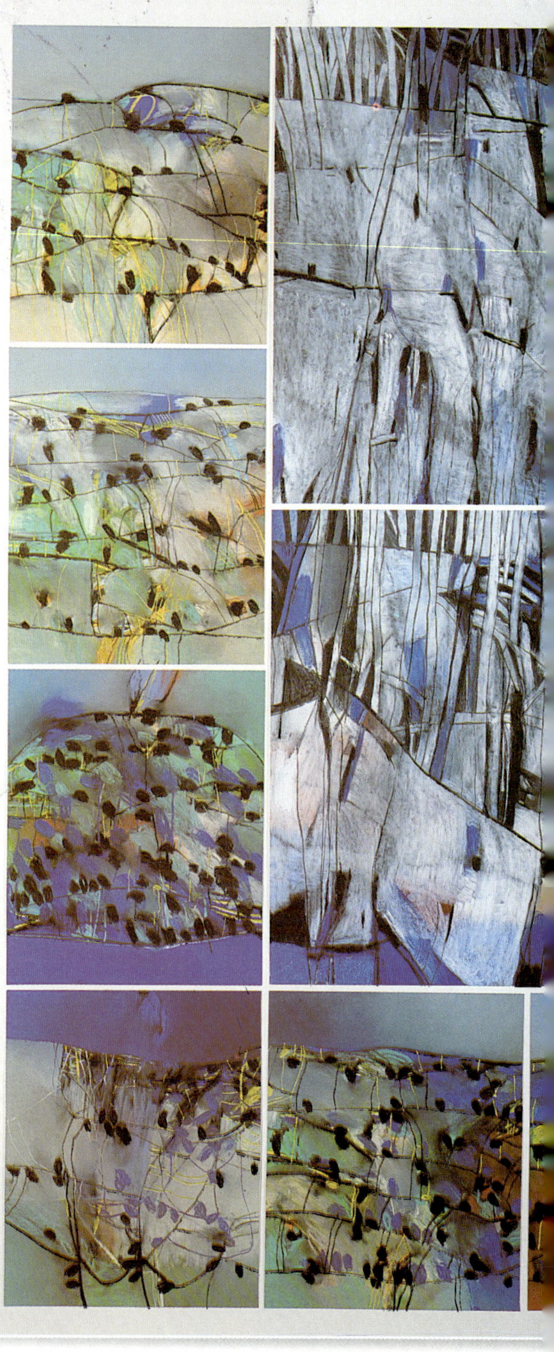

David Blackburn, *Vision de paysage n° 7,* 1990, *153 x 165 cm.* *Pour réaliser cette composition fort inventive, l'artiste a préféré s'inspirer de souvenirs de paysages plutôt que calquer une suite de vues prosaïques. L'ambiguïté qui s'en dégage constitue pour le spectateur une initiation au voyage, qui n'est pas sans rappeler la musique. Le paysage est plus suggéré que décrit et l'œil suit le rythme des formes et des couleurs qui évoquent le souvenir de promenades dans les bois et les champs. L'originalité du format tient à la symétrie des rectangles formant un polyptyque semblable à ceux qui ornent les autels des vieilles églises. Les quatre panneaux centraux flanqués de multiples images latérales invitent à la méditation.*

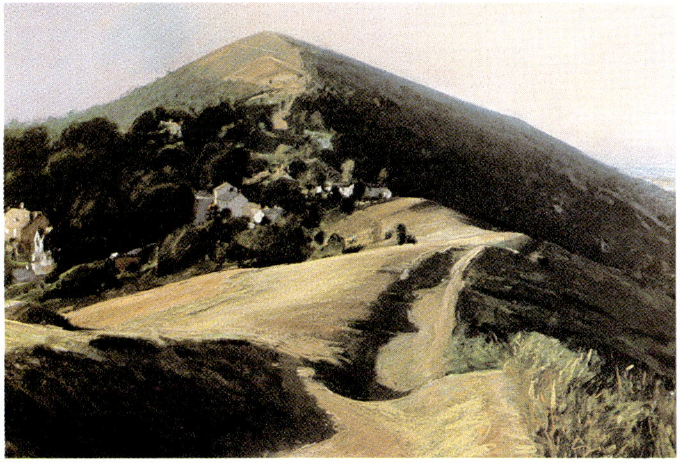

David Prentice, *La Chaussée du Comte Rouge à Malvern,* *86 x 58 cm.*
La lumière peut métamorphoser un paysage et lui donner un aspect théâtral. L'artiste a réalisé plusieurs compositions de ce sujet inspirées des changements de couleur et de lumière au gré des saisons. Sa réussite tient à la répartition étonnante et harmonieuse de formes contrastées qui amplifient les contours de la colline à mesure qu'elle se dérobe sous un soleil d'après-midi.

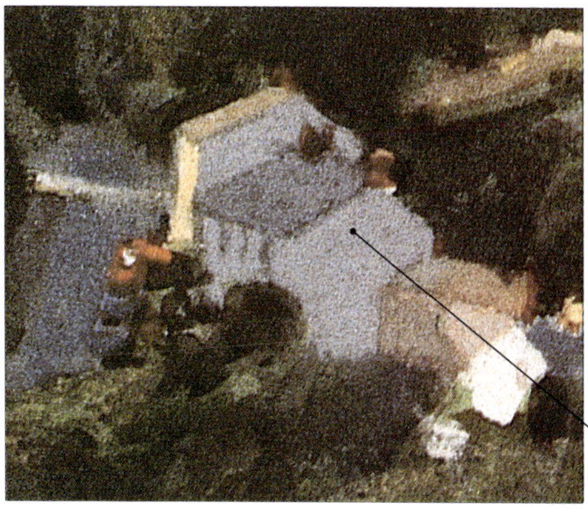

La blancheur des maisons est le point fort de la composition, les aplats de couleur claire tranchant avec les courbes foncées du versant de la colline.

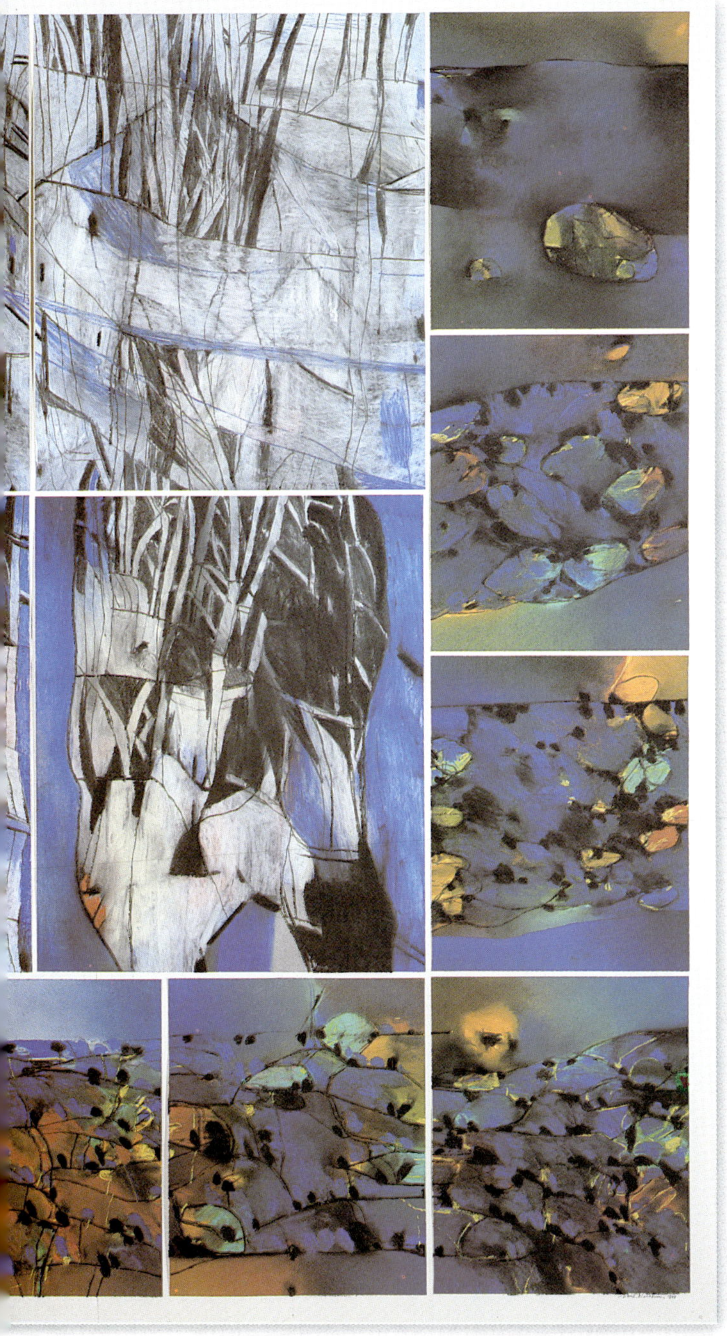

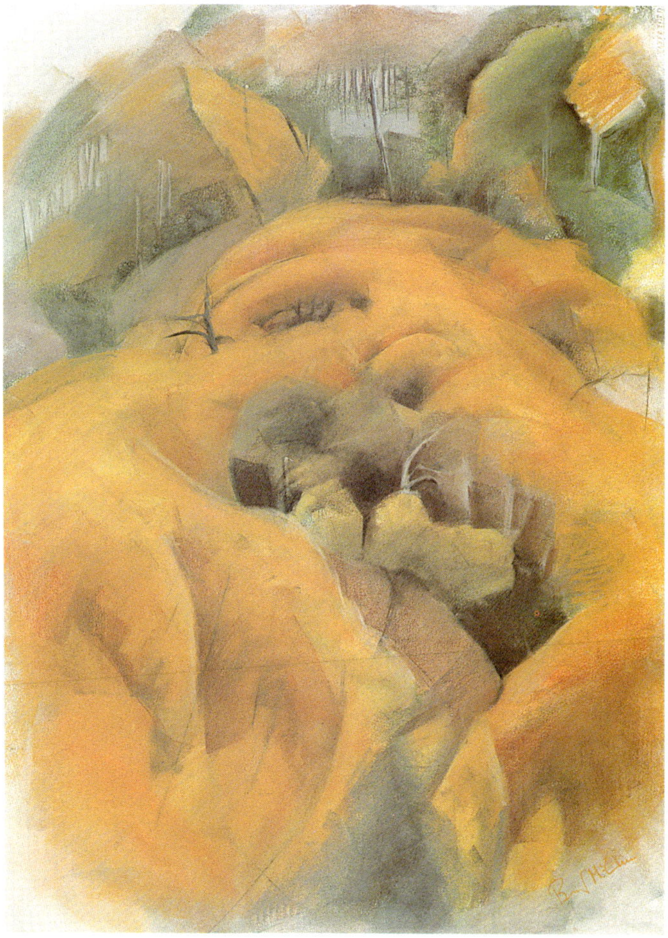

Bridget McCrum,
Paysage d'automne à Dart, *102 x 81 cm.*
Bridget McCrum est un peintre sculpteur qui travaille d'après des études d'animaux. Dans cette puissante œuvre au pastel, elle modèle le paysage en des formes convexes récurrentes qui évoquent la musculature souple d'un animal couché. L'ampleur de la scène est inspirée par ces imposantes masses orange et la cime dorée des hêtres qui s'élancent vers le ciel. Ces formes se confondent et se séparent pour évoquer le monde caché de l'abîme.

LE CROQUIS

LE PASTEL EST UNE TECHNIQUE de peinture qui convient bien à l'esquisse d'un sujet et offre un très riche éventail de touches. Selon la pression exercée sur le bâtonnet, vous pouvez varier la texture d'une touche pour produire de légères traînées granuleuses, des effets d'empâtement ou des lignes épaisses. Les traits expressifs de ces croquis sont nés d'une grande variété de gestes qui ne cherchent pas à recopier les oiseaux dans le détail mais s'attachent davantage à traduire les sentiments de l'artiste face à leur comportement et leur forme. On peut ainsi comparer le croquis à une sténographie visuelle qui exprime le mouvement en un langage évocateur de lignes et de couleurs.

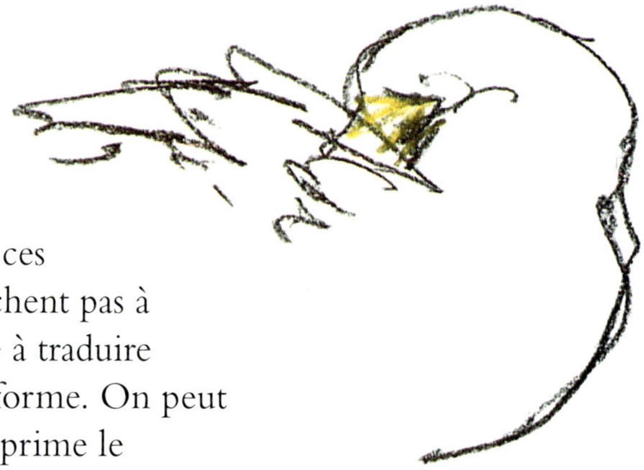

La puissance suggestive de la ligne

LA LIGNE JOUE UN RÔLE très important dans toute composition, car elle guide le regard de part et d'autre de la surface picturale et révèle, par ses variations, la manière dont l'artiste a interprété le sujet. Certains y voient des connotations musicales, l'évocation d'un rythme et, selon la force avec laquelle on appuie sur le pastel, une sensation d'énergie ou de repos. La ligne ne se contente pas de donner le ton, elle cerne et souligne les formes.

Avec l'expérience, vous serez capable d'exécuter une grande variété de traits en jouant sur le maniement du pastel et sur la pression appliquée.

Veillez à tenir le bâtonnet du bout des doigts, sans prendre appui sur le papier pour ne pas salir votre travail.

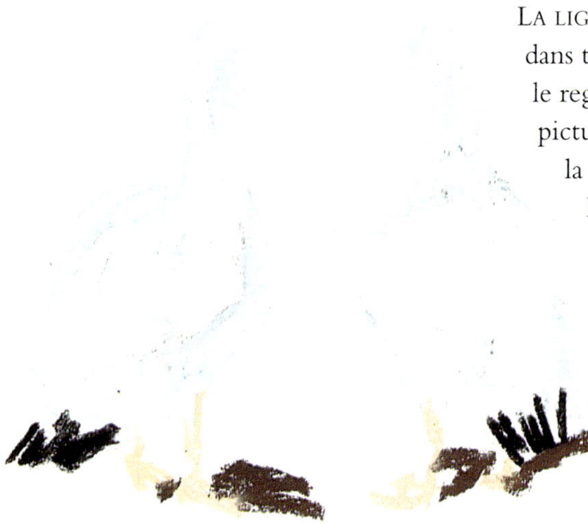

Un soupçon de couleur
Remarquez l'intense contraste créé par le changement de tons, du délicat bleu clair évoquant la tête et le corps des oies aux touches noires des plumes de la queue. L'orange, complémentaire du bleu, utilisé sur les pattes, est là pour affirmer la stabilité des oiseaux sur le sol.

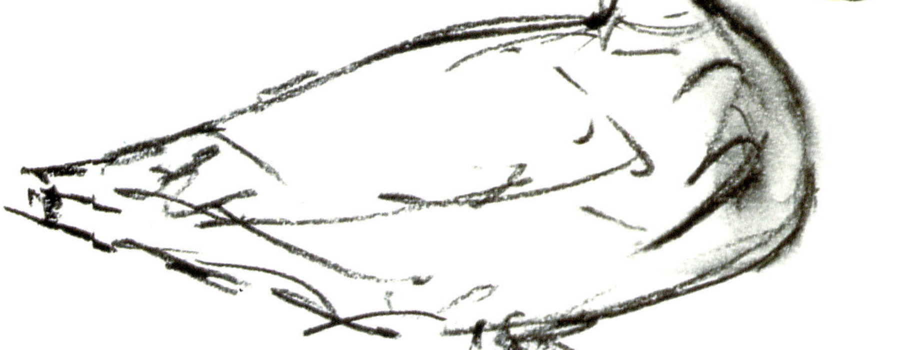

Définir la forme
Ce croquis procure un sentiment d'énergie et les traits appuyés suggèrent la masse de l'oiseau. Il ne s'agit pas ici de délimiter la forme, mais de saisir par quelques courbes et arrondis le volume et la robustesse de l'animal.

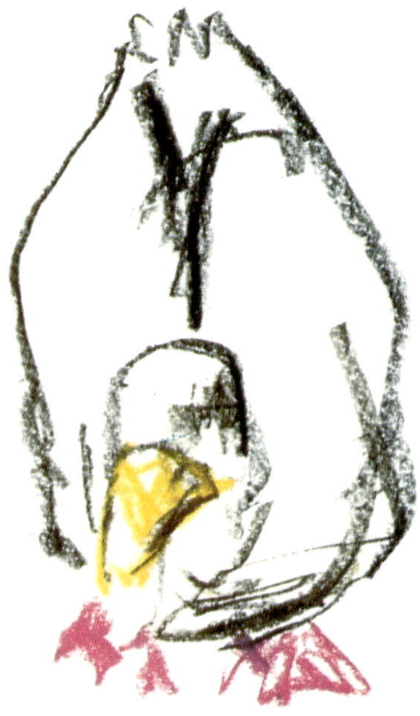

Vue en perspective
Quelques traits rapides et incisifs peuvent en dire long sur le caractère d'une forme. En jouant sur la perspective, l'artiste nous permet d'imaginer le dandinement maladroit de l'oiseau évoluant sur le sol.

Les lignes n'existent pas dans la nature, du moins telles que nous les représentons sur le papier. Elles constituent plutôt un artifice de peintre qui vise à guider le regard vers la forme d'un sujet et, selon la nature du trait, à suggérer un volume et une matière.

En travaillant, vous vous rendrez compte que la pointe du pastel sert à tirer de fins traits alors que son arête est idéale pour créer des tons. Vous pouvez suggérer la masse et le volume en jouant sur les zones d'ombre et de lumière afin de saisir les effets de l'éclairage sur votre sujet. Hachures et contre-hachures servent aussi à préciser la forme.

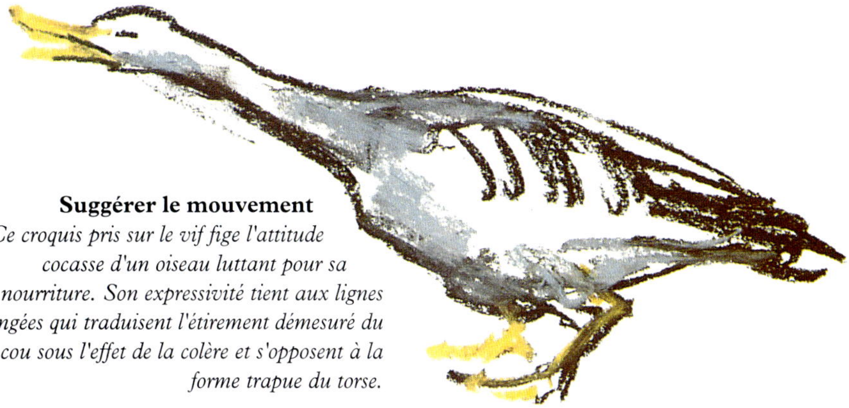

Suggérer le mouvement
Ce croquis pris sur le vif fige l'attitude cocasse d'un oiseau luttant pour sa nourriture. Son expressivité tient aux lignes allongées qui traduisent l'étirement démesuré du cou sous l'effet de la colère et s'opposent à la forme trapue du torse.

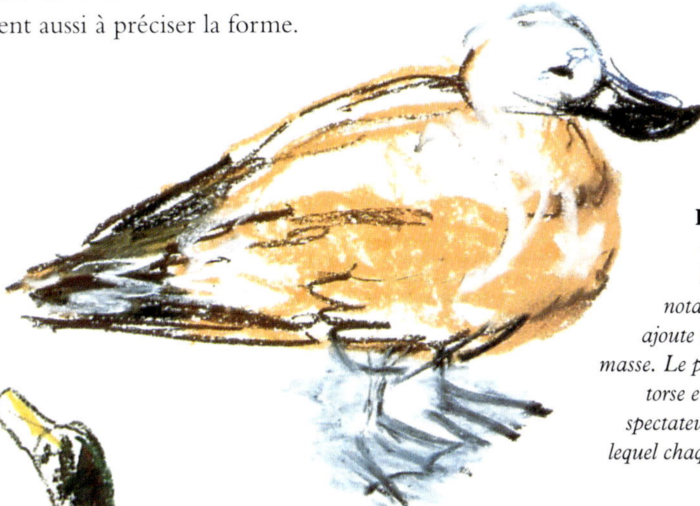

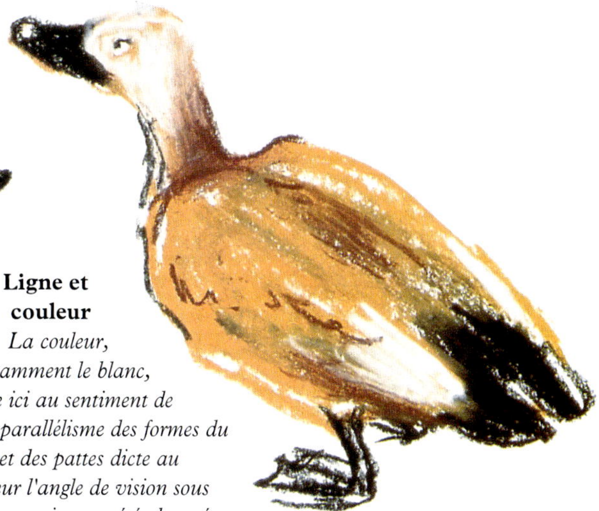

Ligne et couleur
La couleur, notamment le blanc, ajoute ici au sentiment de masse. Le parallélisme des formes du torse et des pattes dicte au spectateur l'angle de vision sous lequel chaque oiseau a été observé.

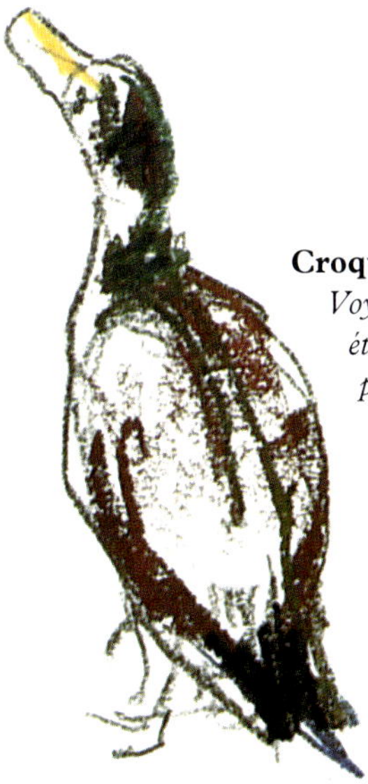

Croquis rapide
Voyez comment un contour étudié avec une extrême minutie peut dégager une indéniable sensation de masse en ajoutant des couleurs et des tons, sans oublier de ménager quelques réserves de papier blanc. Le pastel appliqué sur le dos de l'animal en traits brisés donne au plumage son relief et son lustre.

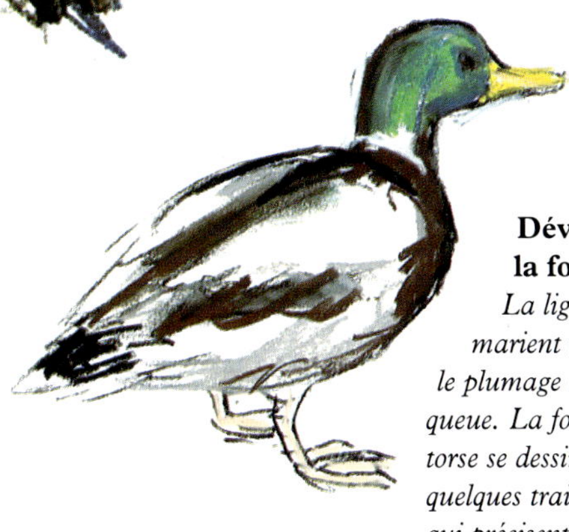

Développer la forme
La ligne et le ton se marient ici pour suggérer le plumage des ailes et de la queue. La forme volumétrique du torse se dessine nettement sous les quelques traits souples et suggestifs qui précisent l'oiseau.

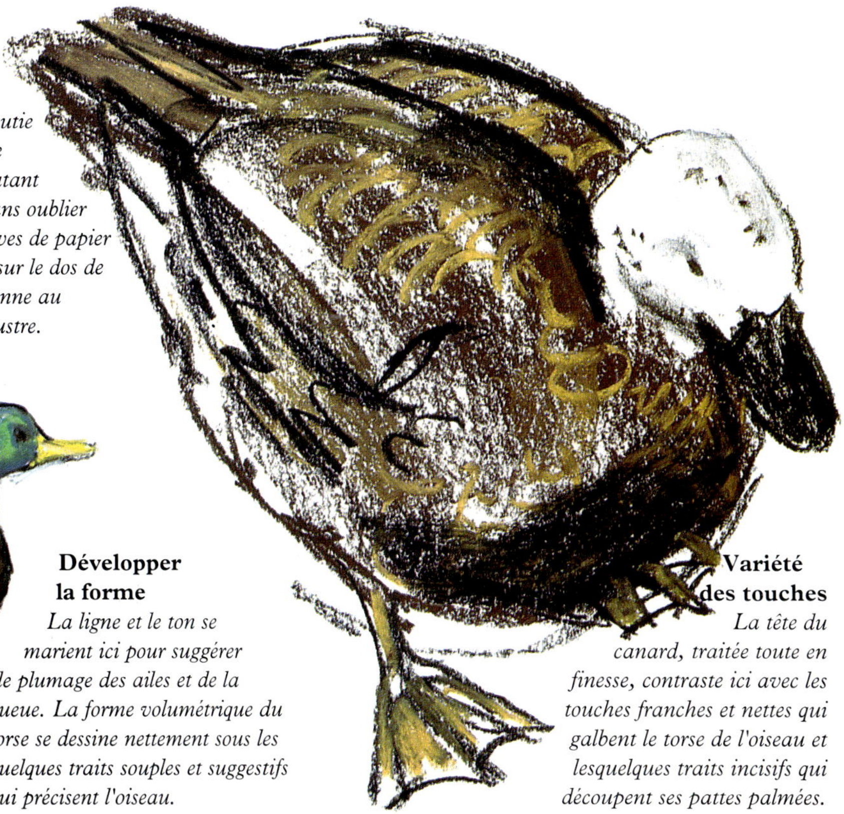

Variété des touches
La tête du canard, traitée toute en finesse, contraste ici avec les touches franches et nettes qui galbent le torse de l'oiseau et lesquelques traits incisifs qui découpent ses pattes palmées.

OMBRES, LUMIÈRES ET VALEURS

ON ENTEND PAR « VALEUR » le degré de clarté ou d'obscurité d'une surface. La peinture tonale constitue une approche très différente du dessin au trait, puisqu'elle s'attache à décrire les formes en de multiples zones de lumière et d'ombre. La valeur définit les qualités de surface d'un sujet et dépend de la lumière. Elle présente la particularité d'unifier la composition. Lorsque la lumière inonde une pièce, toutes les formes partagent une même intensité d'éclairage et d'ombre : c'est ce que l'on appelle la tonalité générale ou « dominante » d'un tableau. Pour vous familiariser avec ce phénomène, exercez-vous à observer un sujet les yeux mi-clos. Vous discernerez toute une gamme de valeurs sans vous soucier des détails précis. La plupart des artistes suivent spontanément ce principe pour étudier les rapports de tons qui sous-tendent un sujet.

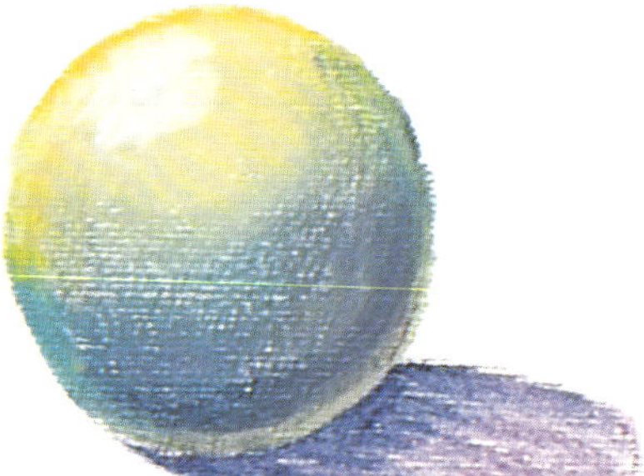

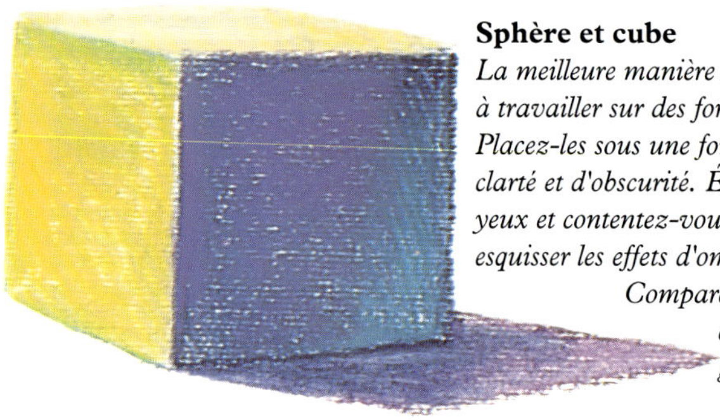

Sphère et cube
La meilleure manière de comprendre ce phénomène consiste à travailler sur des formes simples, sans motif ni relief. Placez-les sous une forte lumière qui révélera des zones de clarté et d'obscurité. Étudiez chaque forme en plissant les yeux et contentez-vous d'une couleur foncée et froide pour esquisser les effets d'ombre sur les objets et d'ombre portée. Comparez l'intensité relative de chaque ton et construisez les formes à partir de ces gradations de plans clairs et sombres.

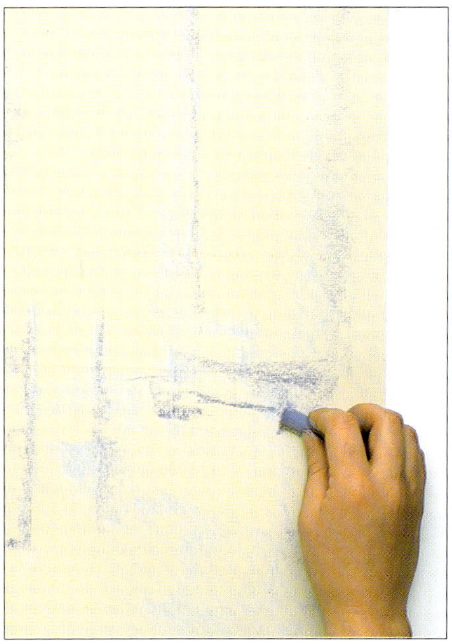

1 ◀ Pour cette composition, utilisez un papier de ton chaud, légèrement teinté, qui rehaussera la luminosité du sujet. Commencez par dessiner les grandes lignes de la composition à l'aide de couleurs claires, à tendance froide. Choisissez un bleu dur pour esquisser les bords des fenêtres, puis un lilas pâle pour profiler les meubles.

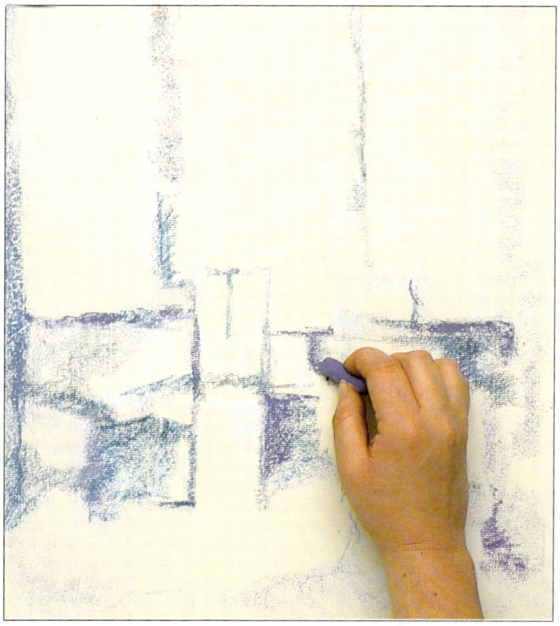

2 ▶ En ajoutant des tons plus foncés, développez des bleus, des verts et des pourpres sur la surface. Utilisez le chant du pastel pour les larges plages de couleur et la pointe pour les lignes foncées et incisives. Les zones de lumière doivent demeurer vierges pour que les tons chauds du support créent une luminosité qui irradie toute la pièce.

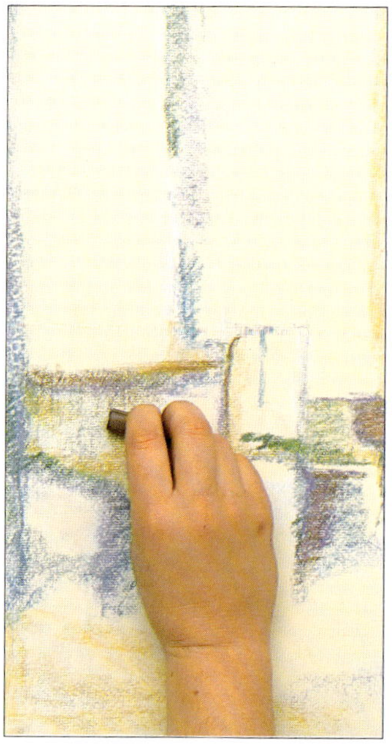

3 ▲ Utilisez un pastel de couleur prune soutenue pour tracer les contours de la chaise et ébaucher l'embrasure de la fenêtre. En forçant les valeurs, vous accentuerez automatiquement la sensation d'un soleil radieux perçant à travers les fenêtres.

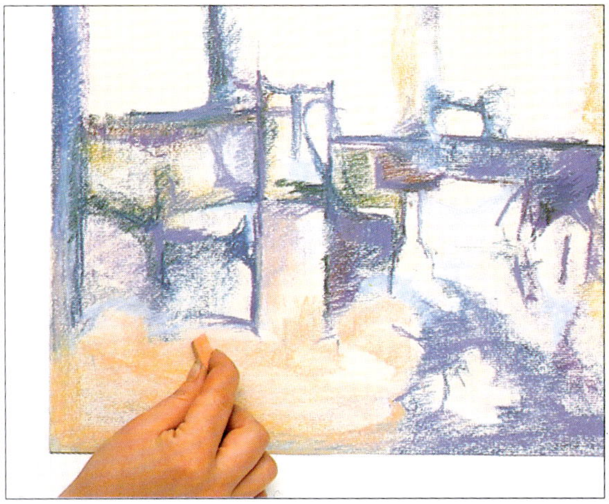

4 ◀ Pour rendre le chaud soleil matinal, ajoutez peu à peu des tons clairs et chauds - des orange, des roses et des pourpres. Avec le chant d'un pastel de couleur pêche rosé, suggérez l'éclat de quelques rayons de soleil venant frapper le plancher.

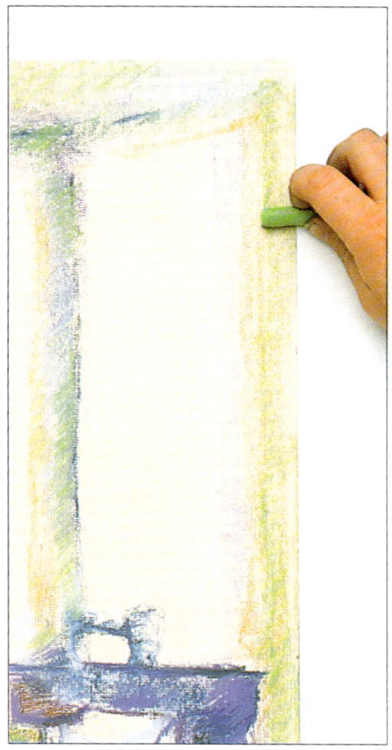

5 ◀ Vous pouvez modifier l'ambiance de la pièce en variant les couleurs ou les tons. Ici, un vert mousse aux nuances chaudes est appliqué sur les bleus, les roses et les pourpres pour donner ce riche fondu de couleurs. N'oubliez pas qu'il s'agit de suggérer une atmosphère vaporeuse, non de calquer la réalité.

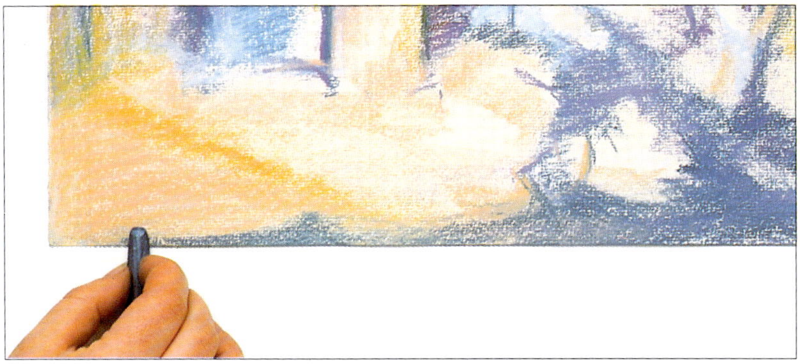

6 ◀ En gardant toujours à l'esprit l'influence de l'éclairage sur les objets de la pièce, continuez à développer les zones d'ombre et de lumière. Utilisez un bleu profond pour souligner les contours et creuser les ombres du premier plan. L'ajout de bleu contribue à donner à l'image son équilibre et son harmonie.

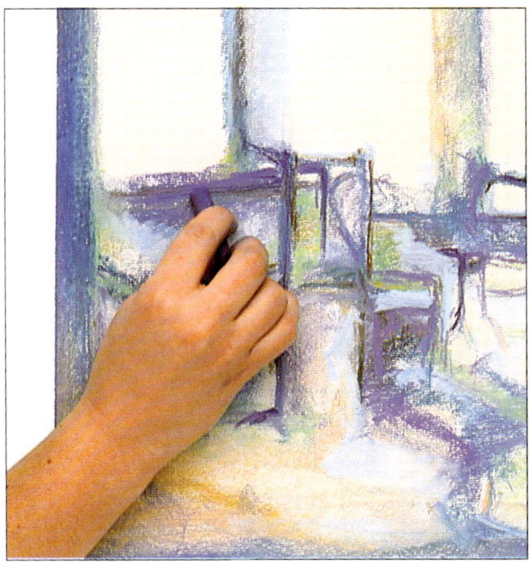

7 ▲ Même s'il s'agit d'une étude de valeurs, on peut parfaire le tableau en ajoutant quelques lignes qui préciseront certaines formes. Avec l'arête du pastel, tracez une très fine ligne pour délimiter l'embrasure de la fenêtre et la chaise.

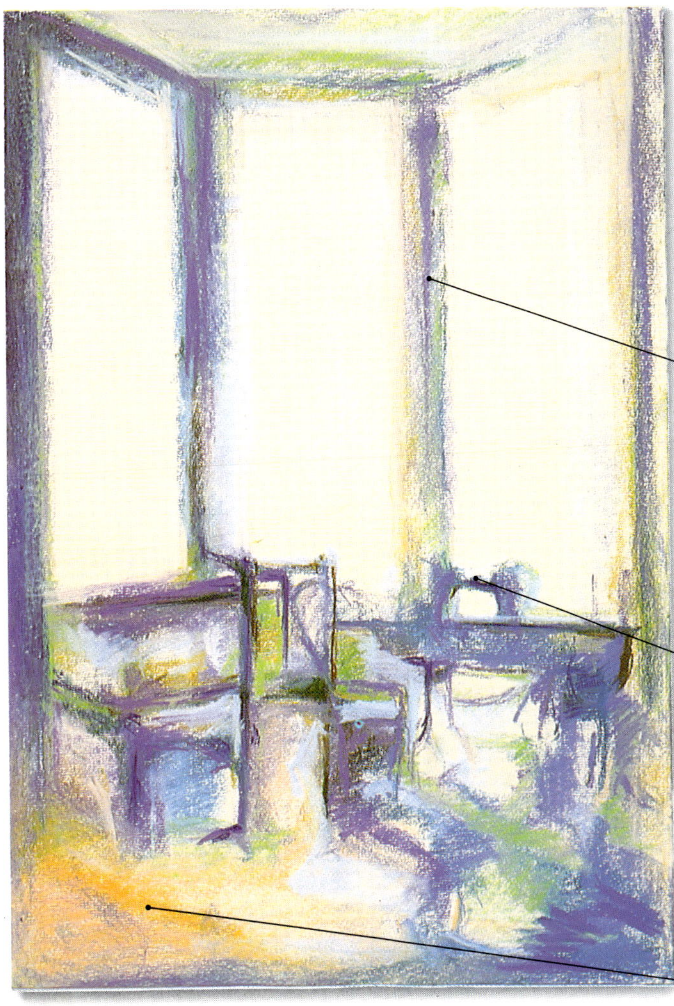

L'ombre glisse le long de l'encadrement de fenêtre et du mur pour épouser les silhouettes des meubles et s'étirer jusqu'au sol.

La machine à coudre se profile dans la lumière de la fenêtre, sa tonalité et sa forme contrastant vivement avec les objets qui l'entourent.

La lumière semble transmettre sa chaleur à toutes les surfaces qu'elle éclaire, comme à la couleur du plancher. À l'inverse, les ombres sont ici peintes en des tons froids.

Quelques enseignements

Remarquez sur cette étude de valeurs comment une vive lumière directe conditionne l'aspect des formes, décomposant la pièce en diverses zones de clairs et d'obscurs. Les réserves de papier créent une atmosphère qui évoque la chaleur intense du soleil baignant la pièce.

Tamar Teiger

FONDU

CONTRAIREMENT AUX AUTRES TECHNIQUES de peinture, les couleurs pastel doivent être mélangées sur le papier, et non sur une palette. Le pastelliste dispose de plusieurs méthodes pour composer de nouvelles couleurs, la plus simple consistant à fondre deux couches de pigment pour obtenir une troisième teinte. Il suffit pour cela de frotter ou d'effleurer le pastel du bout des doigts, du tranchant de la main ou à l'aide d'une estompe, selon votre composition ou votre préférence. Ainsi la poussière de pastel, très légère, se décolle-t-elle sans peine du grain du papier pour se fondre librement aux couleurs voisines.

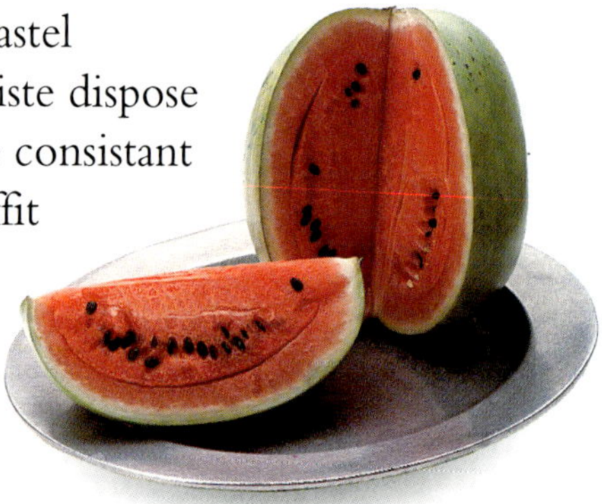

Pastèque

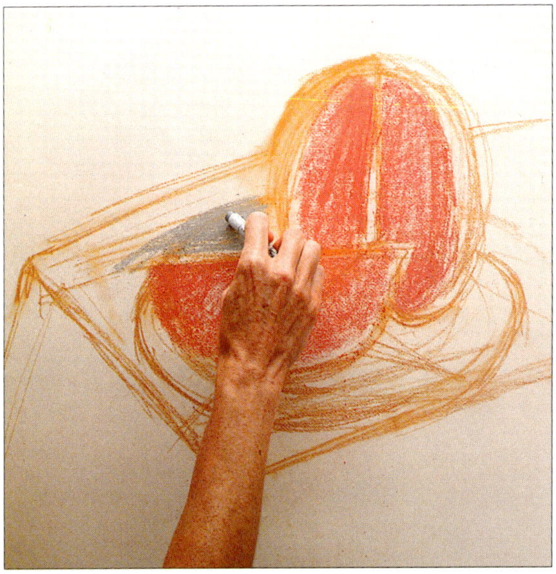

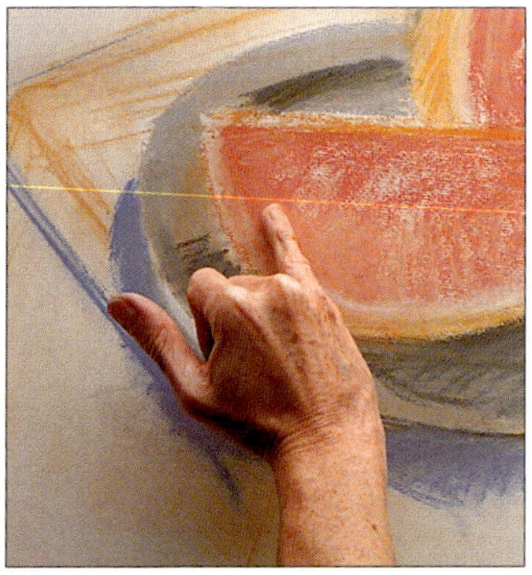

1 ◀ En observant de près votre nature morte, esquissez au pastel tendre ocre jaune, les contours de la pastèque, du plat et de la nappe. Puis colorez-les en balayant les surfaces d'un large geste souple.

2 ◀ Estompez la chair du fruit avec le petit doigt.

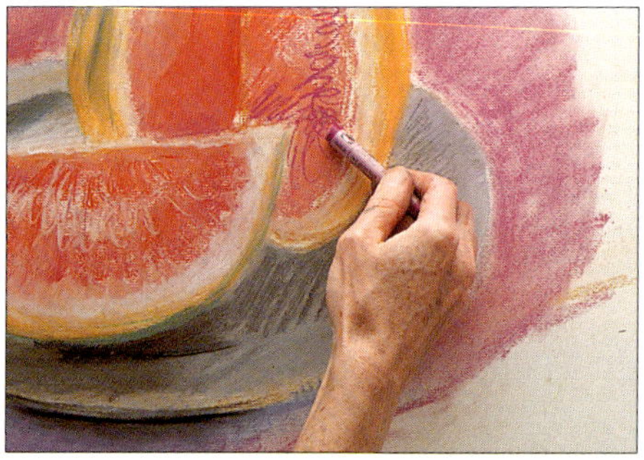

3 ▲ Continuez à développer librement des plages de couleur. Le pastel rose utilisé ici donne de la richesse à la couche de pigment sous-jacente et se fond peu à peu en elle.

ESTOMPES

L'estompe est un petit fuseau de papier enroulé en spirale, dont l'extrémité ou le côté permet de retirer et de fondre la poudre de pigment. Même si cette méthode offre une très grande précision, nombreux sont les artistes à lui préférer les doigts, reprochant à l'estompe sa nature fibreuse (comme tout autre chiffon ou Coton-tige) qui a tendance à enlever la couleur au lieu de l'estomper.

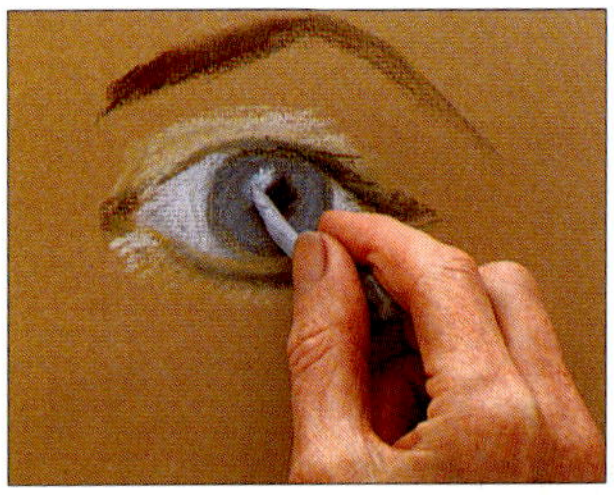

Gomme « mie de pain »
Pétrissez un morceau de gomme entre vos doigts et modelez-le en pointe. Vous obtenez une estompe extrêmement fine, très efficace pour effacer les menus détails ou enlever toute la couleur.

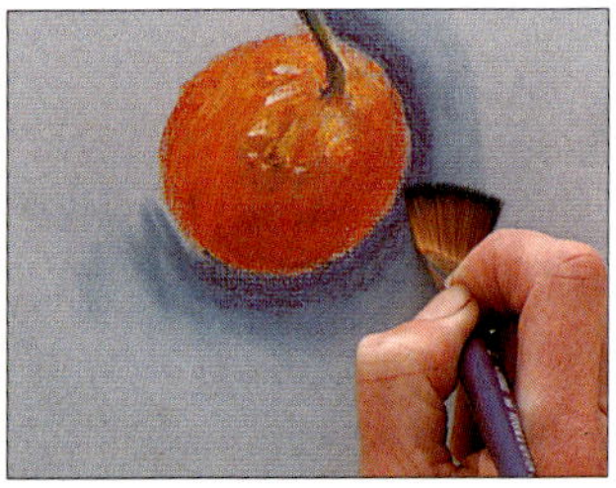

Pinceau
Les pinceaux à poils souples conviennent aux grandes surfaces, lorsqu'il s'agit de varier progressivement le ton. On l'utilise pour disperser les fines particules de pigment ou enlever la couleur.

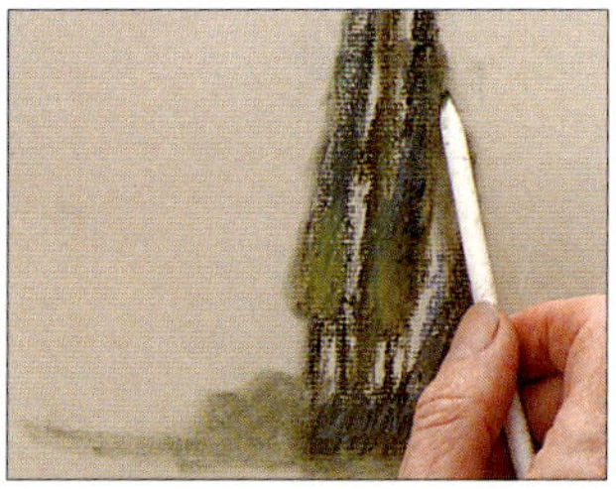

Estompe
Elle sert à atténuer les bords d'une image, mais aussi à retirer un peu de pastel. Lorsque son extrémité est sale, il suffit de dérouler une fine pellicule de papier pour retrouver une pointe propre.

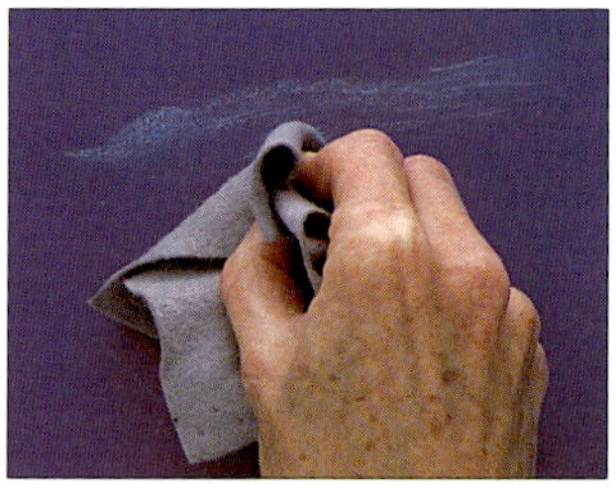

Chiffon doux
Le chiffon doux est une estompe idéale pour éliminer le pigment sec sur une surface importante ou, en l'occurrence, obtenir des effets de nuages blancs sur un fond bleu.

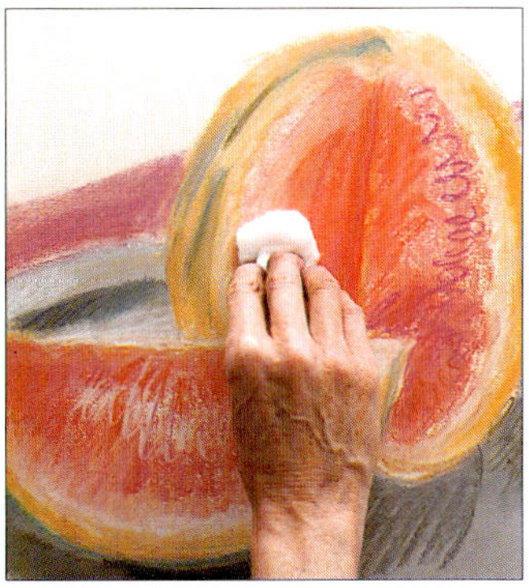

4 ▲ Éclaircissez la zone qui tapisse la peau du fruit avec une boule de coton dont les fibres retiendront un peu de pastel.

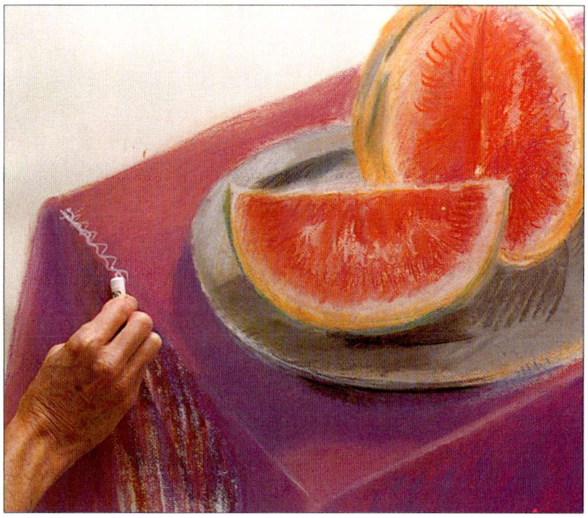

5 ◄ Continuez à travailler l'ensemble du tableau. Après avoir précisé les contours du plat et coloré la nappe, concentrez-vous sur certains détails de l'étoffe ; le pli que forme le bord de la table, par exemple, sera suggéré par quelques fines ondulations appliquées avec l'arête du pastel, puis estompées avec le doigt ou un chiffon.

Matériel

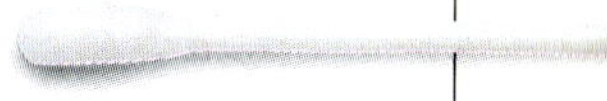

Coton-tige

Petite estompe

Grande estompe

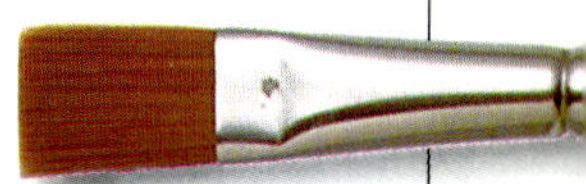

Pinceau souple

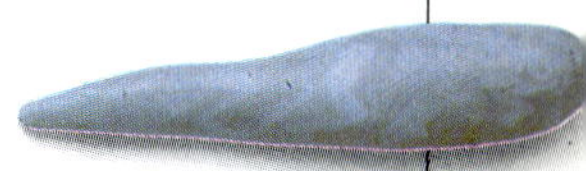

Gomme « mie de pain »

Chiffon doux

Boule de coton

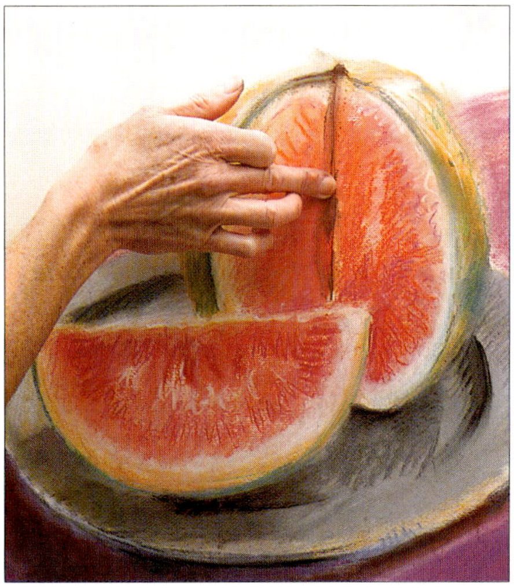

6 ▲ Tracez une ligne pour marquer le cœur du fruit, puis passez le doigt le long de ce trait pour fondre délicatement cette couleur.

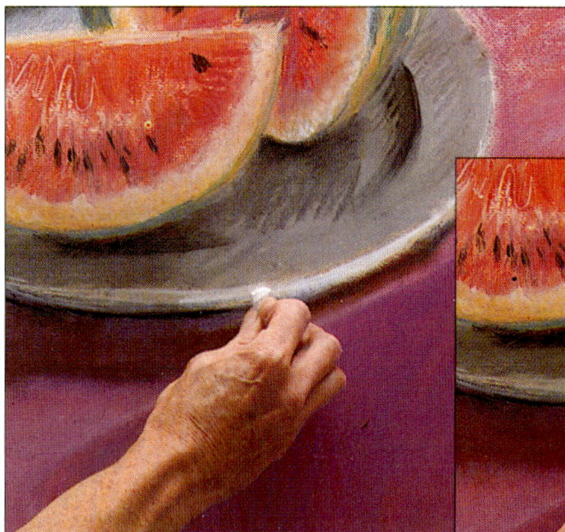

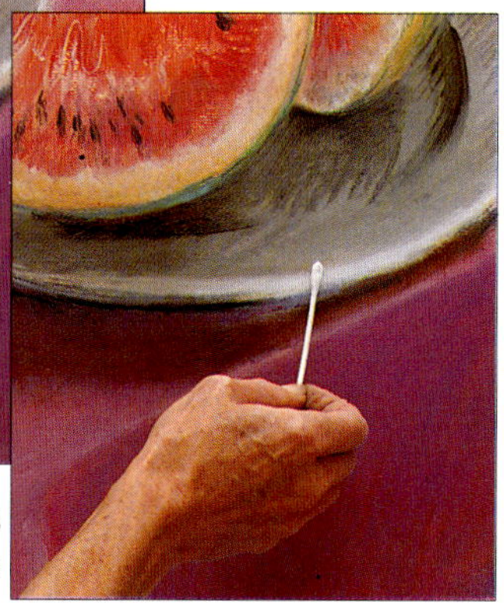

7 ▲ Ajoutez quelques petits détails comme les pépins et, avec l'arête du pastel, tracez une large ligne blanche pour cerner le bord du plat. Atténuez ce trait avec un Coton-tige, parfait pour estomper les détails et plus précis que le doigt.

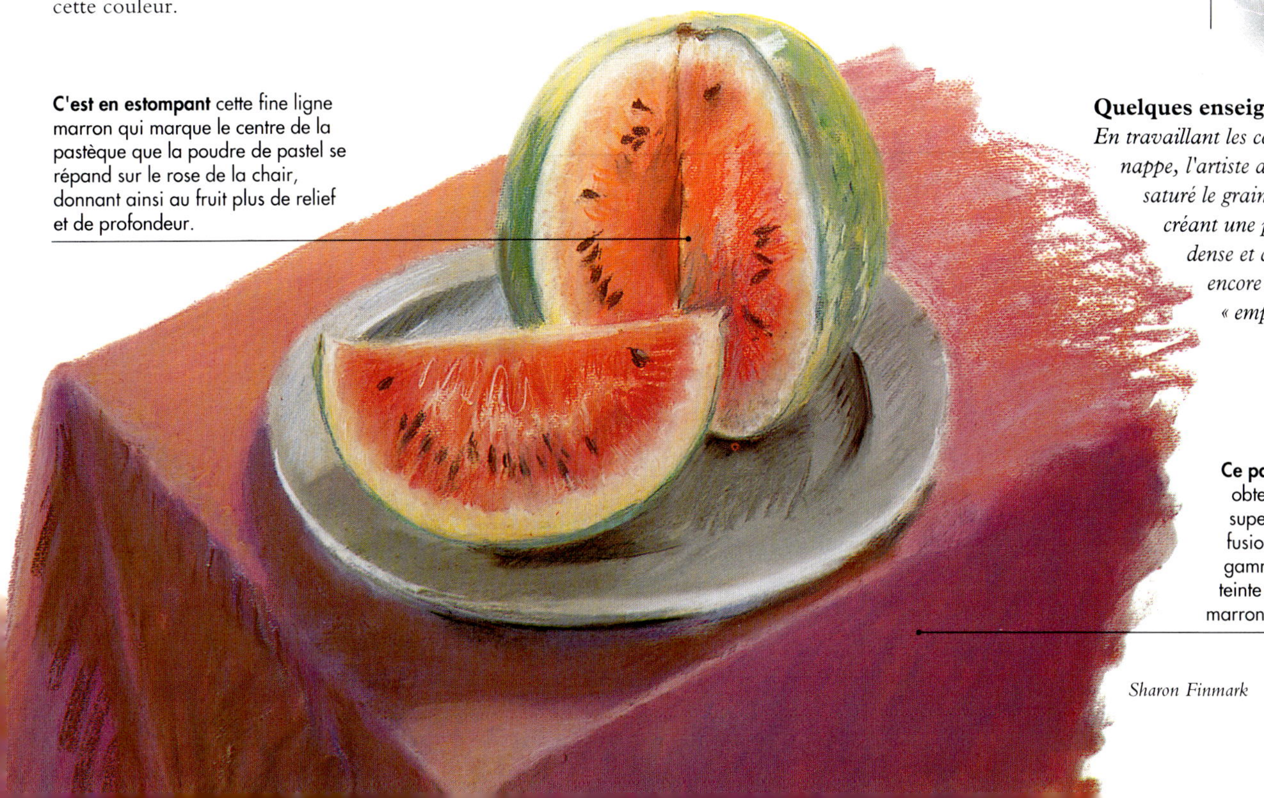

C'est en estompant cette fine ligne marron qui marque le centre de la pastèque que la poudre de pastel se répand sur le rose de la chair, donnant ainsi au fruit plus de relief et de profondeur.

Ce pan de nappe est obtenu par la superposition et la fusion de toute une gamme de pastels de teinte bleue, pourpre, marron et rouge.

Sharon Finmark

Quelques enseignements

En travaillant les couleurs de la nappe, l'artiste a peu à peu saturé le grain du papier, créant une plage de couleur dense et consistante encore appelée « empâtement ».

COULEURS CHAUDES ET FROIDES

MODELER UNE FORME IMPOSE au pastelliste une excellente perception des zones d'ombre et de lumière ainsi qu'une bonne compréhension des couleurs chaudes et froides. Nous avons vu que l'on peut décomposer les diverses parties d'une forme en différentes tonalités de clairs et d'obscurs ; à présent, si cette forme s'approche ou s'éloigne d'une source de lumière, vous constaterez qu'il est possible de la diviser en plusieurs teintes à tendance chaude ou froide. La couleur d'une forme exposée à une même lumière blanche est qualifiée de « couleur locale ». Nous percevons rarement une forme dans sa couleur locale, mais plutôt sous un éclairage légèrement teinté. La lumière du jour et, a fortiori, les lampes au tungstène donnent un éclairage jaunâtre qui influence beaucoup la couleur locale du sujet. En revanche, les zones de couleur locale situées dans l'ombre apparaissent froides et tirent sur le bleu-violet. Si vous peignez en extérieur, vous constaterez sans peine l'importance de ces effets : la qualité de la lumière change au fil du temps et bouleverse notre perception des couleurs. L'artiste a exécuté ici deux portraits : le premier est placé sous une lumière directe et vive, le second, sous une lumière oblique. Remarquez comme la lumière modifie l'aspect de la forme et l'esprit de la composition.

Lumière directe

1 ▸ Sur un papier velours teinté, dessinez les contours du visage au pastel bistre. Pour rendre les effets de la vive lumière venant de gauche, ombrez le côté droit du visage avec une couleur froide, le bleu.

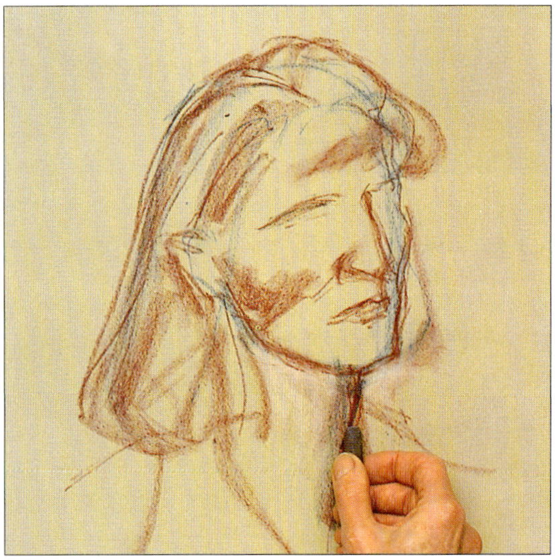

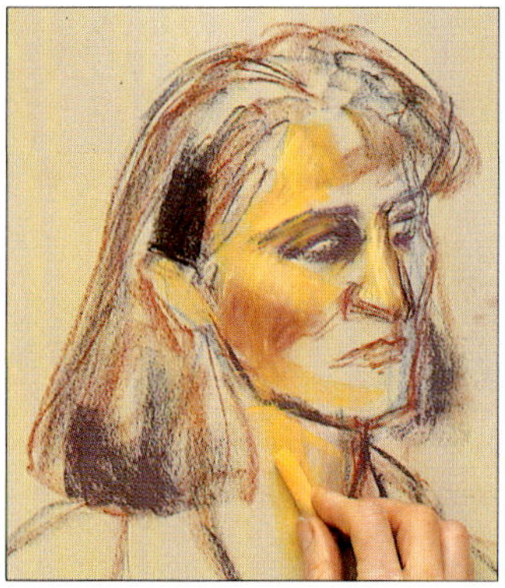

2 ◂ Observez bien ce visage. Distinguez les parties ombrées et les traits mis en valeur. Ajoutez quelques rehauts de jaune lumineux sur le front, les pommettes, le nez et le cou.

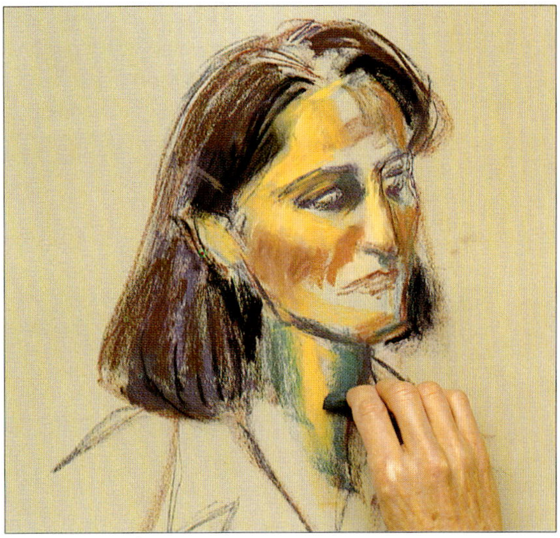

3 ◂ Commencez à travailler les valeurs du visage en posant des couleurs chaudes, marron clair et rouge, sur la chevelure, et des noirs pour suggérer l'ombre. Le pastel pénètre facilement le grain du papier velours : il suffit de le poser avec délicatesse, d'un geste souple et léger.

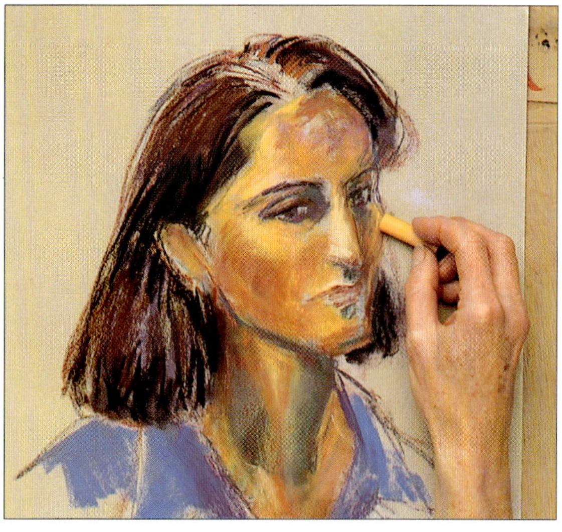

4 ▴ Ajoutez des clairs et des obscurs. Vous réserverez pour la fin les détails blancs, comme l'œil, pour éviter de souiller le pastel. Ce côté du visage est certes dans l'ombre, mais il comporte quelques touches de lumière réfléchie : reprenez le pastel jaune pour suggérer la pommette gauche de la jeune femme.

Lumière oblique

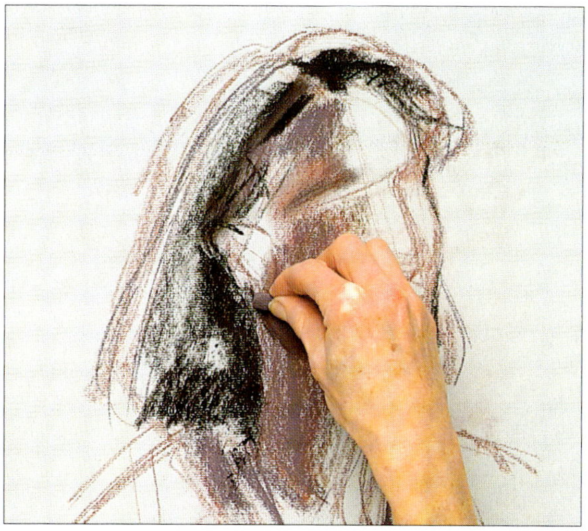

1 Sur un papier pastel teinté, dessinez les contours du visage et commencez à définir les zones d'ombre. La jeune femme ayant le teint mat, les ombres du visage virent au pourpre.

2 Traitez le visage en pleine lumière avec des tons or et crème, et précisez la forme du nez et des pommettes. La lumière transforme la couleur locale des cheveux : le noir se métamorphose en un brun rougeâtre. Placez des rehauts bleu clair sur le dessus de la tête en ayant soin de les estomper.

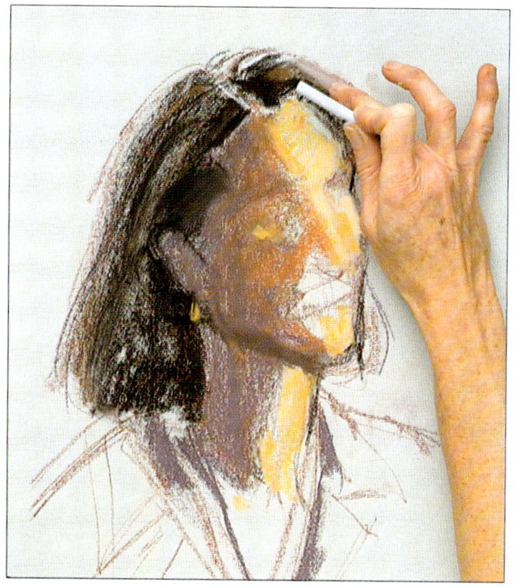

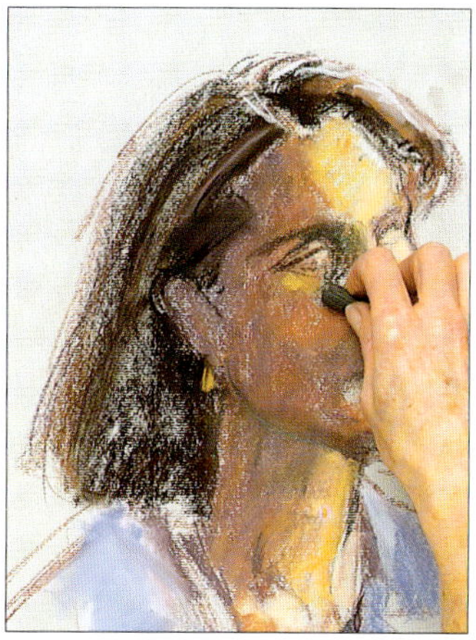

3 Dessinez l'œil et le sourcil en marron foncé, puis utilisez un gris-vert pour souligner l'arête du nez et l'ovale de l'œil. La douceur du papier velours permet de poser délicatement les couleurs, puis de les estomper du bout des doigts pour ombrer le visage.

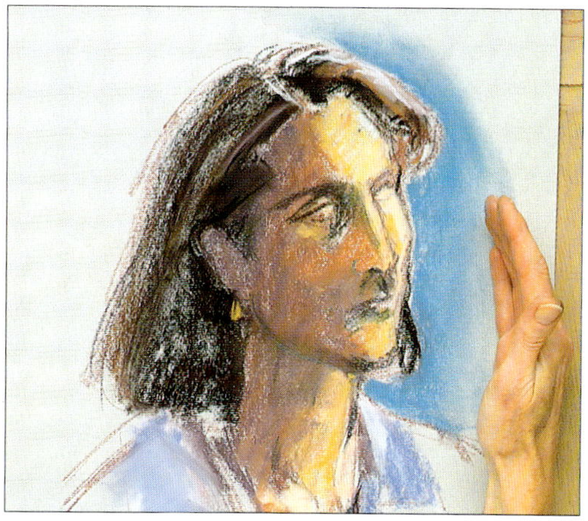

4 Pour parfaire et rehausser les teintes chaudes de la tête, appliquez en couleur de fond quelques touches de turquoise qui épouseront le profil du modèle, puis estompez-les vers l'extérieur du cadre avec le tranchant de la main.
Ce ton froid s'estompe à mesure qu'il s'éloigne du visage.

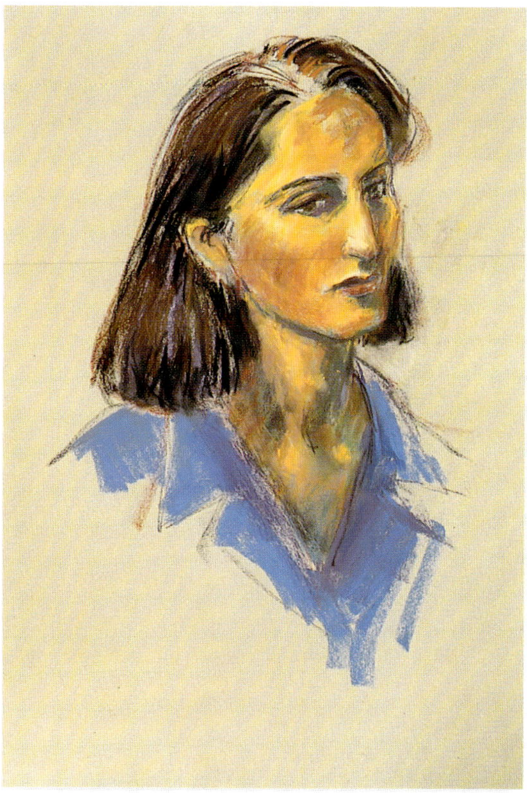

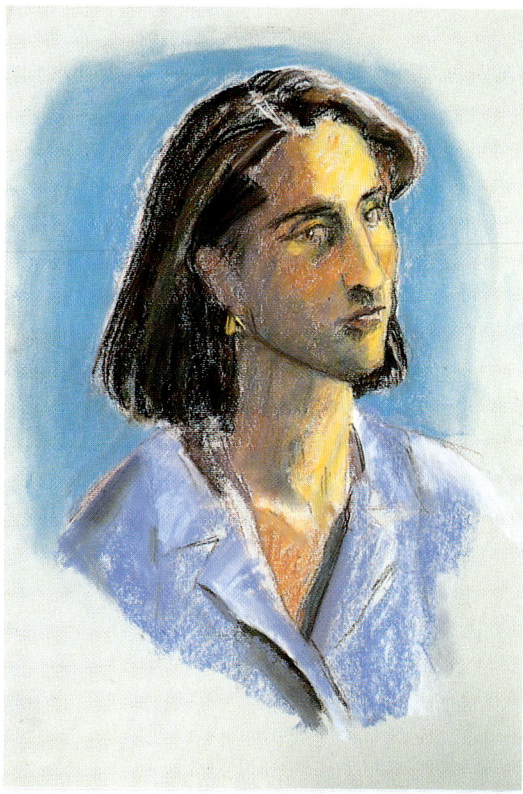

Quelques enseignements

La lumière structure la forme et suggère les états d'âme d'un sujet. Ces deux portraits sont fort différents selon la nature de l'éclairage. Celui de gauche dévoile des contours accentués, des pommettes saillantes et des lèvres finement ciselées ; le chemisier d'un bleu vif équilibre et complète le teint olivâtre du modèle. Le portrait de droite est plus doux et les carnations du visage resté dans l'ombre sont atténuées ; le chemisier bleu se métamorphose, comme blanchi par la lumière.

Sharon Finmark

FROTTIS

LA TECHNIQUE DU FROTTIS permet de composer un tableau en superposant plusieurs couches de couleur. On se sert en général du chant ou de la pointe émoussée d'un pastel tendre pour déposer un léger voile de couleur laissant deviner la couleur sous-jacente. Il faut exercer une pression suffisante sur le bâtonnet pour imprégner les moindres aspérités du support sans pour autant ternir ou enlever la première couleur. On obtient ainsi un effet de couleur diffuse : les deux teintes superposées s'interpénètrent pour donner une impression de miroitement. Cette technique mettant en œuvre plusieurs couches de pastel, il arrive que le grain du papier « s'empâte » et perde toute subtilité.

Pour y remédier, n'hésitez pas à vaporiser un peu de fixatif qui protégera chaque passage de couleur et favorisera l'adhérence des couches ultérieures.

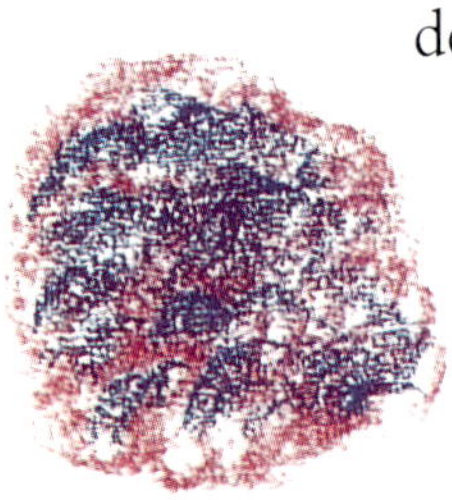

Frottis de bleu sur fond rose

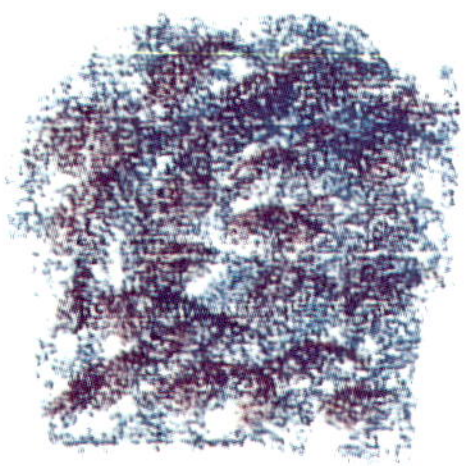

Frottis de rose sur fond bleu

Chacun de ces deux exemples *utilise la même association de couleurs : bleu et rose ci-dessus, outremer et jaune ci-dessous. Toutefois, le rendu varie beaucoup selon la couleur qui est « frottée » sur le fond. Dans tous les cas, ces touches improvisées offrent de séduisants effets de texture et de couleur.*

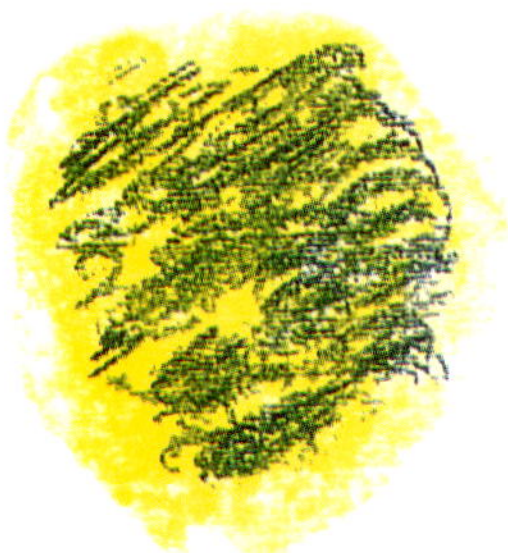

Frottis d'outremer sur fond jaune

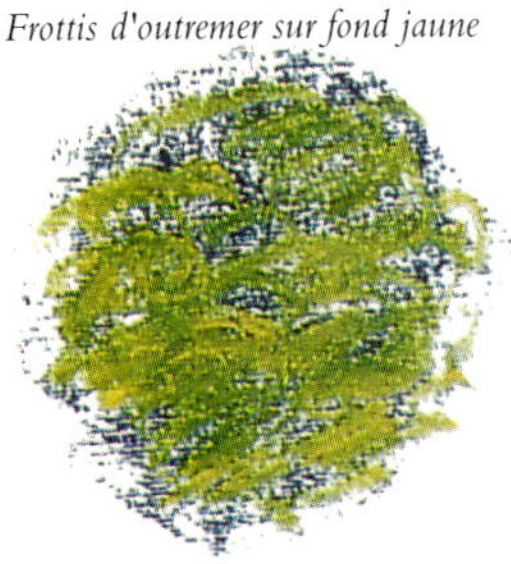

Frottis de jaune sur fond outremer

1 ▸ Pour cette étude, l'artiste s'est inspiré d'une photographie de paysage en noir et blanc. Vous obtiendrez le même effet en utilisant un papier foncé sur lequel vous appliquerez un bleu vif en traçant de petits ronds avec le chant du pastel. Ajoutez ensuite quelques touches de pourpre pour préciser le plan moyen du tableau.

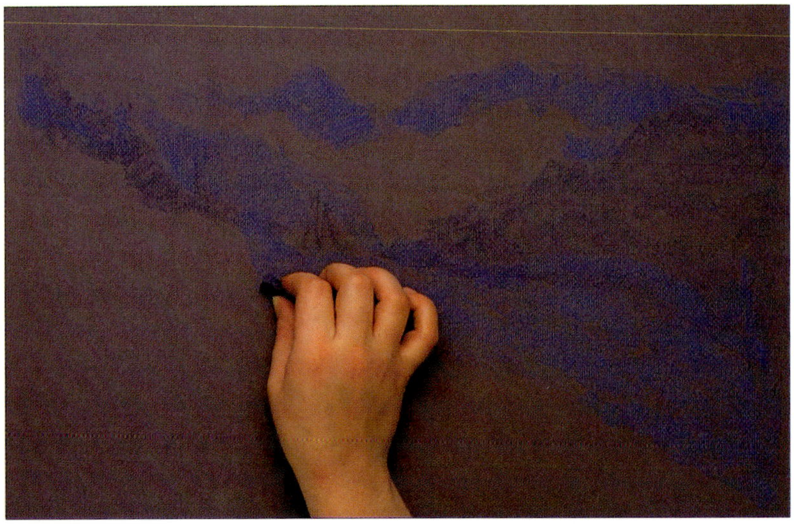

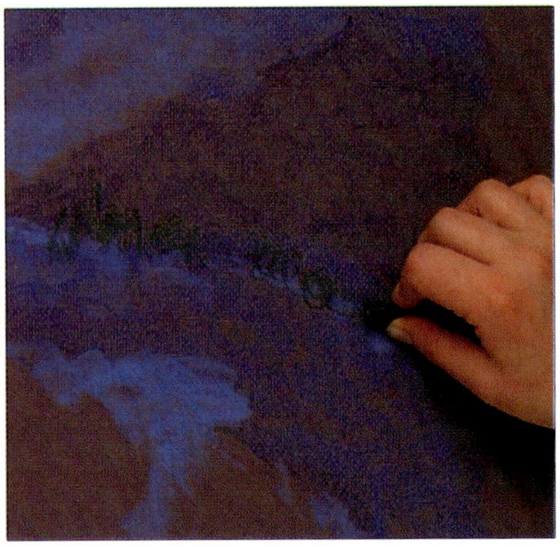

2 ▲ Avec un pastel bleu clair, ébauchez le relief d'une chaîne montagneuse à l'horizon et quelques détails au premier plan. Une enfilade de sapins est suggérée avec un léger frottis diagonal : elle constituera l'un des centres d'intérêt du paysage.

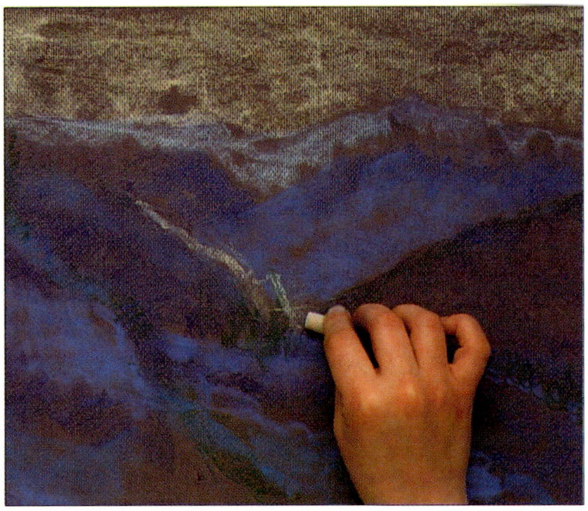

3 ▲ Prenez un pastel crème et frottez le ciel avec le chant du bâtonnet. Puis soulignez le point d'intersection des montagnes par une large trace, plus appuyée.

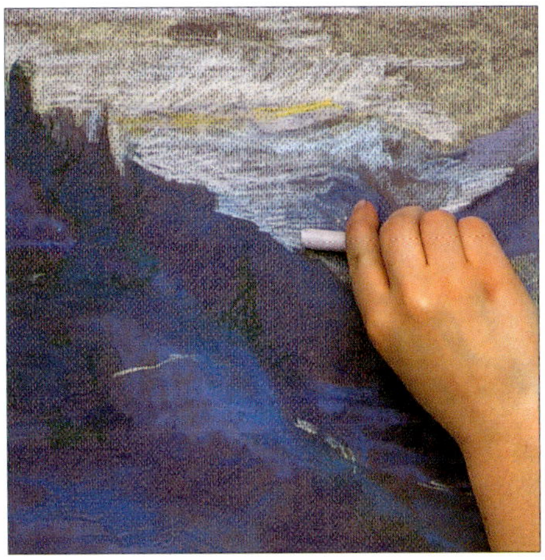

4 Les principaux détails du tableau sont en place. Il reste à donner relief et matière à l'image, à développer l'équilibre des couleurs. Quelques légers accents de rose, travaillés horizontalement, avivent le ciel et découpent la silhouette des collines au loin.

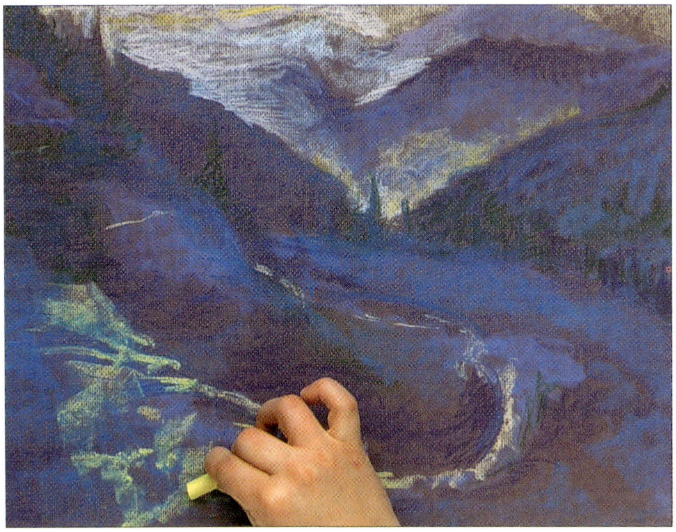

5 N'oubliez pas que les couleurs chaudes ont tendance à avancer sur le papier, et les couleurs froides, à reculer. Utilisez un jaune chaud pour introduire quelques détails au premier plan. Remarquez la puissance évocatrice de cet effet de couleur qui attire aussitôt le regard.

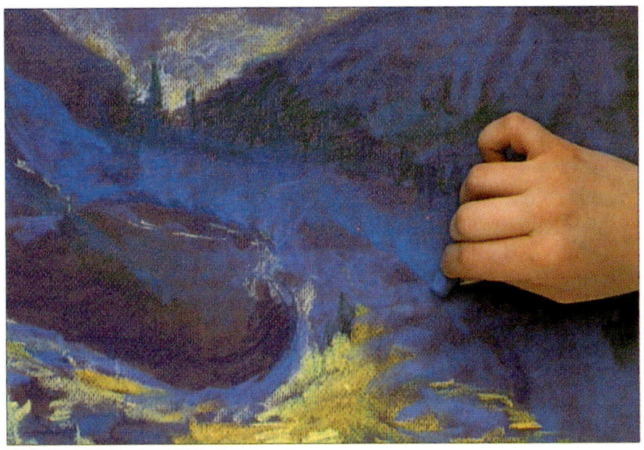

6 Toujours avec le chant du pastel, déposez un voile d'or, de pourpre et de turquoise lumineux. L'intensité de ces couleurs rivalise avec certains détails comme les arbres, qui devront être repris.

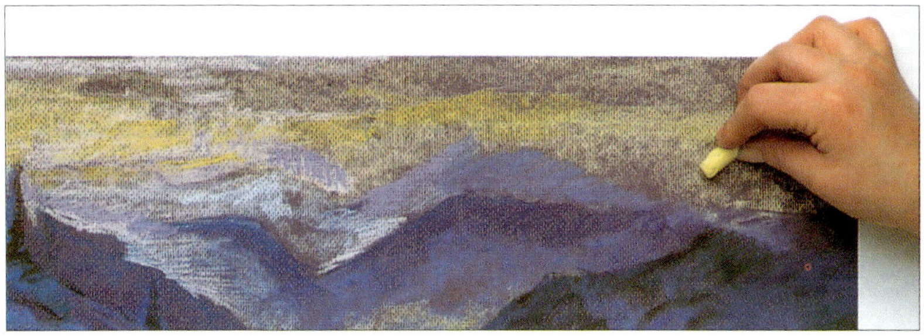

7 Une dernière touche de jaune sur le ciel creuse la profondeur et compense la vibration des couleurs du premier plan. Songez qu'il aura fallu « frotter » près de six teintes sur le ciel pour obtenir cette richesse et cette densité de tons.

Quelques enseignements

La technique du « frottis » ou superposition de voiles de couleur procure à ce paysage une incroyable richesse. Les couches successives se fondent et se complètent pour composer des teintes surprenantes et l'obscurité du fond s'oppose au pastel pour aviver ou assourdir certaines couleurs. Les diagonales promènent le regard de part et d'autre du tableau, et les couleurs semblent fuir à l'horizon.

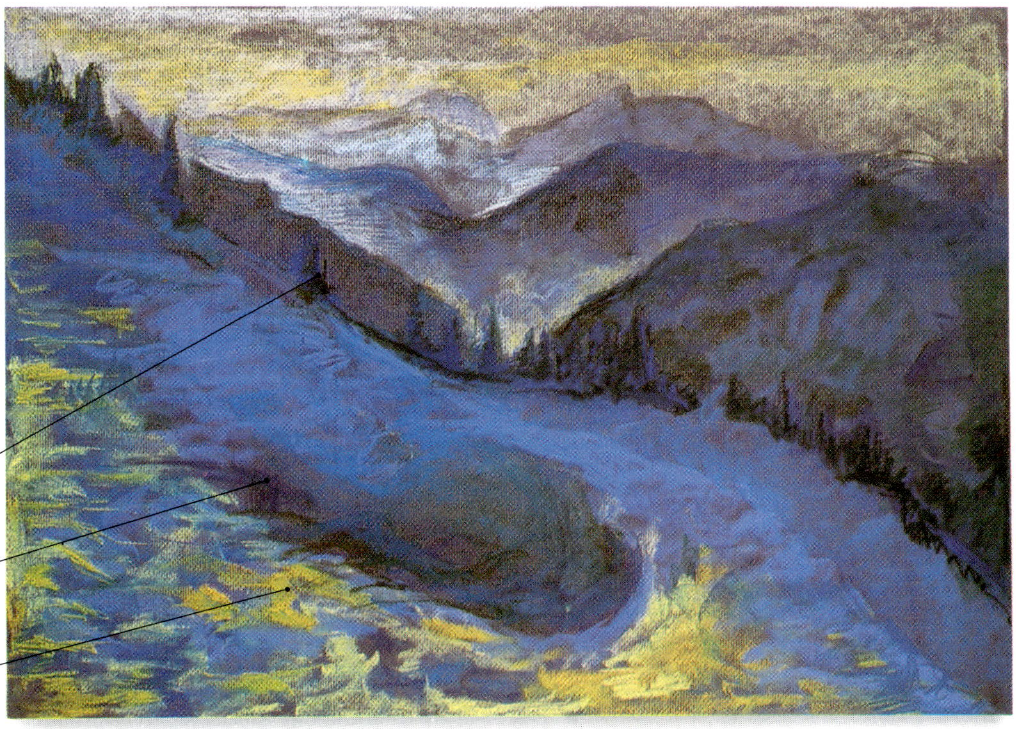

L'obscurité des arbres est obtenue par une superposition de bleu, de vert et de pourpre, de préférence à une simple application de noir.

Remarquez comme la couleur du papier ressort sous les maintes couches de pastel.

L'or vif des détails du premier plan vibre en contrepoint du papier de ton pourpre.

Tamar Teiger

EFFETS DE ZÉBRURES

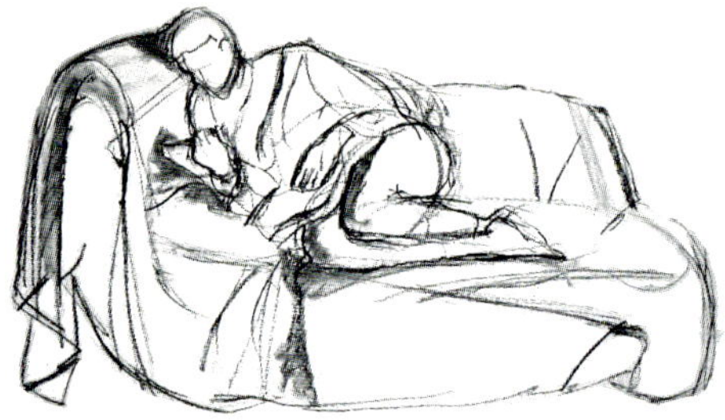
Croquis au fusain

CETTE TECHNIQUE CONSISTE À ZÉBRER une première couche de pastel de couleur avec de fines touches parallèles d'une autre couleur. Elle s'apparente au frottis dans la mesure où elle précise les multiples facettes d'une forme tout en donnant une unité à l'image. À l'instar du frottis, ces zébrures avivent une surface sans relief et peuvent modifier un ton du tableau. Lorsque vous superposez de fines rayures sur la couleur existante, les deux teintes se confondent et produisent de subtiles nuances.

Ce procédé simple fait merveille pour rendre, sur un paysage par exemple, le chatoiement de la lumière selon la couleur du ciel.

AVIVER LES COULEURS

La technique des zébrures peut donner au pastel un bel éclat et améliorer la qualité du rendu. Dans le premier exemple ci-dessous, la veste et la chaise sont fidèlement reproduites, mais le fondu des couleurs manque de relief. Certes, les ombres soulignent la forme des objets, mais avec moins de nuance et de justesse que sur le second exemple. Là, les fines striures accentuent les plis de la veste et le motif du tissu de la chaise.

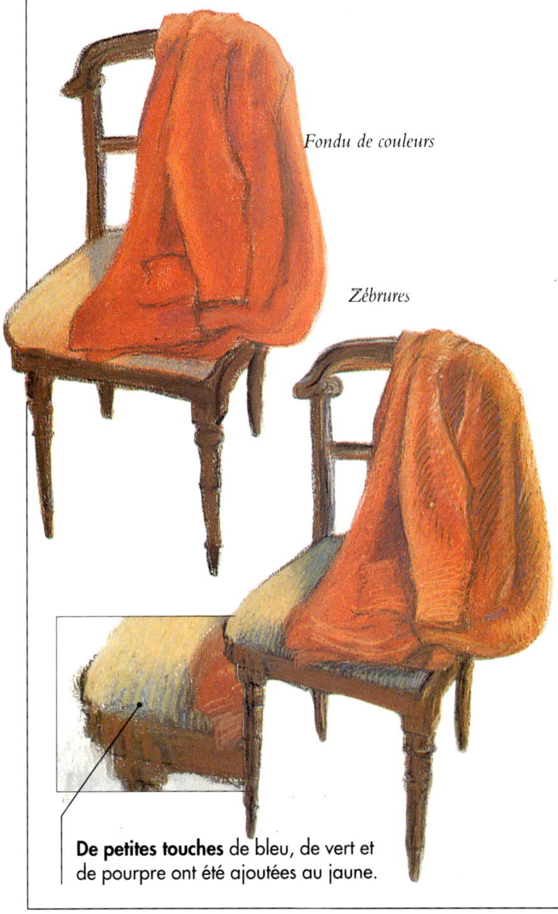

De petites touches de bleu, de vert et de pourpre ont été ajoutées au jaune.

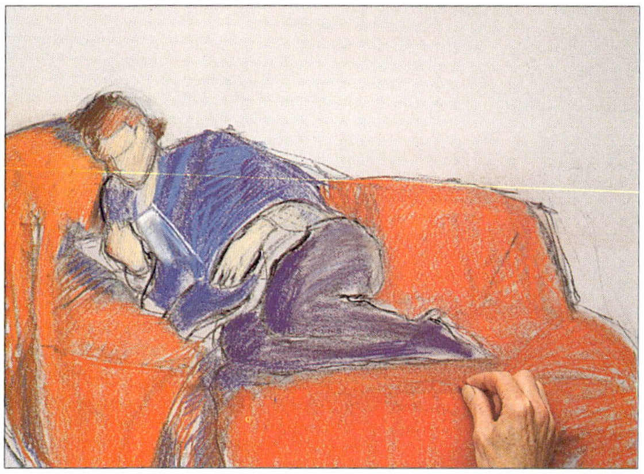

1 ◂ Posez les premières plages de couleur avec l'extrémité ou le chant du pastel. Il vous faudra utiliser plusieurs nuances de chaque couleur pour reproduire les effets d'ombre et de lumière. Quelques touches légères, posées de haut en bas avec le côté du pastel, découvrent la trame de l'étoffe.

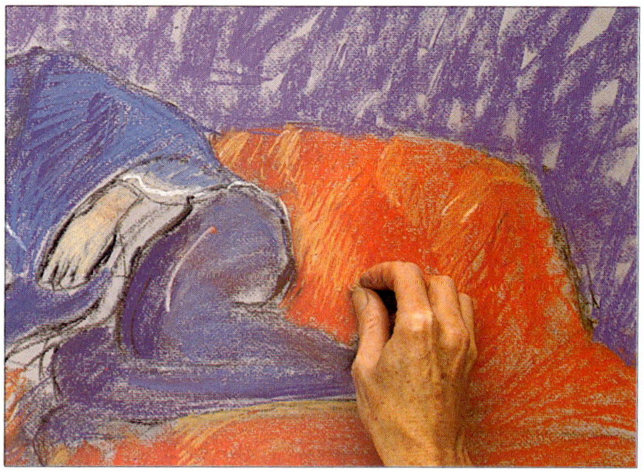

2 ▸ Commencez à rayer le tissu qui enveloppe le canapé, à l'aide de fines touches parallèles de couleur ocre, rouge et or. Chaque nouvel ajout de couleur modifie l'effet d'ensemble.

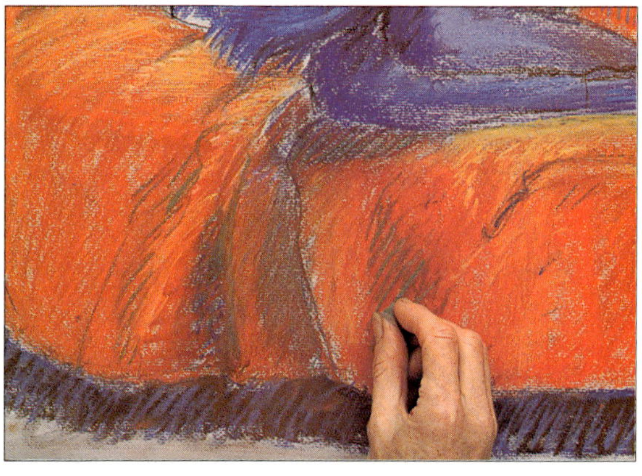

3 ◂ N'oubliez pas que des couleurs complémentaires, placées côte à côte, gagnent en éclat et en intensité. Ici, l'introduction de vert au creux des plis de l'étoffe contrebalance la richesse des dominantes rouge-orangé. De même, les quelques notes de jaune lumineux tranchent sur le pourpre du pantalon.

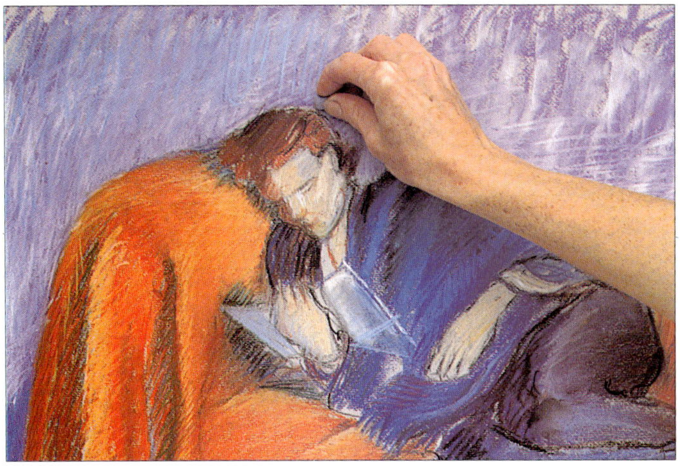

4 ◀ Le fond pourpre a été « frotté » avec de petits mouvements circulaires et souples. On peut assourdir cette couleur en lui ajoutant un mauve clair par exemple, et en l'estompant du bout des doigts. Si le fond domine encore trop la scène, enlevez un peu de couleur avec du coton.

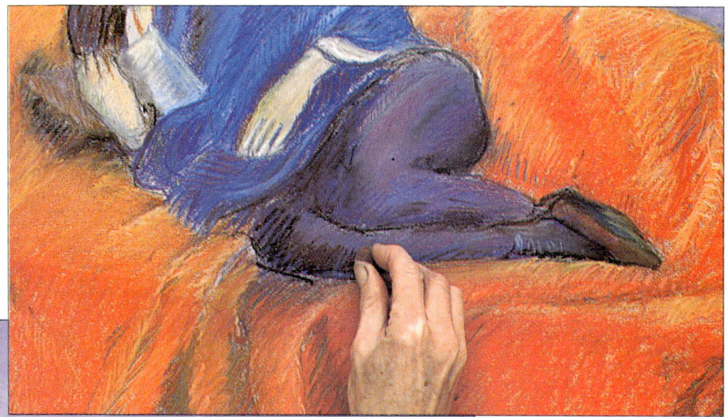

5 ▶ Sachant que deux couleurs complémentaires juxtaposées peuvent dessiner des ombres, appliquez un vert froid pour compenser les carnations chaudes des mains et du cou.

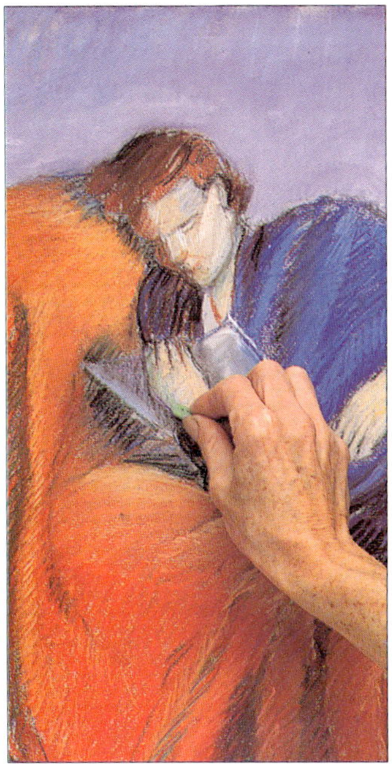

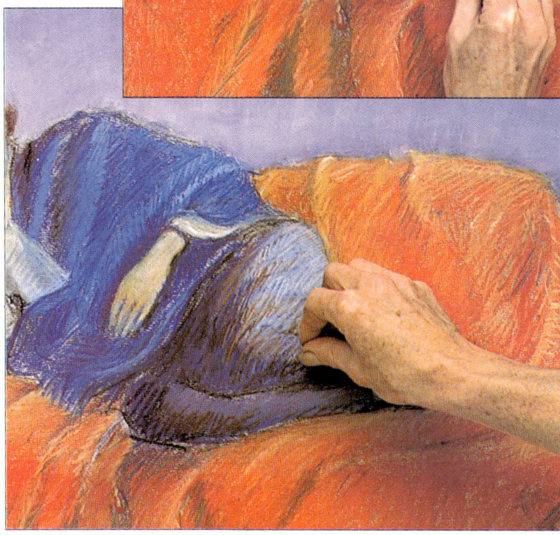

6 ▲ Si vous estimez que le pantalon manque de relief et d'éclat, égayez-le de petites touches de bleu, de pourpre et de marron. Ces zébrures ajoutent de la richesse à la teinte d'origine et soulignent les ombres.

7 ▲ Quelques zébrures bleu clair et roses sur le bleu foncé du châle réfléchissent la lumière et sculptent davantage les formes.

Quelques enseignements

Ce pastel baigne dans une lumière éclatante qui doit ses effets aux multiples zébrures de couleurs vives sur les riches couleurs locales de la figure féminine et des étoffes. Remarquez le bel équilibre qui lie la pose nonchalante de la jeune femme et les courbes délicates de la méridienne.

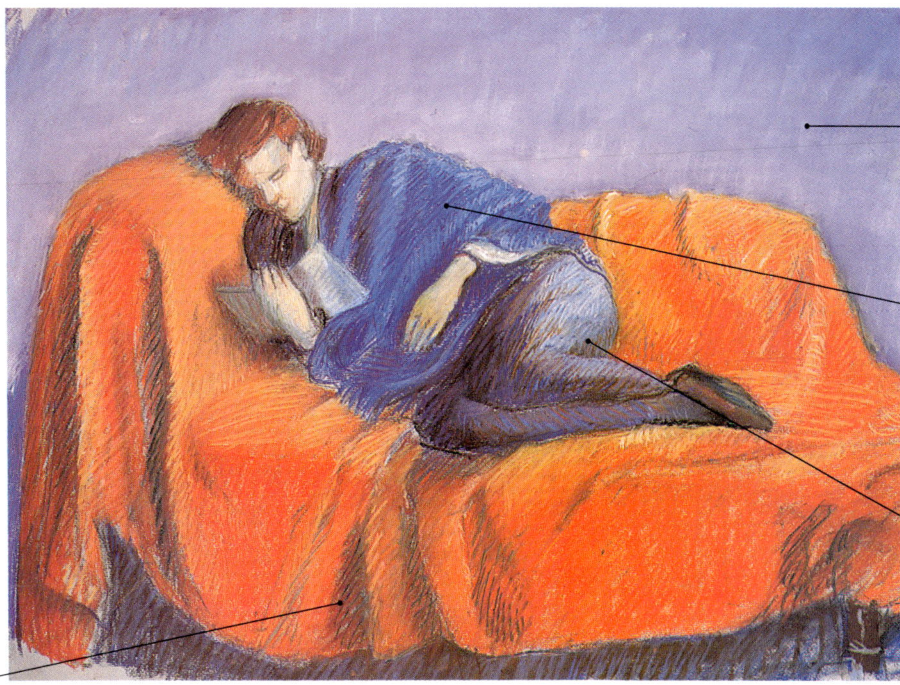

Ce fond bien unifié est obtenu en estompant les couleurs.

L'arrondi délicat de l'épaule est repris dans les courbes du canapé.

Les petites touches de bleu, d'orange, de marron et de mauve modèlent le galbe des jambes.

Des zébrures de vert se sont fondues dans l'orange du drapé pour accentuer les plis de l'étoffe et souligner les ombres.

Sharon Finmark

LAVIS SEC

LA TECHNIQUE DE « LAVIS SEC » permet d'étaler de larges zones de couleur dans des tons unifiés. Idéale pour passer en douceur d'une couleur à l'autre, elle se prête très bien à la création de subtils effets atmosphériques dans la peinture paysagiste. Pour préparer un lavis sec, il suffit de racler ou de réduire en poudre le pastel, puis de parsemer cette poudre directement sur le papier pour créer des plages de couleur dense.

Il est aussi possible de prendre un peu de pastel avec un pinceau, un chiffon, une éponge douce ou une boule de coton et de travailler la poudre dans le grain du papier.

Quelle que soit votre préférence, vous pouvez ensuite fondre la poudre dans le support avec les doigts (méthode préconisée pour produire les tons les plus vifs) ou toute autre estompe, selon l'effet recherché. Des fondus de lavis sec, subtils et précis, sont obtenus en mélangeant plusieurs poudres de pastel avant de les étaler sur le papier, ou en superposant les couleurs directement sur le support.

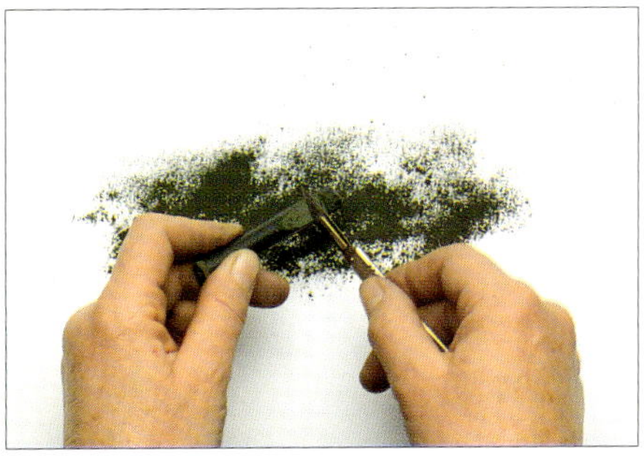

1 ◄ À l'aide d'un scalpel, raclez la pointe d'un pastel vert foncé sur le papier. Ne forcez pas trop sur le bâtonnet : vous risqueriez de produire des copeaux de couleur et non la fine poudre de pastel désirée, ou même de casser le pastel.

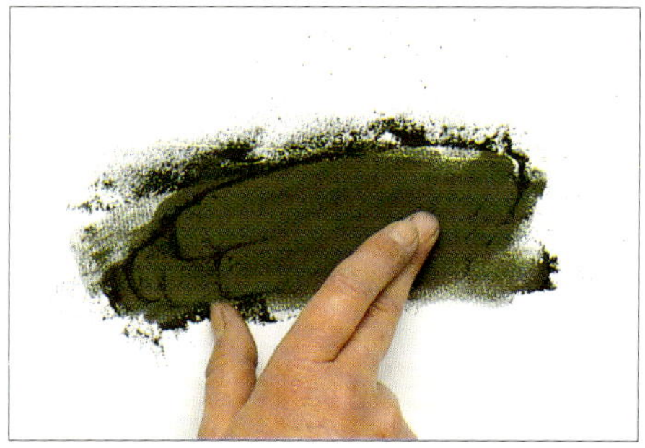

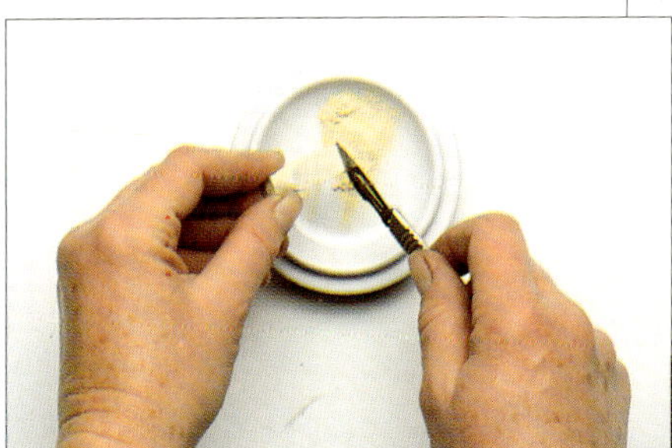

3 ▲ Autre méthode : raclez le pastel sur une soucoupe, puis effleurez le papier avec une boule de coton chargée de poudre. L'effet sera plus léger, puisque les fibres de coton retiennent un peu de pigment au passage.

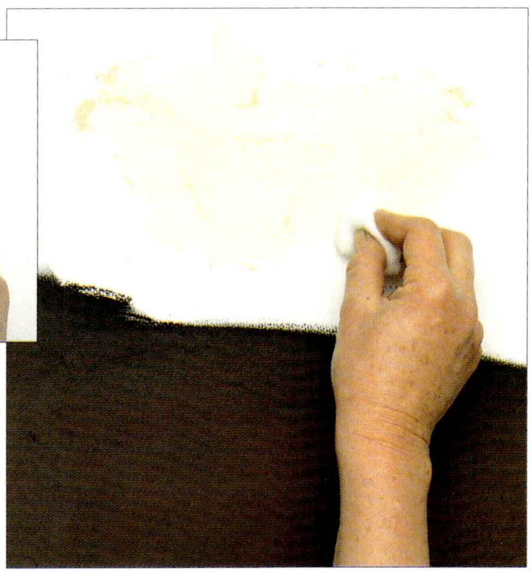

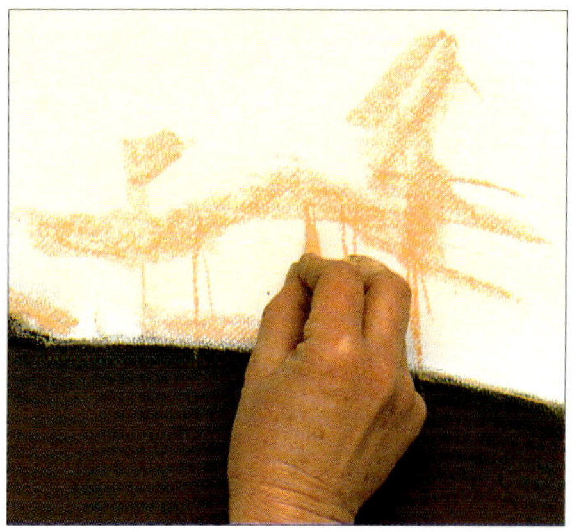

4 ▲ Après avoir suggéré le ciel dans un fondu couleur d'or, esquissez la forme des arbres dans un ton pêche, en vous servant de la pointe ou du chant du pastel pour varier le rendu.

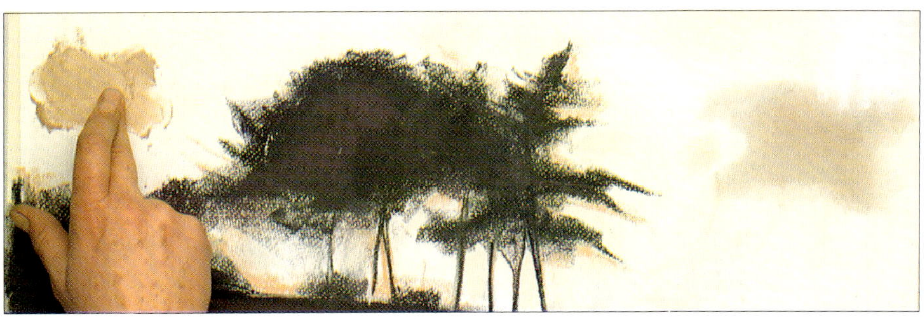

5 ◄ Peaufinez les arbres en associant la technique du lavis sec pour le feuillage et les procédés classiques pour le tronc et les branchages. Saupoudrez un peu de pastel sur le ciel et estompez-le avec le doigt afin d'évoquer quelques nuages.

RECONSTITUER UN PASTEL

En travaillant, vos pastels vont se casser et vous serez confrontés à une dizaine de petits morceaux inutilisables. Ne les jetez pas ; conservez-les et triez-les par couleur, ils vous serviront à en créer d'autres. Vous pouvez utiliser du lait écrémé pour reconstituer les pastels très tendres et leur donner un peu plus de dureté, mais la plupart des pastels contiennent assez de liant pour être remodelés en ajoutant un peu d'eau à la poudre.

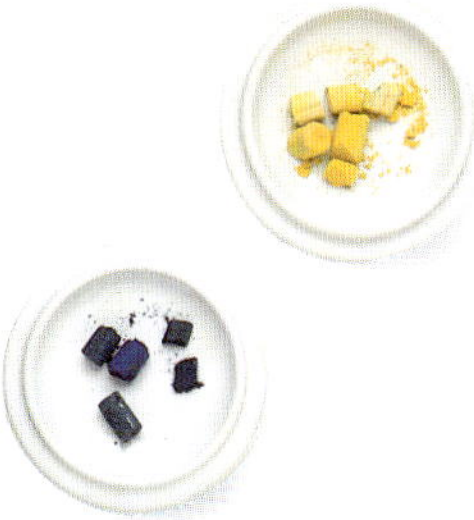

Fragments de pastel

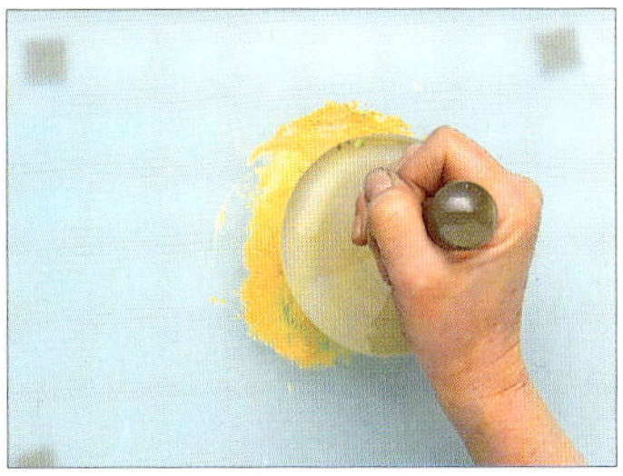

1 *Déposez les fragments de pastel jaune sur une plaque de verre, puis broyez-les avec une molette.*

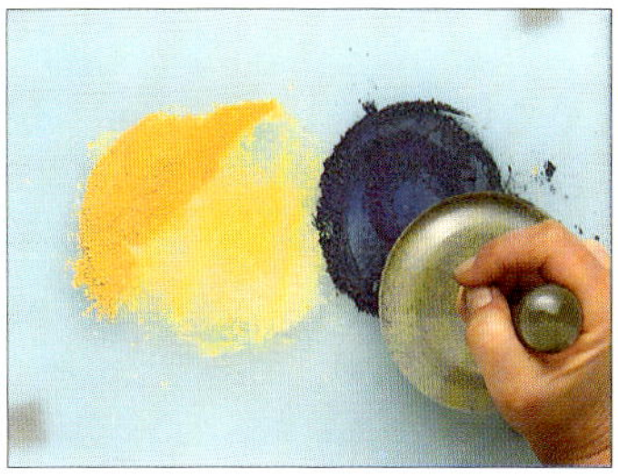

2 *Procédez de même pour les morceaux de pastel bleu.*

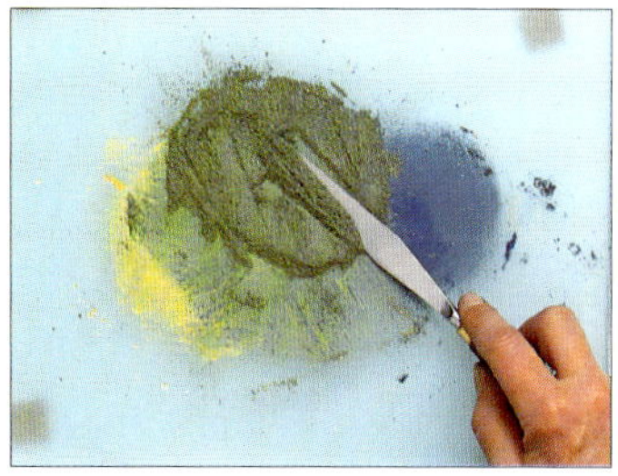

3 *Mélangez ces deux poudres avec une spatule : vous obtenez bientôt un vert.*

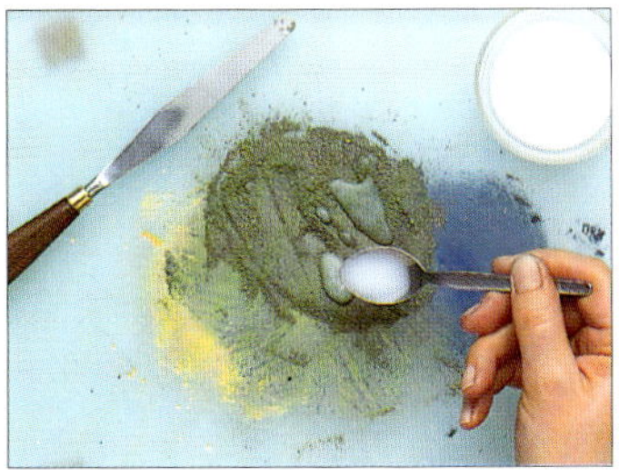

4 *Ajoutez une ou deux cuillerées de lait écrémé.*

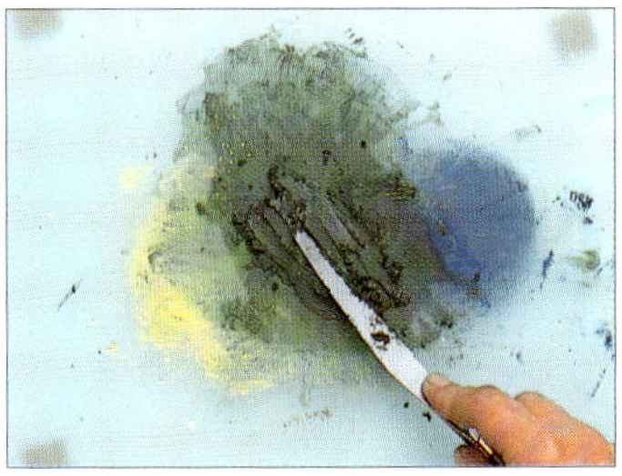

5 *Mélangez cet amalgame. Travaillez cette pâte à la spatule, puis modelez-la avec les doigts.*

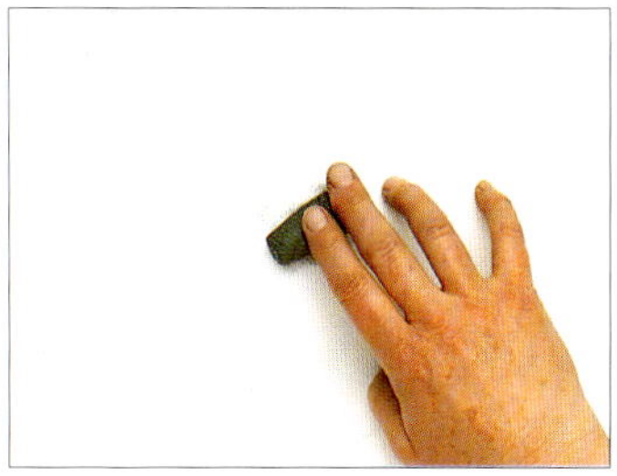

6 *Posez le pastel sur un papier essuie-tout et roulez-le avec les doigts. Laissez sécher 24 h à température ambiante.*

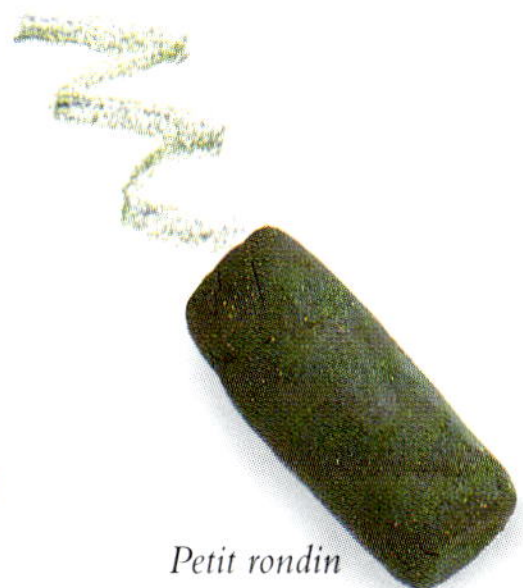

Petit rondin de pastel vert

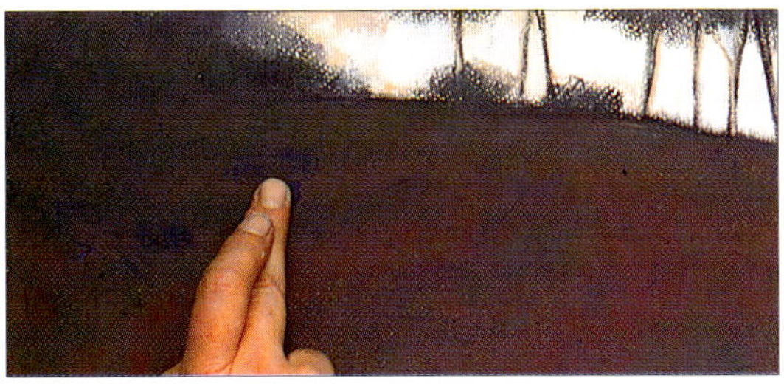

6 ◄ Pour finir, rehaussez la couleur du premier plan et accentuez la profondeur en parsemant un peu de poudre de pastel bleu vif sur certaines zones de vert, puis en estompant ces couleurs avec le doigt. Cette alliance de magenta et de bleu éclatant fondu dans le vert crée une surface d'une grande richesse.

La technique de lavis sec est idéale pour rendre la subtilité et le flou du ciel.

Quelques enseignements

La densité de tons obtenue par la technique de lavis sec permet de créer une image offrant de beaux contrastes de valeurs et de subtiles modulations de couleurs. L'artiste a su équilibrer les formes positives du flanc de coteau et la forme négative du ciel.

La silhouette cassée des branches, frottées avec le chant du pastel, doit ses effets au grain du papier qui transparaît sous la couleur.

En examinant ce détail du tableau, vous distinguez les couches de bleu, de magenta et de vert.

Voyez comme le lavis sec a saturé le grain du papier.

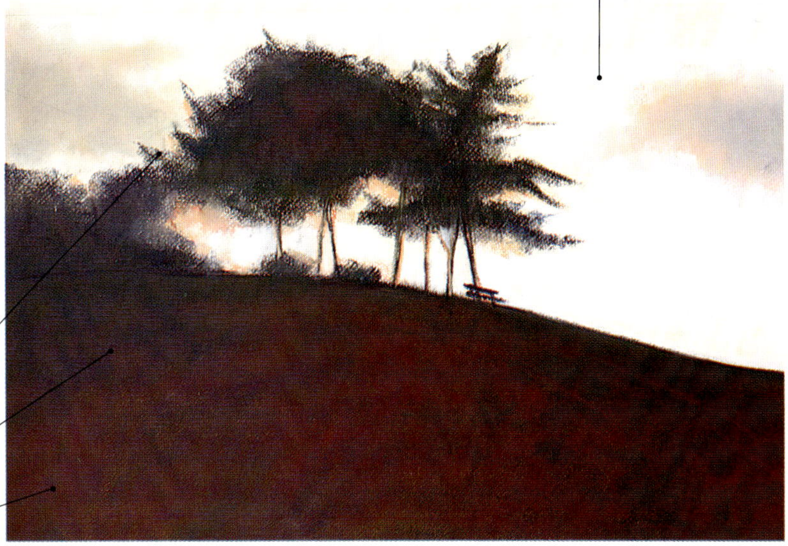

Felicity Edholm

Matériel

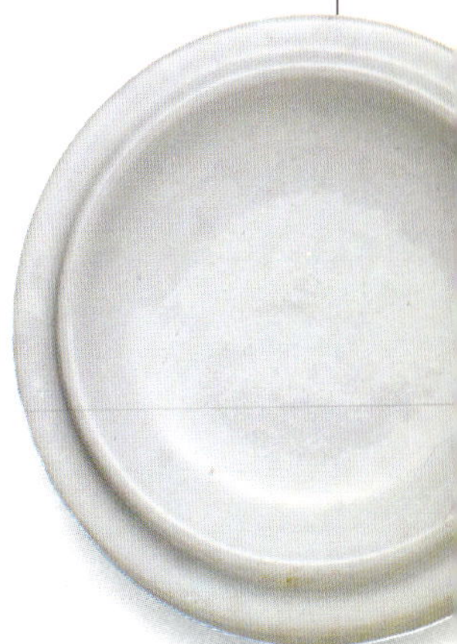

Petit godet

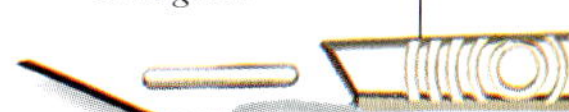

Scalpel

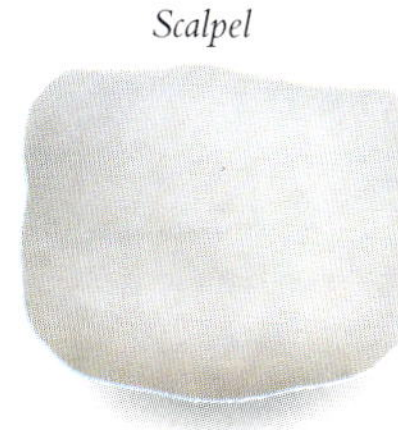

Boule de coton

JEUX DE MATIÈRE

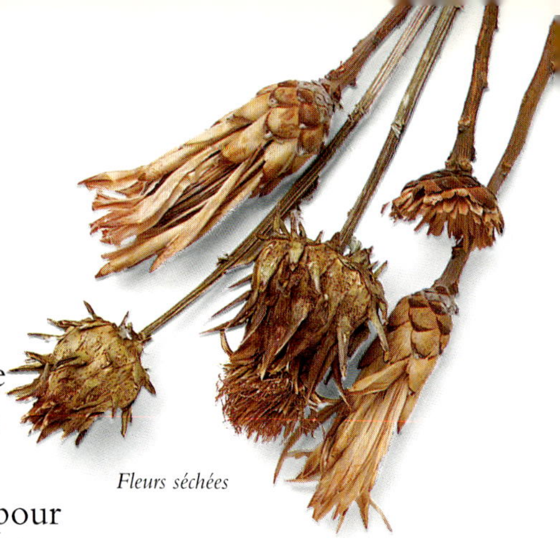

Fleurs séchées

LE PASTEL TENDRE s'adapte si bien aux techniques de dessin et de peinture qu'il constitue un outil idéal pour explorer une grande variété de textures. Le pastelliste peut jouer sur un grand répertoire de touches, des traits délicats aux riches empâtements, sans oublier les larges frottis exécutés d'un geste souple ou les fondus de couleur qui ajoutent douceur et flou à l'image. La souplesse du pastel permet de découvrir un vaste choix de textures. L'artiste rassemble ici des matériaux aux textures variées pour évoquer un monde imaginaire. L'éclat de ces quelques formes disparates, comme rescapées d'un naufrage, s'opposent au vert profond des flots déchaînés d'une mer de velours.

LA TRANSPARENCE

Le verre, matériau transparent et réfléchissant par excellence, est un défi pour le talent de l'artiste. La lumière joue sur la surface et altère les formes vues à travers le verre. Sur ce pastel, les jeux de lumière déclinent une belle gamme de tons changeants, du rouge orangé chaud au magenta plus froid ; les reflets de la lumière incidente sur la paroi du verre sont suggérés par quelques rehauts.

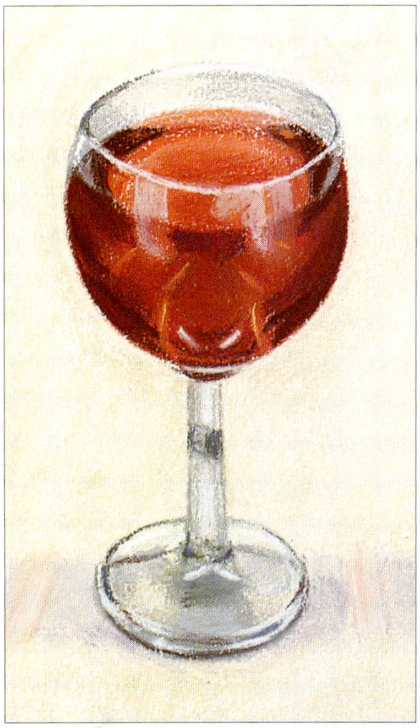

Peindre le verre
Pour rendre les aspects du vin, étudiez les valeurs et travaillez les demi-tons que vous estomperez. Ajoutez des rehauts blancs sur le devant du verre. La lumière verticale jette des reflets d'un rose violacé.

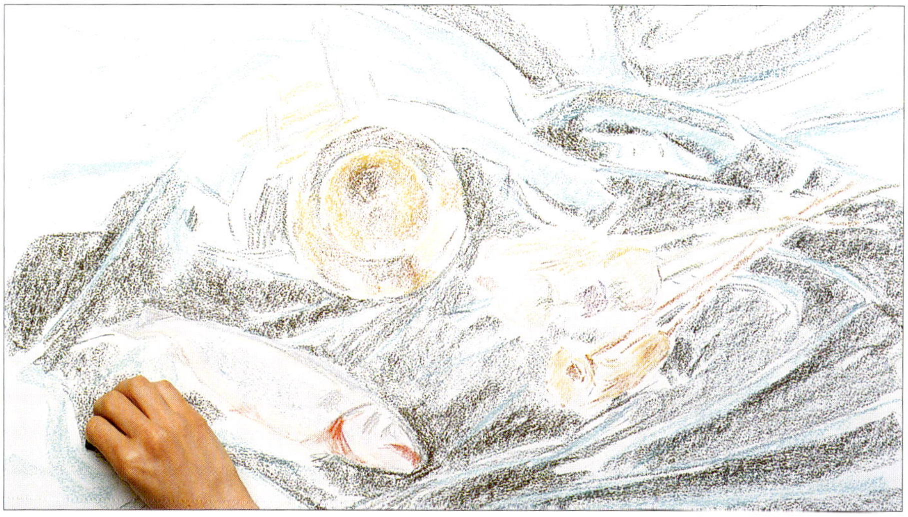

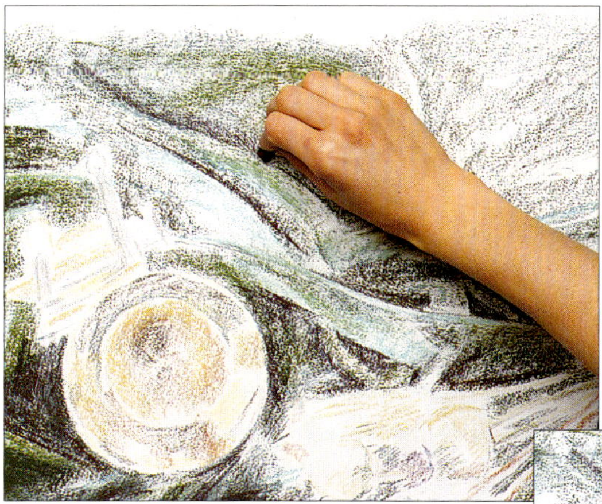

1 ▲ Une trompette, quelques fleurs séchées et un poisson sont posés ici sur du velours pour créer une intéressante gamme de textures. La composition étant fort complexe, commencez par un croquis au crayon, puis posez les premières plages de couleur avec le chant du pastel. Il est bon de débuter par des demi-tons et de développer petit à petit les clairs et les obscurs.

2 ▲ Pour reproduire le velours, déroulez de larges rubans verts, puis repassez ces traces avec un bleu foncé. Vous suggérerez la douceur du tissu en balayant la surface du papier avec le chant du bâtonnet, sans trop appuyer. Estompez le bleu dans le vert, du bout des doigts, en épousant ces formes sinueuses.

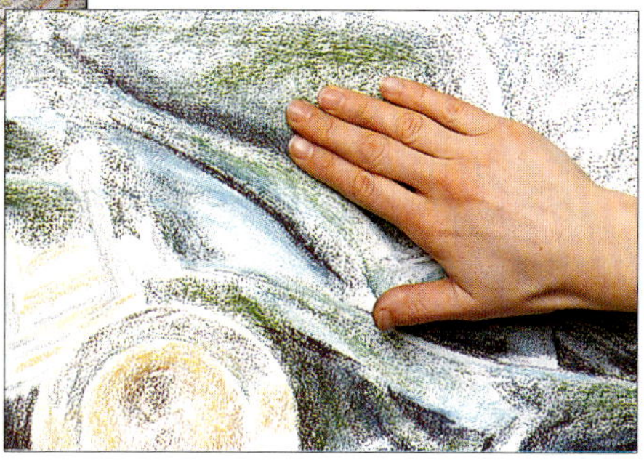

3 ▸ Les fleurs, les épis drus et les feuilles de cette composition nécessitent un tout autre traitement. Dessinez les tiges d'un seul trait franc avec la pointe du pastel, en appuyant fort, et appliquez de courtes traces énergiques pour cerner le contour des fleurs. Reprenez le turquoise foncé pour souligner certains détails et préciser leurs formes sur le velours.

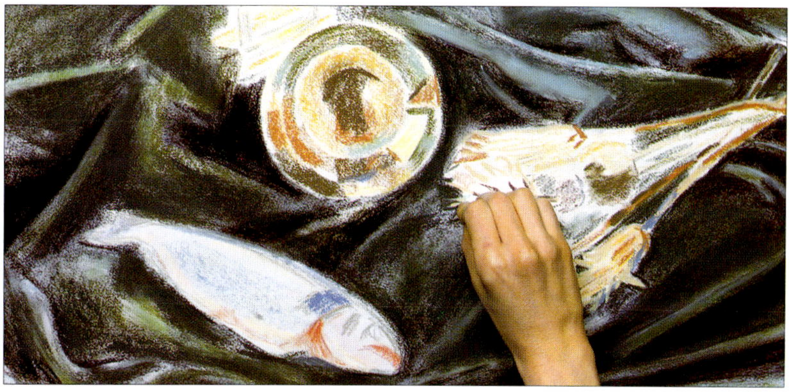

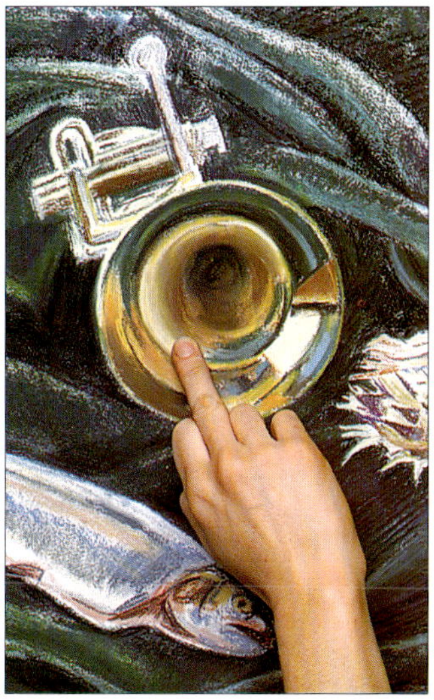

4 ◂ Pour suggérer le reflet de l'étoffe sur la trompette, posez toute une gamme de bleus, de verts et de jaunes en suivant l'arrondi du pavillon, puis estompez chaque couleur avec le doigt pour rendre l'éclat du métal. N'oubliez pas de nettoyer vos mains entre chaque couleur pour éviter de souiller le pastel.

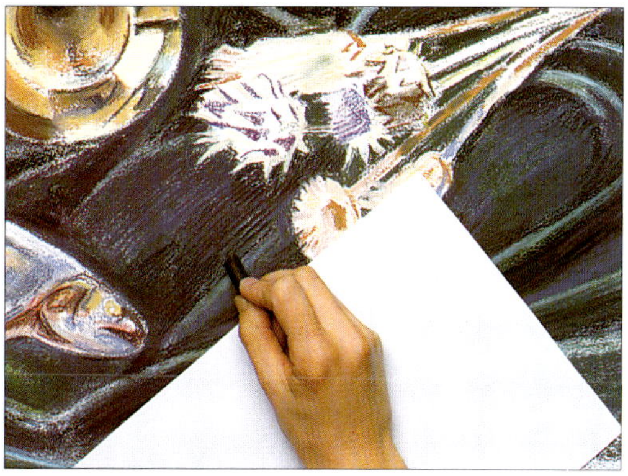

5 ◂ Développez les clairs et les obscurs. Si vous craignez d'abîmer les parties déjà peintes, protégez votre travail d'une feuille de papier sur laquelle vous pourrez prendre légèrement appui.

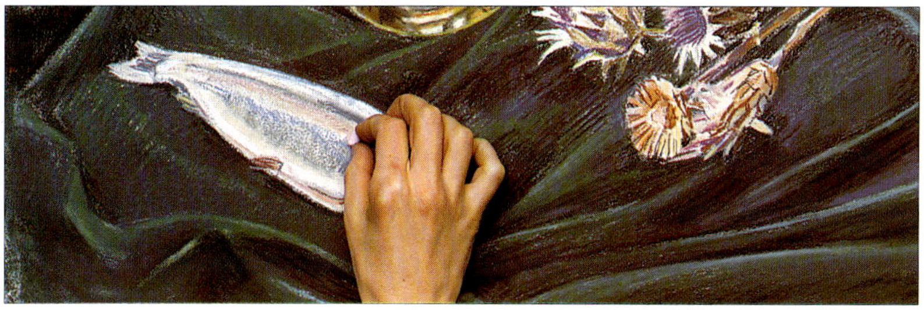

6 ◂ Pour reproduire la peau brillante et légèrement humide du poisson, tracez des lignes de différentes couleurs - bleu, gris, rose et jaune sourd - sur toute sa longueur, en ayant soin de ne pas empâter le grain du papier. Si vous n'appuyez pas trop fort sur le pastel, la texture du papier suffira à suggérer les écailles.

Quelques enseignements

L'artiste a choisi une grande feuille de papier aquarelle (56 x 76 cm) pour lui permettre de traiter les moindres détails. Elle estime en effet que les pastels sont déjà trop grands pour exécuter un travail finement détaillé sur des formats plus réduits.

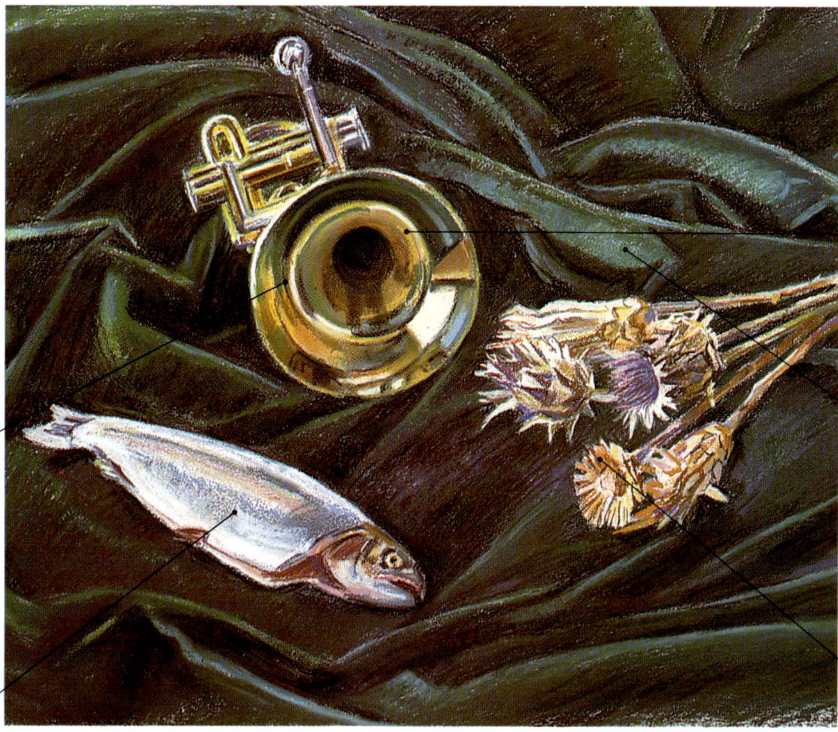

Le pavillon de la trompette constitue le centre d'intérêt de la composition et le point fixe de ce tourbillon de lignes.

La peau luisante du poisson a été obtenue en mariant les techniques de frottis et de fondu des couleurs. Les bleus et les gris-vert délicats ont été frottés, les rehauts roses et blancs estompés avec le doigt.

Le poli de la trompette a été modelé par un soigneux estompage des tons chauds du cuivre qui réfléchit les tons froids de la lumière et du velours.

Le velours turquoise foncé, aux nuances froides, a été rehaussé de quelques notes de vert chaud, le long des plis.

Les petites touches énergiques de pastel qui découpent les épines des fleurs sèches contrastent avec les fondus de couleur utilisés pour rendre l'éclat du poisson encore humide et la rutilance de la trompette.

Jane Gifford

Regards sur les Techniques

La première qualité du pastel réside dans la facilité avec laquelle il se plie à maintes techniques de dessin et de peinture. Chacune des œuvres reproduites ici illustre comment les artistes ont sélectionné une technique particulière, adaptée à l'interprétation de leur sujet. Pour nombre d'entre eux, le succès de leur démarche est l'aboutissement d'un lent cheminement et d'un mariage réussi entre le génie créatif et l'ardeur à exploiter les divers aspects de cette peinture passionnante et riche de promesses.

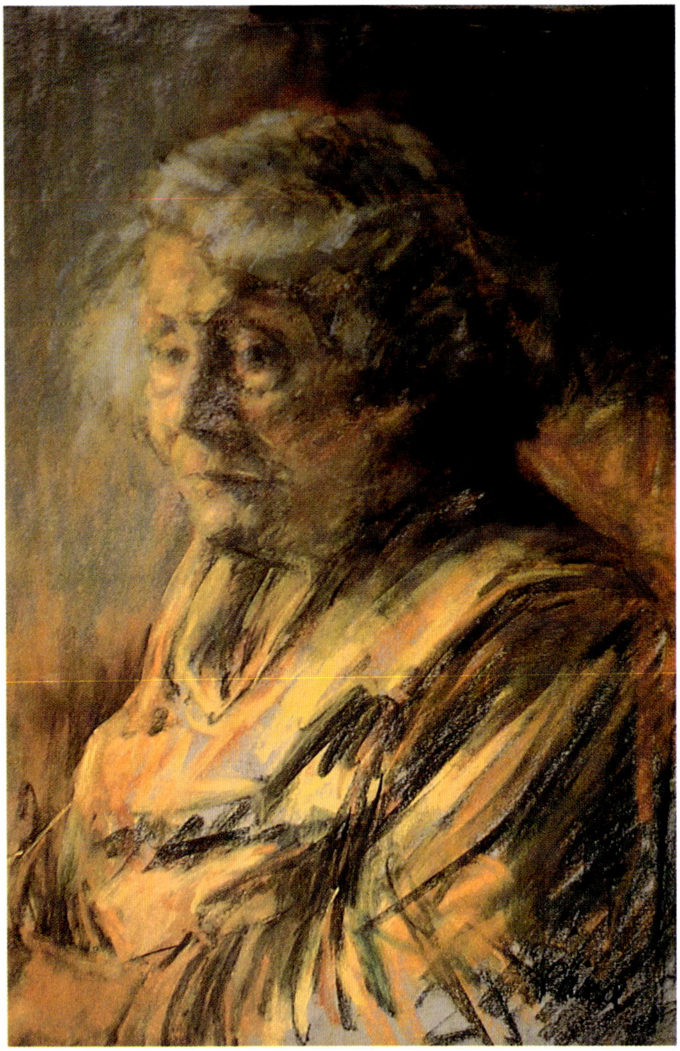

Ken Paine, *Mrs Groffes,* *64* x *54 cm.*
Dans ce touchant portrait de vieille dame, Paine a utilisé une palette réduite et marié les techniques pour ajouter à l'émotion du sujet. Il s'est attaché à modeler délicatement les traits du visage pour créer un flou artistique qui prête à la rêverie. La robe est traitée d'une tout autre façon : de vigoureuses hachures et de longues touches franches équilibrent la composition pour ne pas distraire le regard de l'essentiel.

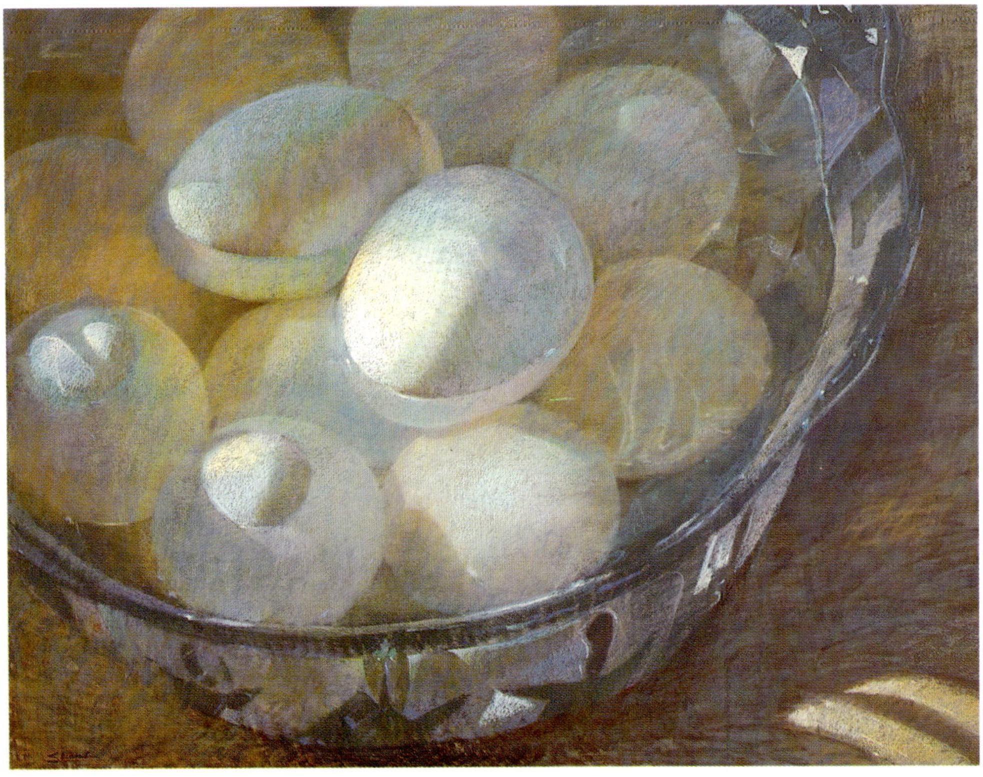

Sally Strand, Œufs dans l'eau,
96 x *123 cm.*
L'œuvre de Sally Strand révèle une exceptionnelle sensibilité aux fondus de couleurs, qu'elle exploite ici, associée aux effets de zébrure, pour modeler la forme et maîtriser les délicates transitions d'ombre et de lumière.

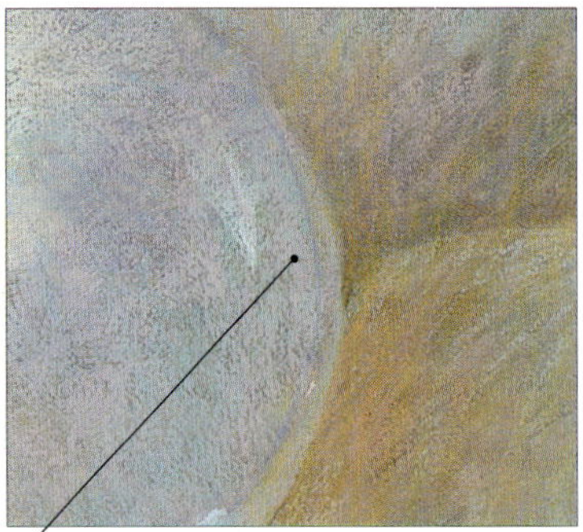

Ce détail montre le subtil fondu de teintes chaudes et froides qui dessinent la lumière réfléchie par les œufs et réfractée par l'eau.

Sophie Aghajanian, *Reflets dans le miroir*, *56 x 77 cm*, Belfast, The Kerlin Gallery. *L'artiste travaille sur du papier Fabriano, selon la technique du « sfumato » (modelé vaporeux et contours atténués) associée à des lavis secs. Pour obtenir ces effets, elle réduit ses pastels en une fine poudre qu'elle travaille ensuite dans le support avec les doigts, un chiffon ou des estompes. Cette composition est un exemple frappant de métamorphose d'un sujet simple, par le seul jeu des formes et de leur agencement. La forte inclinaison du miroir est contrebalancée par la tête penchée des fleurs couleur de feu.*

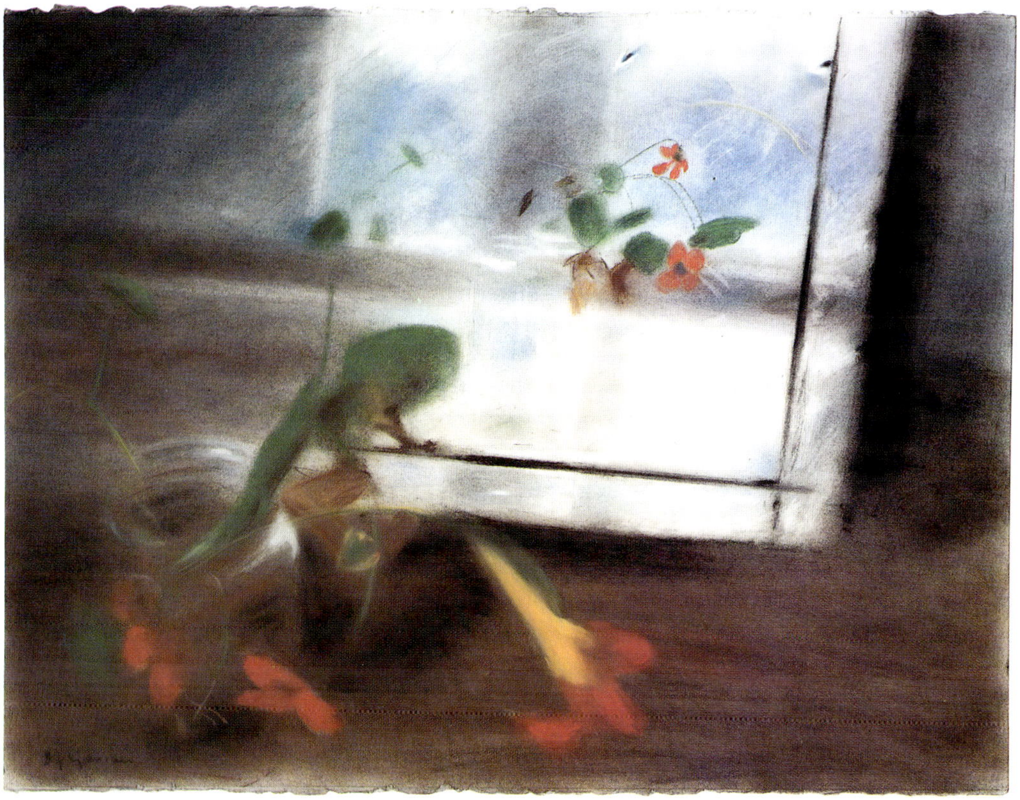

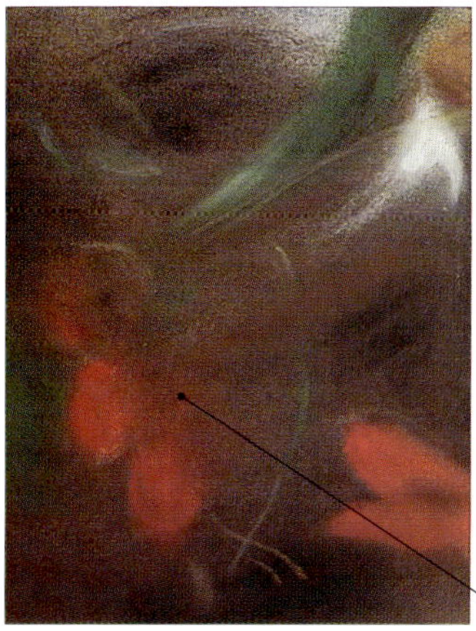

Les formes du pot de confiture et des fleurs surgissent de l'obscurité, comme dotées d'une incroyable légèreté aérienne. Les pétales doivent leur intensité à la pureté de la poudre de pigment.

Ken Draper , *Dernière nuit sur le Nil*, 1993, *46 x 51 cm. Nombre de tableaux de Draper sont nés d'une interprétation très imaginative du paysage en utilisant une technique qui associe souvent les qualités du pastel sec et les effets d'empâtement du pastel à l'huile. Il a ici fondu des zones de bleu-violet sombre sur des teintes plus foncées, développant et griffant le pastel par endroits pour obtenir une grande richesse de texture. Dans cette composition évocatrice, le pâle ciel vespéral est suspendu à la voûte imposante de lourds nuages noirs et domine le paysage silhouetté.*

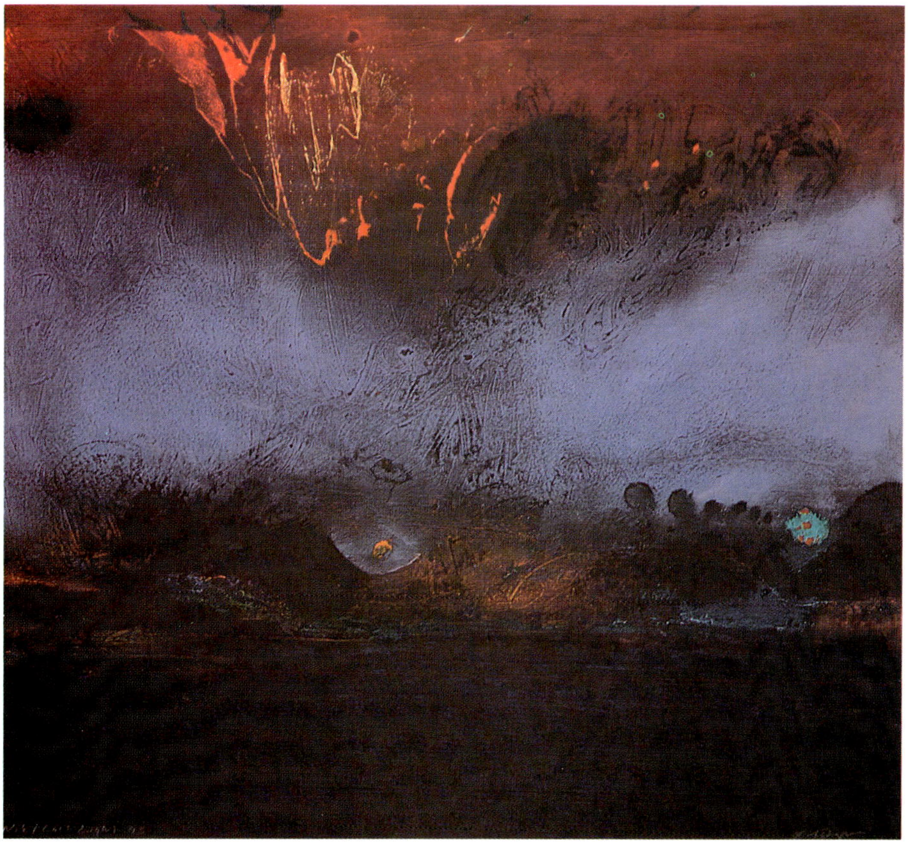

Ce rouge vibrant qui tranche sur ces tons foncés, subtilement fondus, atteste le talent de Draper et sa grande maîtrise des techniques.

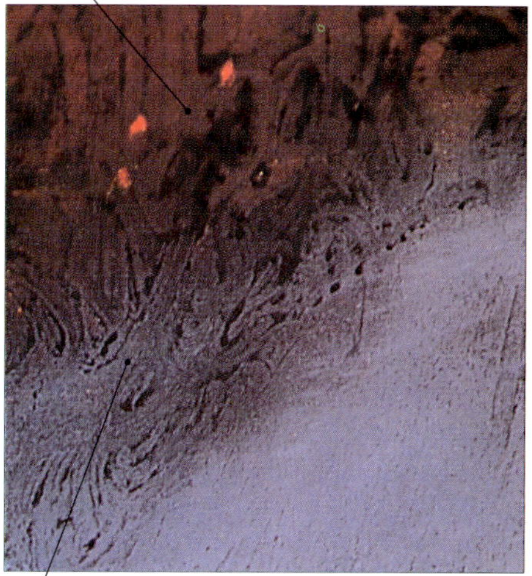

Draper crée un effet de rides sur la surface de la peinture en traînant un pastel à l'huile sombre sur le pastel tendre estompé.

LE PASTEL À L'HUILE

LE PASTEL À L'HUILE possède des qualités très distinctes de celles des autres pastels et requiert une approche différente. Il convient aux compositions riches en couleurs et audacieuses, car il « mord » bien au support et sature rapidement le grain. On peut aussi le dissoudre en un « lavis », en ajoutant un peu de térébenthine. Il offre unc palette de teintes plus limitée que celle du pastel tendre, mais cet inconvénient est compensé par les multiples possibilités de superposition de couleurs transparentes sur le support. Ses qualités sont toutefois sensibles à la température, le pastel ayant tendance à ramollir à la chaleur. Par précaution, conservez-le dans son papier protecteur pour éviter de vous salir les doigts.

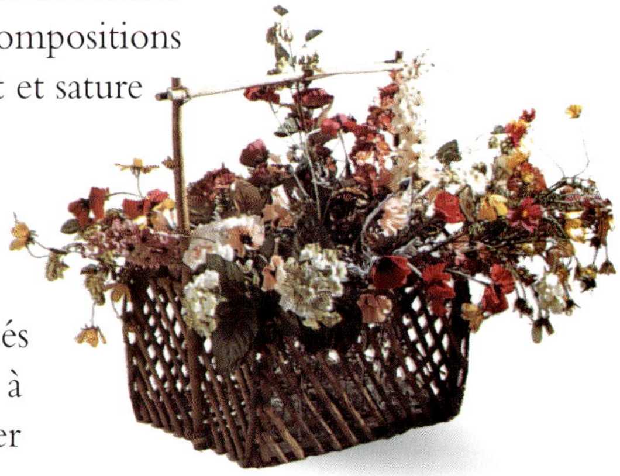

Panier de fleurs

1 ▸ Sur du papier à grain toile, tracez les grandes lignes de la composition dans des tons jaune, bleu et vert. Lorsque ce premier jet vous convient, commencez à développer la couleur. Passez un coton imbibé de térébenthine sur le côté gauche de l'esquisse, puis ajoutez quelques lignes bleues que vous estomperez avec le coton encore humide. Remarquez comme le papier « boit » la couleur.

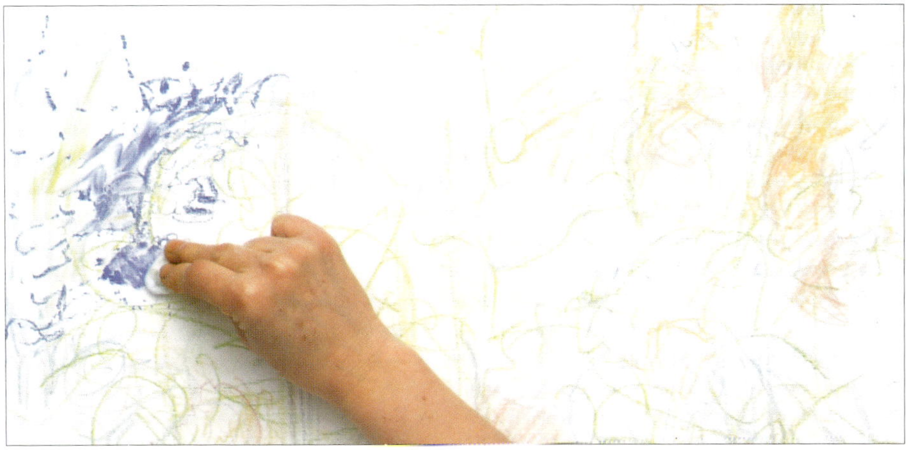

VARIÉTÉ DES EFFETS

Ce simple croquis de la fille de l'artiste illustre les divers effets obtenus avec le pastel à l'huile : des multiples épaisseurs de traits aux subtils lavis colorés en passant par les profonds empâtements... le répertoire est vaste. L'artiste utilise ici le bout du bâtonnet pour tracer les contours et suggérer les ombres. La douceur du fond est rendue par de légères touches de turquoise estompées avec un coton ; la fleur glissée dans les cheveux est suggérée par un léger empâtement.

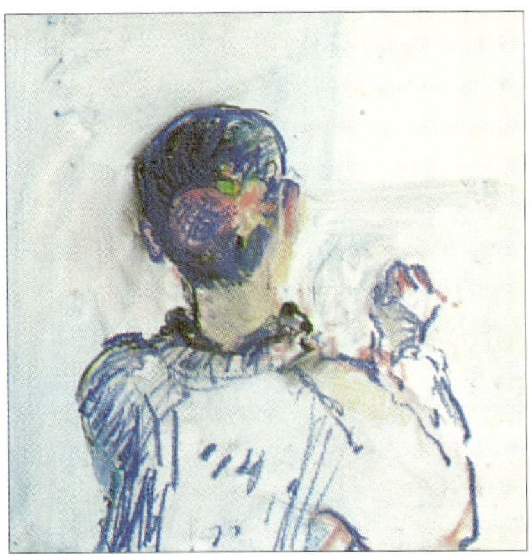

Hayley dessinant

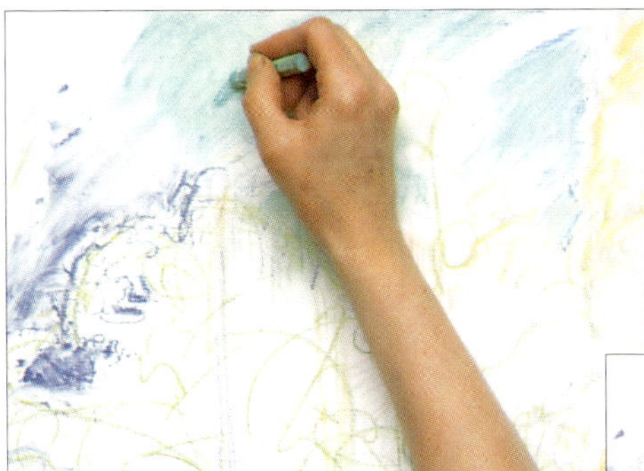

2 ◂ Pour le fond, posez des touches de turquoise avec la pointe du pastel, puis estompez-les au coton sec. L'estompage sur papier sec, sans apport de térébenthine, donne à la couleur beaucoup plus d'uniformité que sur un papier mouillé, puisqu'elle n'est pas absorbée par le papier et demeure en surface.

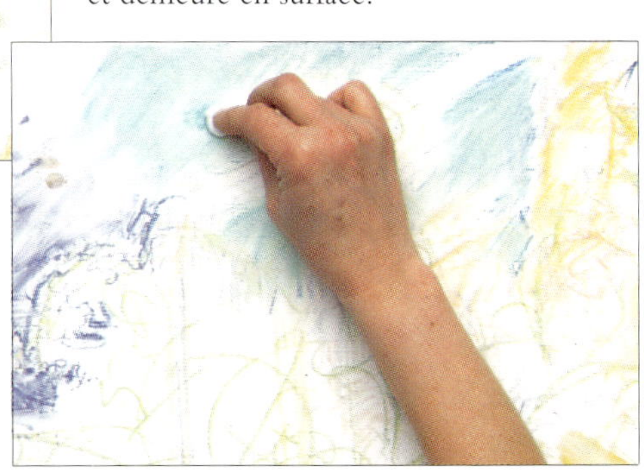

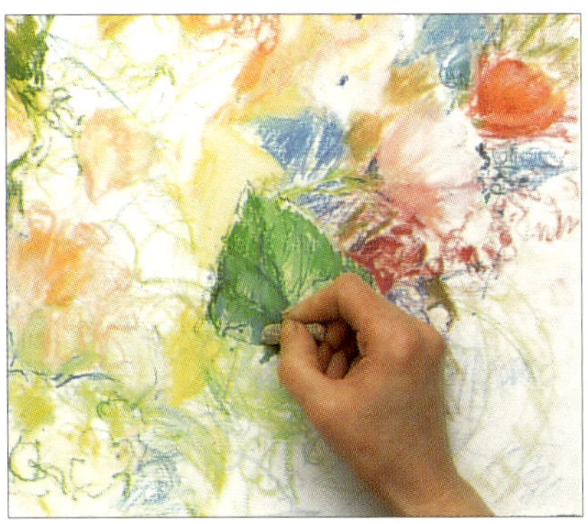

3 ◂ Travaillez l'une des feuilles du premier plan en développant des zones d'ombre et de lumière avec plusieurs tons de vert. Ajoutez quelques notes de rose pour nuancer par endroits le vert foncé, puis fondez ces couleurs ensemble.

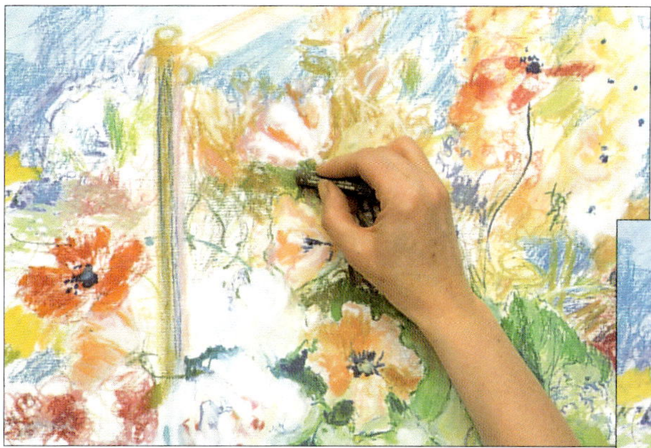

4 ◂ En appuyant fort sur le pastel, appliquez une bonne couche de vert, puis grattez la couleur çà et là avec la lame d'un canif. Ce « sgraffite » permet de dessiner les nervures des feuilles ou, au besoin, de découvrir le papier.

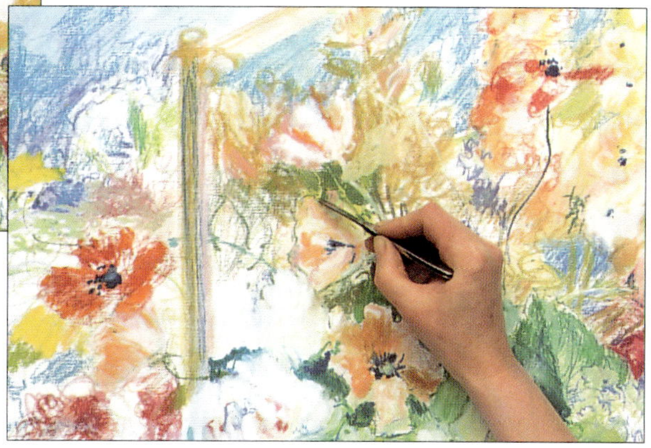

Matériel

Boule de coton

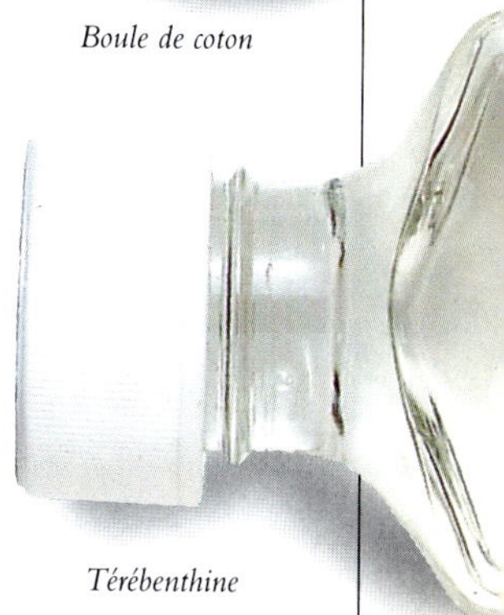

Térébenthine

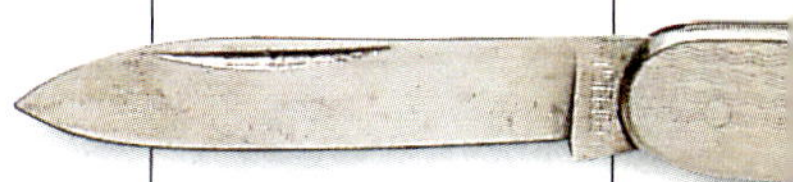

Canif

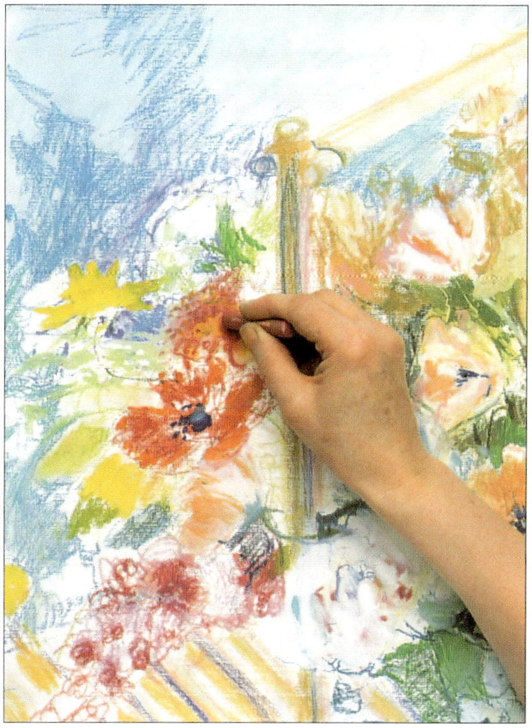

5 ◂ Pour évoquer l'aster et sa riche corolle, tamponnez l'extrémité d'un pastel rouge : vous créez un effet de « pointillisme » qui donne plus de volume et de profondeur. Prenez un peu de recul : ces petites taches juxtaposées se mélangent selon le principe de « fondu optique ».

6 ▸ Le coton, humide ou sec, peut servir à fondre les couleurs ou modeler les formes. Il permet ici d'enlever un peu de rose sur les pétales pour restituer les effets de la lumière incidente et accentuer le relief.

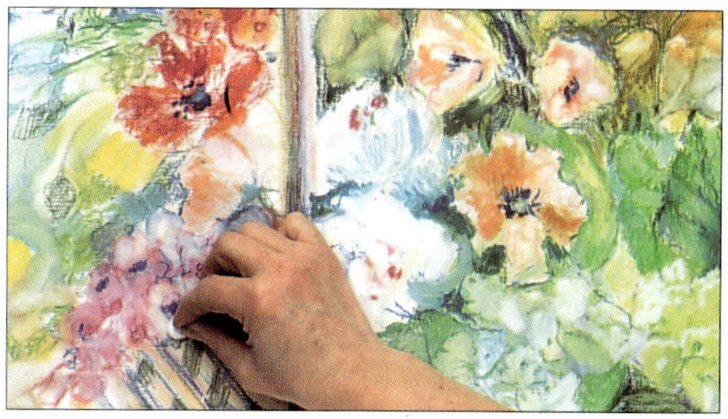

Quelques enseignements

Cette composition illustre la diversité des techniques du pastel à l'huile et, surtout, l'emploi de la térébenthine pour le dissoudre en des lavis transparents. En jouant sur les fondus des couleurs, le pointillisme et le sgraffite, l'artiste reproduit ici la richesse des formes et des textures offertes par cette brassée de fleurs.

La couleur de l'anse du panier en osier est obtenue par superposition d'une belle gamme de bleus, de roses, de pourpres, de verts et de marron.

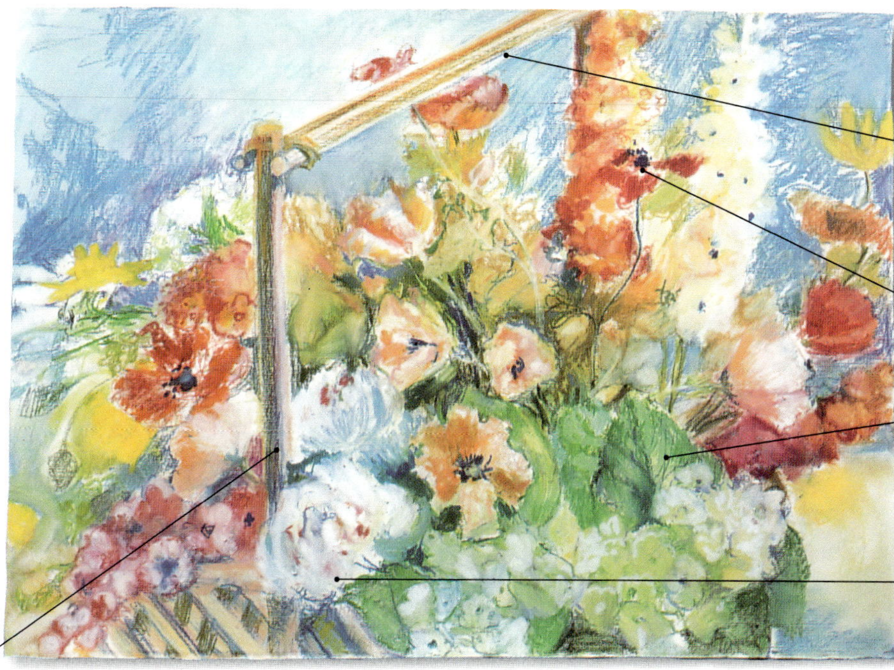

La diagonale que trace l'anse du panier au cœur de la composition contraste avec l'arrondi des fleurs alentour.

L'anémone et sa couronne pointillée mènent le regard vers la rose trémière qui domine l'arrière-plan.

Cette feuille crée un centre d'intérêt au premier plan.

Remarquez l'effet d'empâtement que produisent ces taches blanches sur les pétales des chrysanthèmes.

Rosemary Saul

Pastel Tendre et Eau

L'ALLIANCE DU PASTEL TENDRE et de l'eau donne des résultats surprenants et du plus bel effet. Pour en exploiter tous les aspects, il faut employer un papier aquarelle à fort grammage que vous fixerez sur du carton avec du ruban adhésif pour l'empêcher de gondoler ou de se déchirer. Appliquez de grandes plages de couleur, puis aspergez de l'eau sur le support ou travaillez dans la couleur avec un pinceau humide. L'eau absorbée par les particules de pastel fonce momentanément les tons. Cette propriété du pastel peut aussi servir une autre technique qui consiste à humidifier le papier avec un pinceau, une éponge ou un vaporisateur avant de travailler le pastel en surface : le pastel se transforme en un profond empâtement, riche en couleurs. Dernière méthode : pilez un morceau de pastel, ajoutez de l'eau, puis étalez cette pâte en un lavis fin ou épais, selon le degré de dilution.

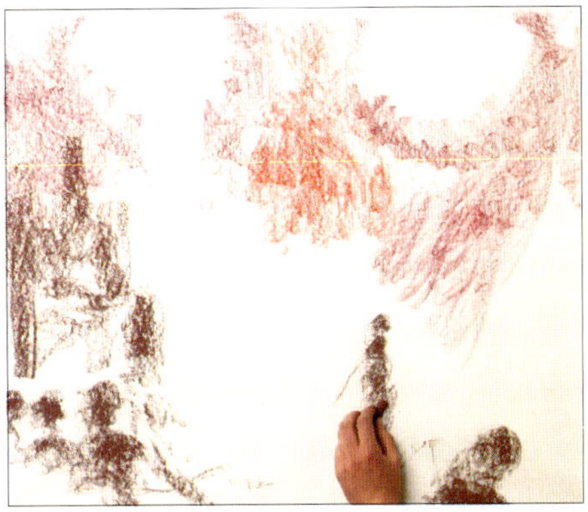

1 ▲ Avec le chant du bâtonnet, appliquez quelques touches pourpres et rouges pour suggérer un ciel en feu, et marron pour profiler les figures du premier plan. À ce stade, contentez-vous d'un croquis sommaire : en ajoutant de l'eau vous modulerez les effets.

LE MARIAGE DU PASTEL TENDRE ET DE L'EAU

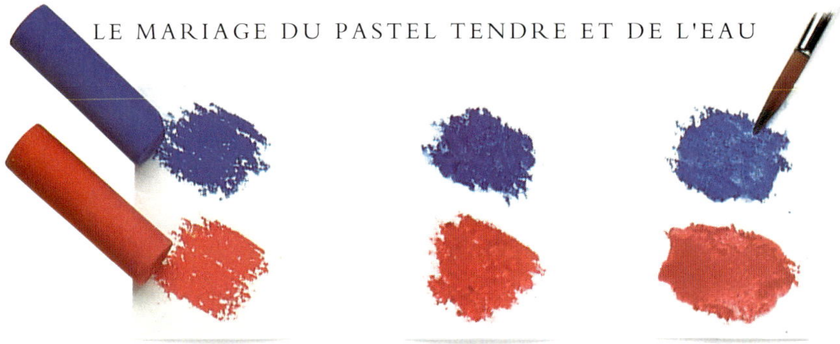

Pastel sur papier sec — *Pastel sur papier humide* — *Pastel mouillé sur papier sec*

Un même bâtonnet de pastel tendre est utilisé ici de trois façons différentes : le pastel est d'abord appliqué normalement sur un papier sec (gauche) ; puis, lorsqu'il est posé sur un papier préalablement mouillé (centre), les couleurs absorbent l'eau et acquièrent une consistance très proche de celle de la gouache ; enfin, sur un papier sec, mais appliquées au pinceau humide, les particules de pigment se dispersent sur le support.

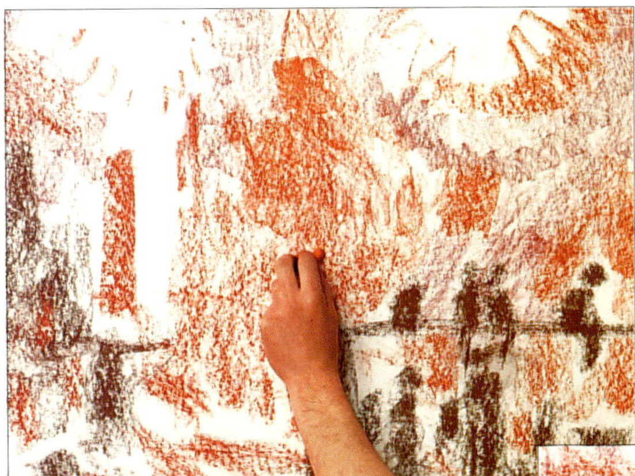

2 ▲ Frottez un pastel rouge sur les touches pourpres, d'un geste large et souple, puis repassez sur ces taches avec un gros pinceau rond imbibé d'eau. Les particules de pigment rouge sont aussitôt dissoutes et donnent ces intenses effets de lavis aquarellé.

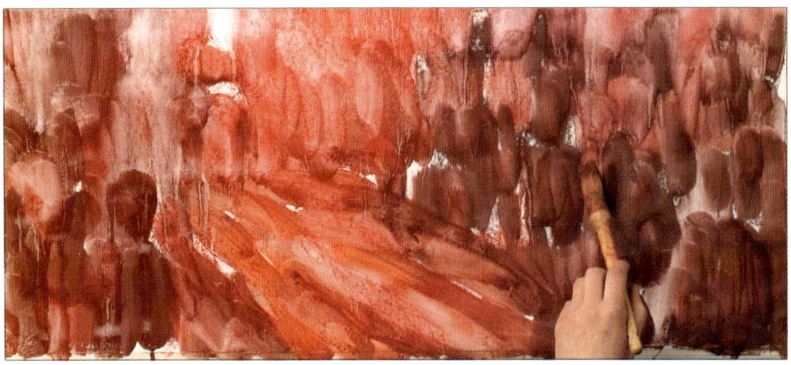

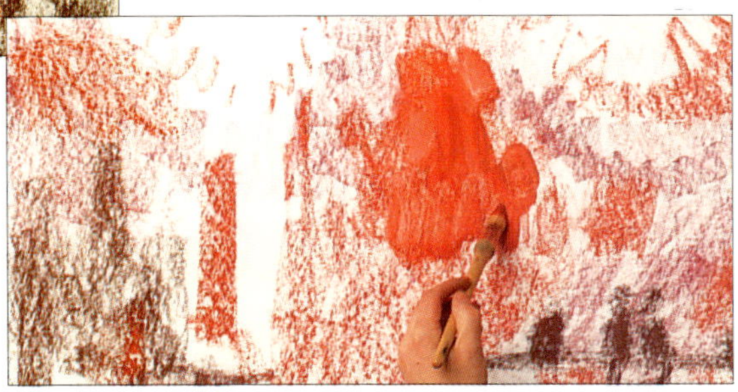

3 ▲ Ajoutez de la couleur et « peignez » librement la composition au pinceau humide. N'oubliez pas de tremper votre pinceau dans l'eau propre à chaque fois que vous traitez une nouvelle couleur : chaque teinte du tableau gardera intacte sa propre vibration.

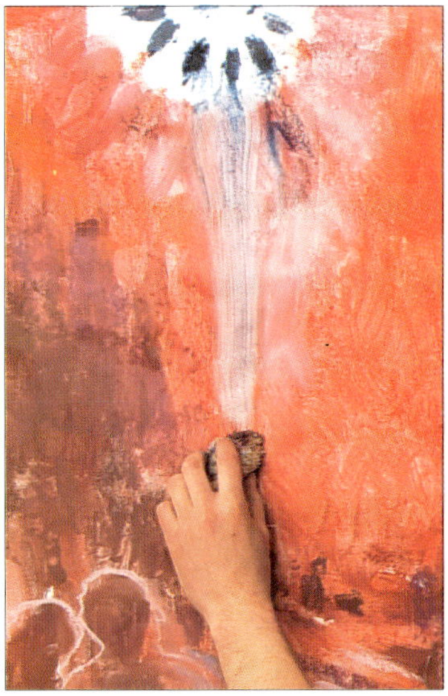

4 ◄ Pour suggérer le feu d'artifice et sa profusion de lumière, aspergez le papier d'eau, puis parsemez de petites touches bleu vif sur la surface humide. Le papier accroche cette couleur intense et crée un bel effet d'empâtement. Passez une éponge pour étaler légèrement ce bleu vers la partie inférieure du tableau.

5 ► Vous pouvez réhumidifier une surface, déjà bien chargée de peinture, et recommencer. L'artiste a ici mouillé le ciel et presque décollé la couleur avec une serviette en papier. Il a ensuite retouché le feu d'artifice et achevé les détails.

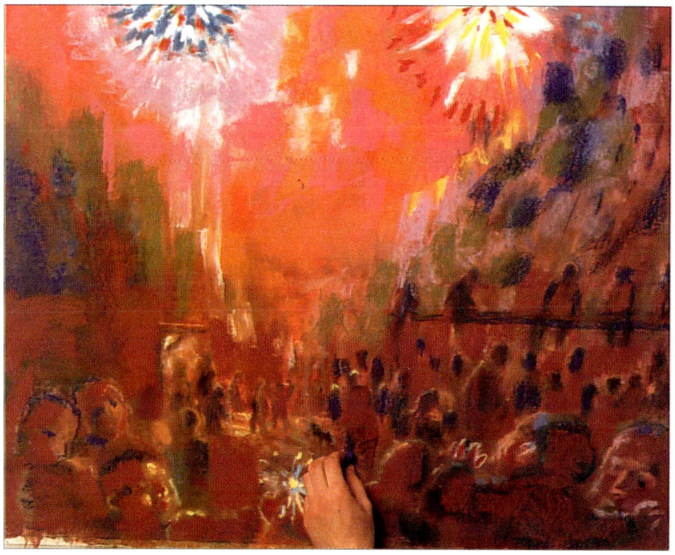

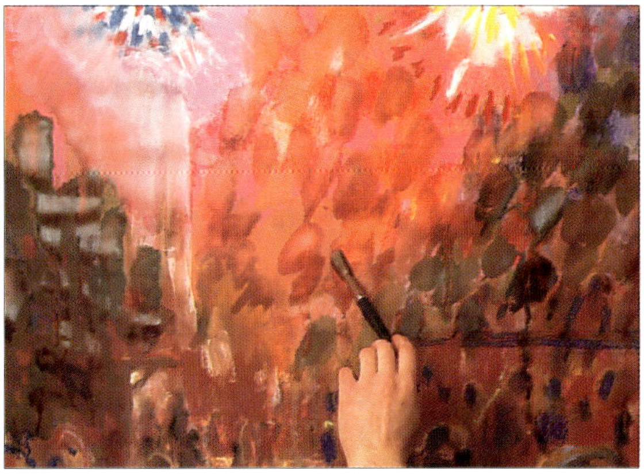

6 ▲ Ajoutez quelques taches marron, roses et jaunes que vous travaillerez au pinceau humide. En séchant, l'eau s'évapore peu à peu, éclaircissant les couleurs.

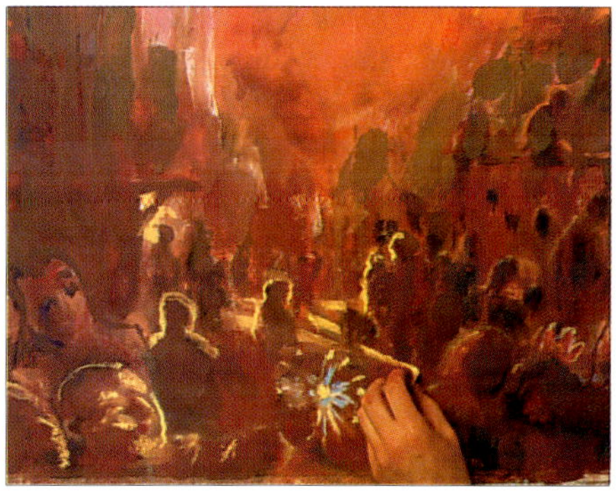

7 ▲ Vous êtes satisfait du résultat ? Il reste à présent à fignoler certains détails, comme ajouter un jaune vif au premier plan pour suggérer cette fantastique explosion de lumière incendiant la nuit.

Matériel

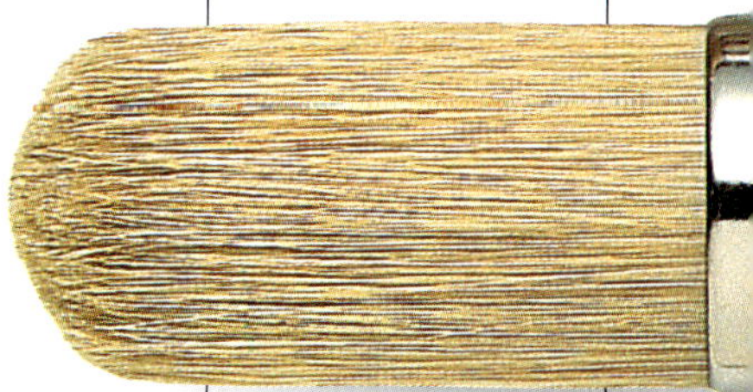

Grosse brosse à lavis en soies

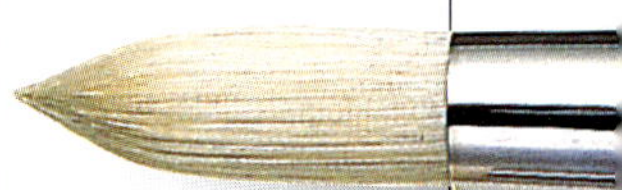

Pinceau rond en fibres synthétiques

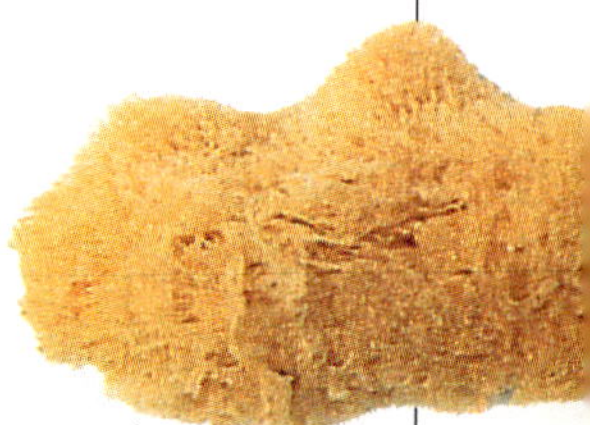

Éponge naturelle

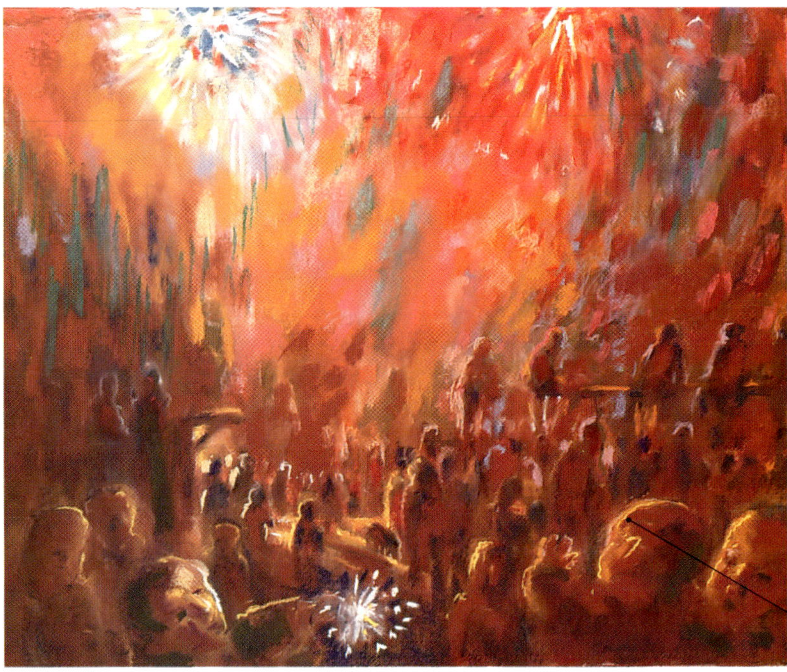

Quelques enseignements
L'artiste cherche ici à reproduire le sentiment ambigu qu'il nourrit devant un feu d'artifice, mélange de fascination et de peur face à ces torrents de lumière qui symbolisent aussi l'horreur de la guerre et le génie destructeur de l'homme.

La silhouette des spectateurs debout, à peine suggérée, se découpe librement sur fond de nuit embrasée.

Michael Wright

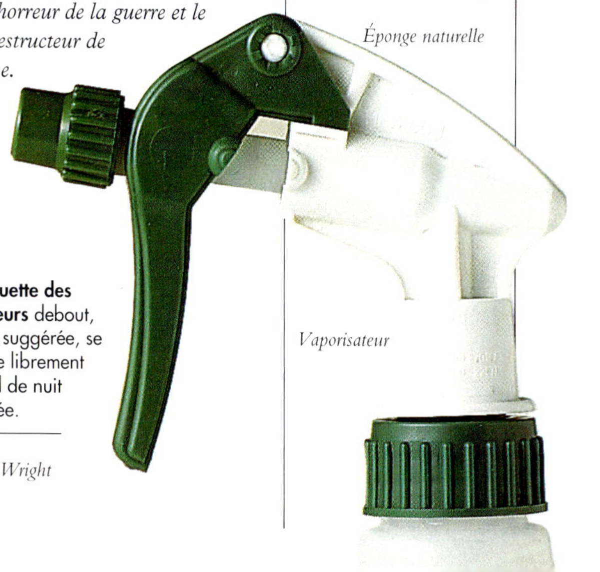

Vaporisateur

PASTEL ET FUSAIN

ON EMPLOIE SOUVENT LE FUSAIN comme point de départ d'une œuvre au pastel, car c'est un outil précieux pour structurer les formes et équilibrer les tons. Très maniable, il peut sans peine balayer toute la surface du papier, puis s'effacer avec de la mie de pain fraîche, une gomme souple ou le pouce. Il est certes facile de gommer ou d'obscurcir un trait au fusain, mais cette pratique n'est guère conseillée, car le fusain donne du relief à l'image et sert de « charpente » sur laquelle se construisent les couches de couleur. Vous pouvez aussi l'utiliser en fin d'ouvrage pour accentuer le trait ou renforcer certaines parties du tableau. Une légère pulvérisation de fixatif est nécessaire pour que le fusain ne s'estompe pas sous les autres couleurs.

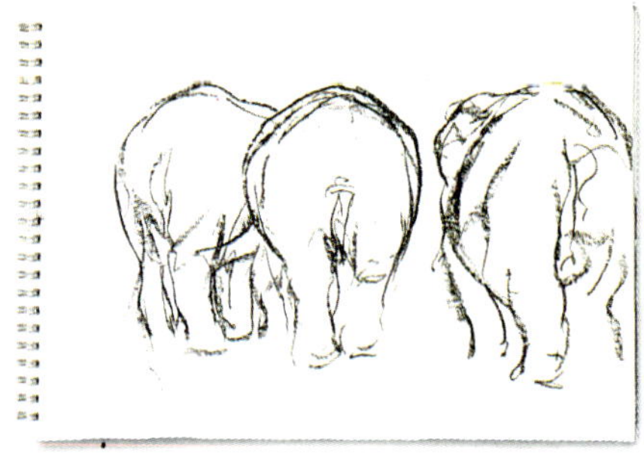

Carnet de croquis

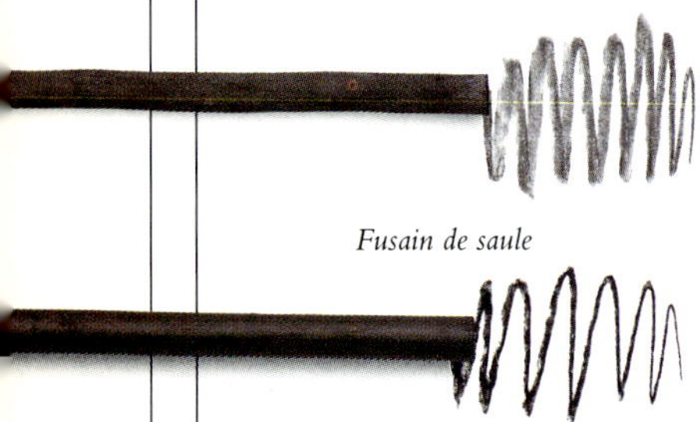

Fusain de saule

Fusain comprimé

VARIÉTÉS DE FUSAIN

Tiré de l'arbre du même nom, il s'agit de branchettes séchées et calcinées. Très maniable, le fusain de saule est apprécié pour débuter une œuvre au pastel.
Le fusain comprimé est obtenu à partir du pigment « noir de bougie » mélangé à un liant, pressé et façonné en bâtonnets ronds ou carrés. Il donne un trait plus dense et plus riche que le fusain de saule, mais est plus difficile à travailler.

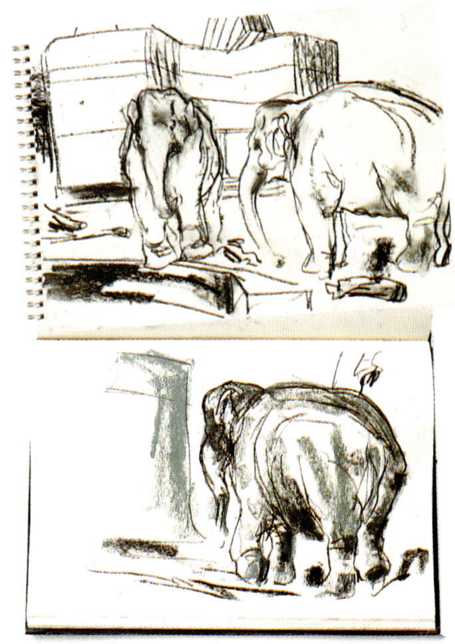

Croquis préliminaires
Prenez le temps d'examiner ces animaux : étudiez leur anatomie, regardez-les se déplacer, observez leur comportement en groupe...

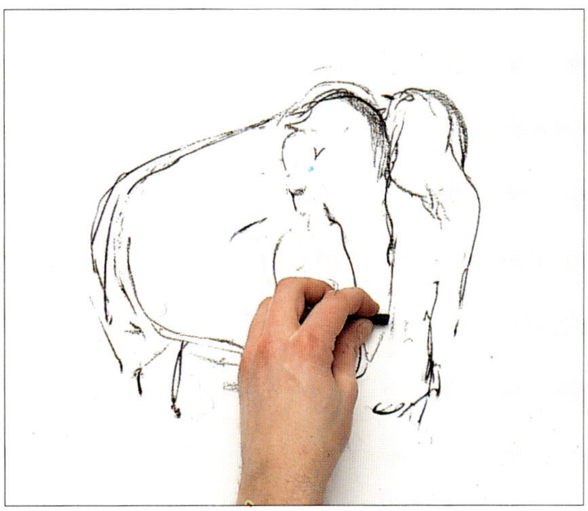

1 ◀ Esquissez au fusain la forme des éléphants. L'artiste emploie ici un fusain comprimé pour tirer des traits d'un noir profond, alliant richesse et velouté. Toutefois ce fusain glisse moins bien sur le papier que le fusain de saule.

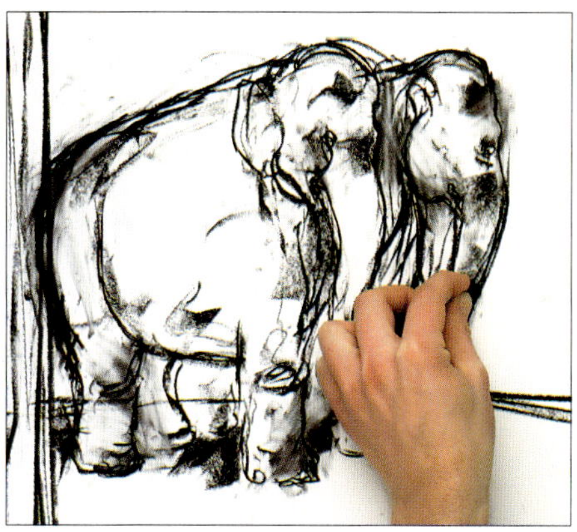

2 ◀ Continuez de travailler les éléphants, en estompant peu à peu le trait. Tracez quelques lignes verticales et horizontales pour cadrer la composition.

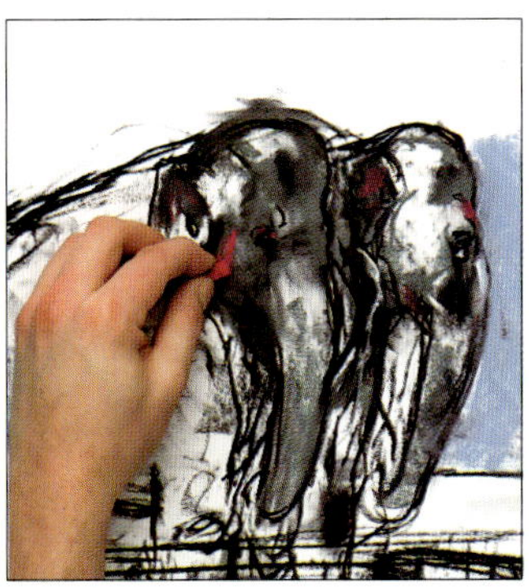

3 ◀ Appliquez un peu de bleu ciel sur le fond pour donner de la profondeur à l'image. Quelques rehauts de cramoisi sur la tête des éléphants attirent le regard sur cette partie du tableau.

4 ▶ Avec le chant du pastel, commencez à remplir certains détails du fond. Colorez en rouge la porte à droite du tableau et ajoutez du jaune au coin de la pièce : ces couleurs donnent petit à petit du caractère à l'œuvre. Il reste maintenant à travailler l'équilibre des couleurs dans la composition.

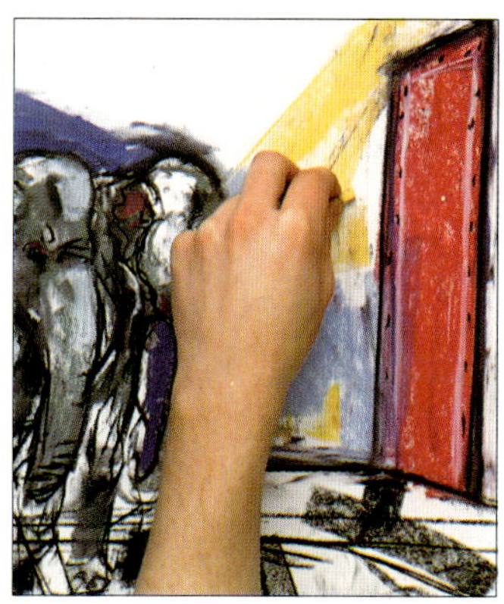

5 ▸ Ajoutez librement quelques couleurs, frottez des bleus et des pourpres à l'arrière-plan. Zébrez le pan droit du tableau d'un trait fin et incisif de turquoise pour rehausser la couleur. Parez le corps des animaux de quelques taches blanches que vous estomperez avec le pouce : ces rehauts contrastent vivement avec le fusain et fournissent à l'image un puissant contrepoint.

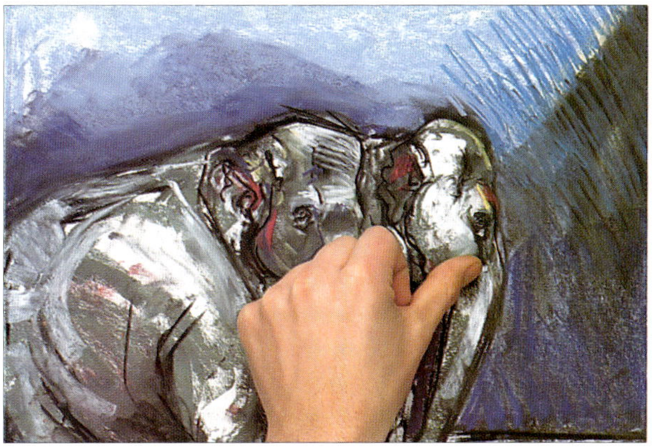

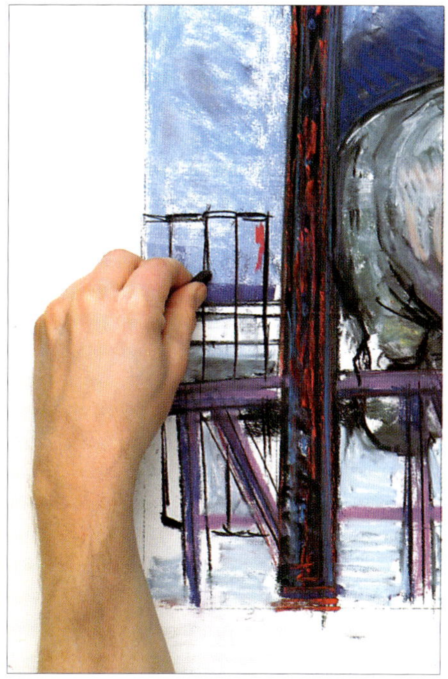

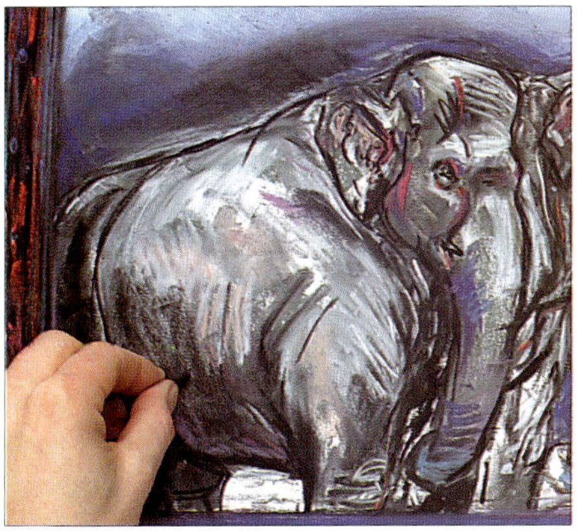

6 ▸ Reprenez le fusain et hachurez le violet de la balustrade pour qu'elle se détache du fond. Tracez une grille sur le côté gauche du tableau. Ajoutez du bleu, du pourpre et du rouge écarlate pour donner de la matière au poteau de bois. Si vous n'êtes pas satisfait du rendu de l'alliance fusain-pastel, vaporisez de fixatif les diverses couches de couleur.

7 ▲ Redéfinissez au fusain les ombres sur les éléphants, à l'aide de traits que vous estomperez. Le fusain peut servir à accentuer la vigueur d'un ton, en particulier dans les passages sombres de la composition.

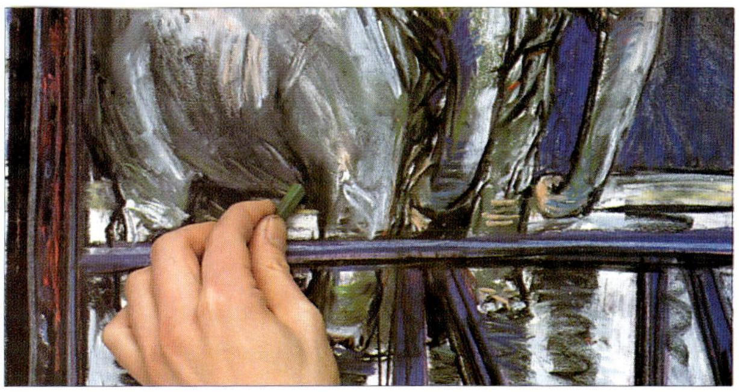

8 ◂ Continuez à développer les couleurs, aux quatre coins du tableau. Le flanc du premier éléphant est exécuté dans toute une gamme de gris nuancés de cramoisi et de vert. Cette palette est appliquée avec de courtes touches obliques qui se fondent par mélange optique.

Quelques enseignements

L'association du fusain et du pastel permet ces jeux de lumière et d'ombre dans toute la composition. La rondeur et l'indolence des éléphants sont compensées par la géométrie implacable du lieu. La lumière projetée dans l'enclos crée des tonalités froides et des reflets sur le mur humide, accentuant le confinement des éléphants.

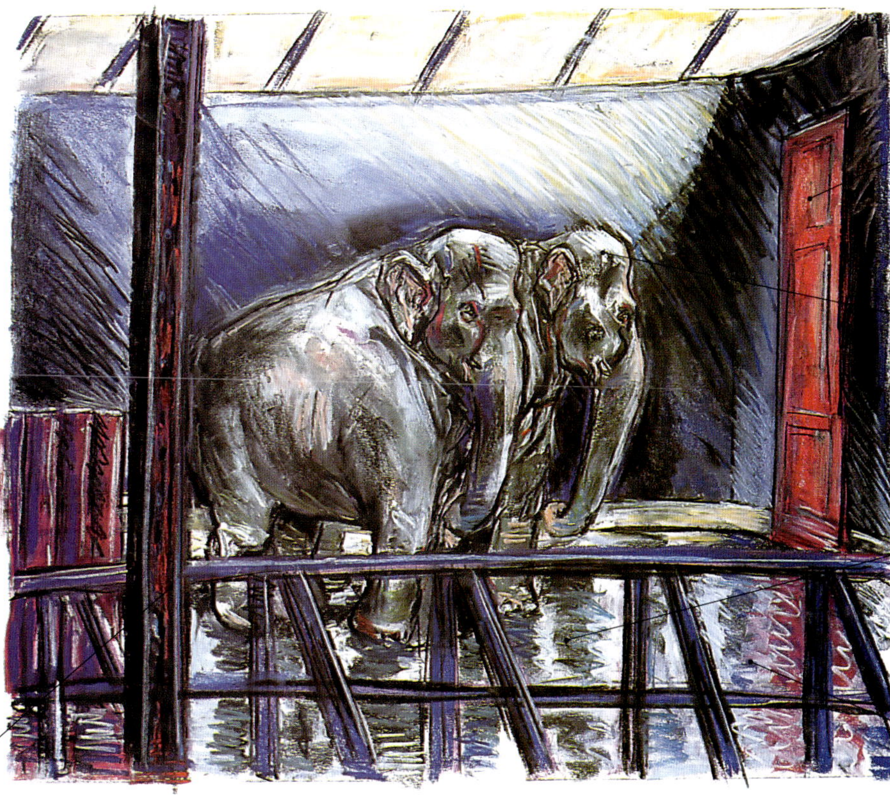

L'artiste a exploité le contraste de la porte rouge et des traits noirs et incisifs pour renforcer le sentiment de claustration.

Le jeu de la lumière sur la tête des éléphants profile l'ossature caractéristique de leur crâne.

Le sol et les murs nus sont vigoureusement traités par une alternance rythmée d'ombre et de lumière.

Cet angle de la composition montre comment toutes les surfaces sont liées par l'omniprésence d'ombres traitées dans des tons froids de pourpre et de bleu.

Ce rouge contrebalance le rouge de la porte de droite.

Ian McCaughrean

LES TECHNIQUES MIXTES

TOUTES LES FORMES DE PASTEL peuvent aussi bien se marier que voisiner avec d'autres techniques. Ces alliances reposent très souvent sur une base d'acrylique, d'aquarelle, de gouache ou de lavis d'encre, reprise ensuite au pastel tendre ou dur. De remarquables effets peuvent aussi naître d'une technique de « réserve » qui consiste à recouvrir un dessin exécuté au pastel à l'huile d'un lavis d'aquarelle : le pastel à l'huile chasse alors l'eau et ressort à merveille sur le lavis.

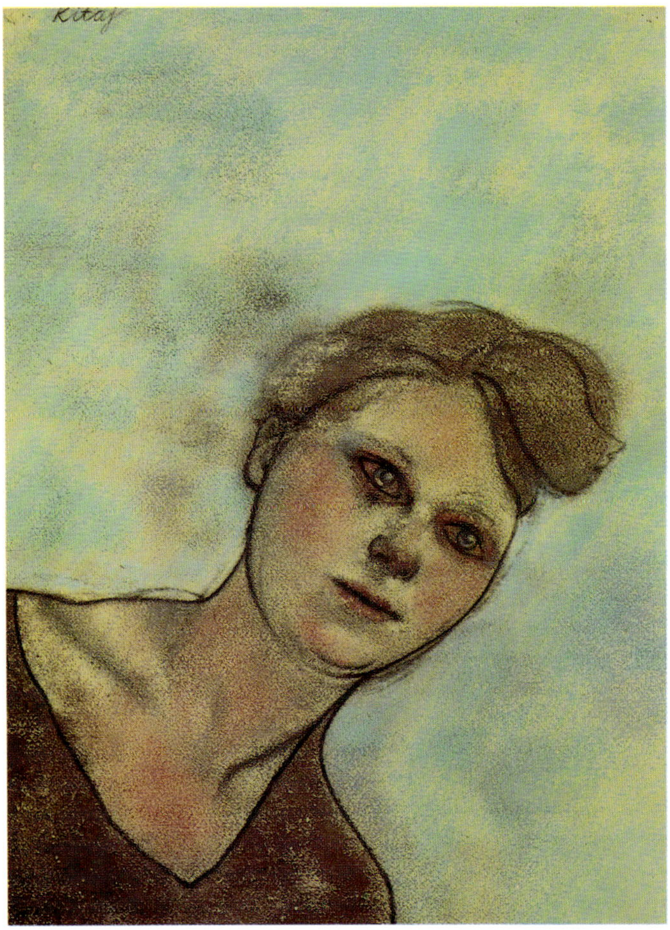

R.B. Kitaj, Les Yeux rouges, 1980, *76 x 60 cm, Malborough Fine Arts. Dessinateur exceptionnel, Kitaj utilise ici le fusain comme partie intégrante du pastel et non un outil cantonné à l'esquisse. Les lignes précises qui cernent la forme et accentuent les détails du visage contrastent avec la subtile modulation des couleurs. Le plan insolite de la composition, traitée en oblique, révèle le talent de l'artiste pour dépeindre la condition humaine par le dessin.*

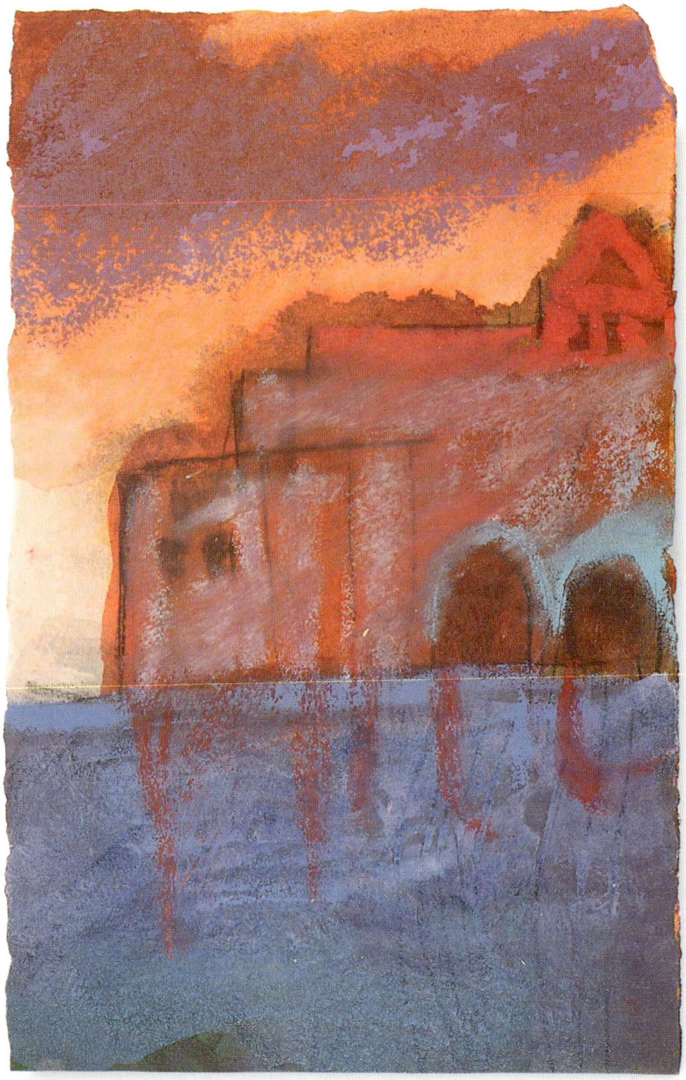

Lucinda Cobley, *Palais sur le lac,* *18,5 x 12 cm. Dans cette composition de petite taille, mais puissante, l'artiste a associé pastel tendre et pastel à l'huile sur une base acrylique. Elle a simplifié l'architecture de l'édifice pour que l'impact de son œuvre repose sur le contraste frappant et évocateur des couleurs chaudes et froides et sur la manière insolite dont les milieux humide et sec réagissent avec le papier.*

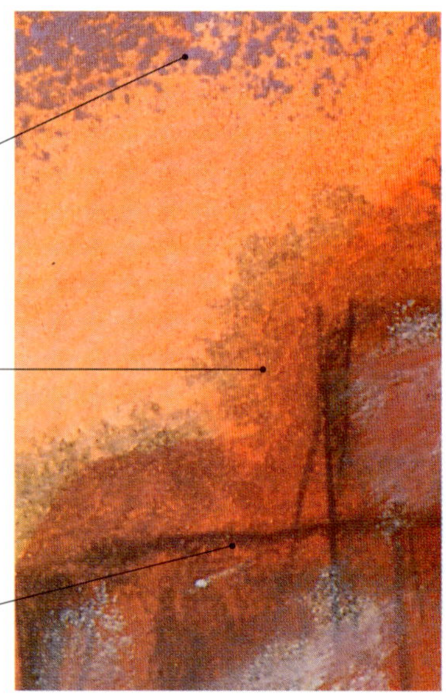

Ce détail montre un léger frottis de pastel tendre mauve sur l'orange qui donne un effet de couleur diffuse sur la texture du papier d'aquarelle.

Ici, un rouge intense se diffuse librement dans le lavis orange clair.

Ces quelques traits vifs, exécutés au crayon Conté, bâtissent l'ossature de la composition, précisent les formes et promènent le regard sur la composition.

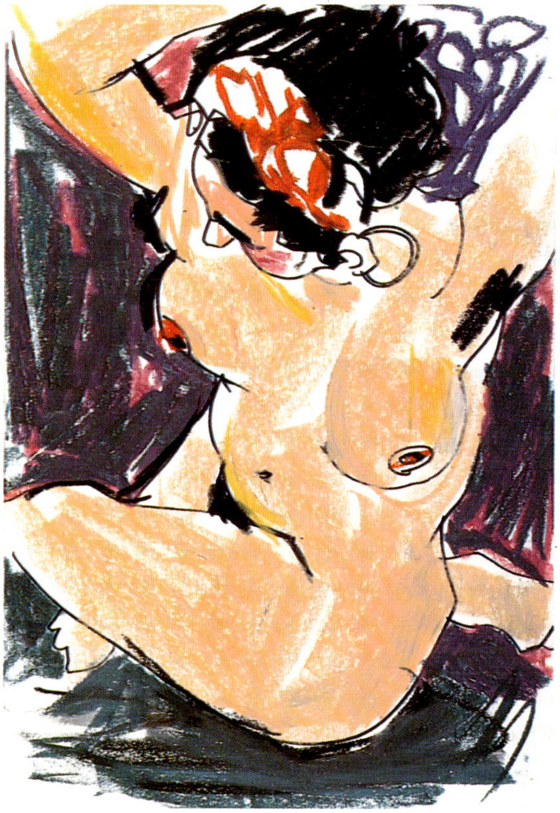

Frances Treanor, *Étude de nu,* *31 x 21 cm.*
Ce qui frappe dans cette étude dynamique de nu, c'est l'assurance avec laquelle l'artiste allie pastel à l'huile et feutre, deux techniques qui exigent pourtant une grande précision du geste et laissent peu de place au repentir. De larges et vigoureuses touches de pastel chevauchent et complètent le trait de feutre, parfaitement maîtrisé, qui sculpte les formes. Les formes négatives du bleu et du violet, sur le fond, ajoutent à l'impact dramatique de la pose.

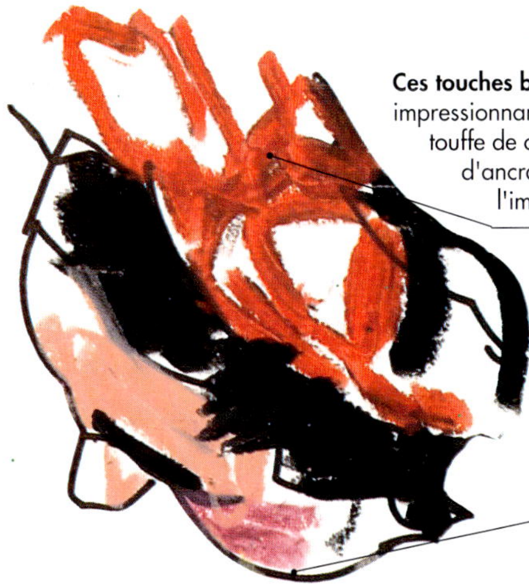

Ces touches brisées de pastel rouge découpent un impressionnant motif de formes blanches sur la touffe de cheveux noirâtre qui sert de point d'ancrage à la diagonale traversant l'image.

À l'opposé du pastel à l'huile, le feutre noir laisse un trait d'épaisseur et de force constantes qui donne plus de netteté au profil du modèle.

Paul Lewin, *Le Château de Kenidjack,* *55 x 43 cm.*
Ce paysagiste contemporain a exécuté une série de tableaux ayant pour sujet des éléments naturels comme la mer et les rochers. Ici, le flanc de montagne plongeant à pic dans le précipice donne le vertige au spectateur. Cette image est le fruit d'un traitement inventif conjuguant des techniques telles que grattage, fondu et frottis de pastel tendre sur des lavis ponctués de quelques giclées d'aquarelle. L'artiste travaille sur le site, d'un seul jet et en un seul jour, en ayant soin de fixer chaque couche de couleur.

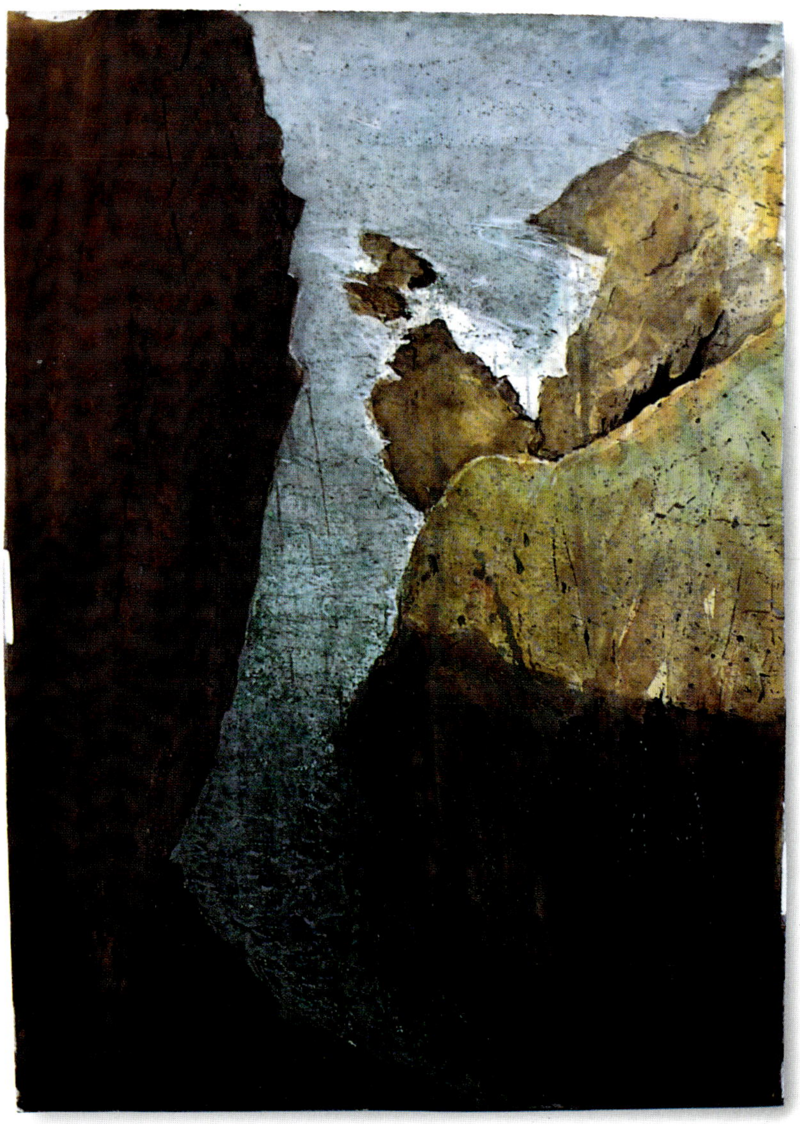

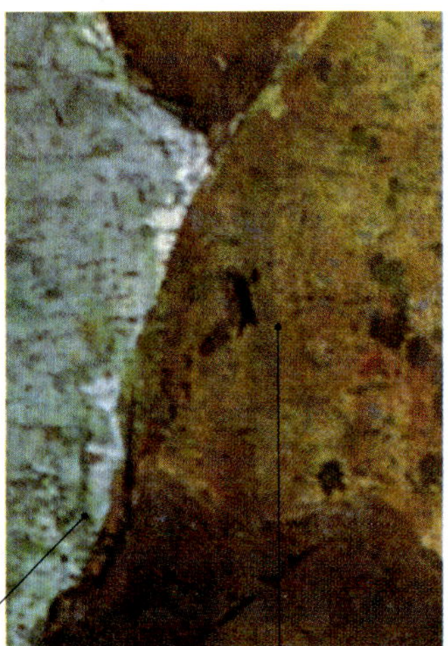

La mer est traitée avec originalité par une superposition d'aquarelle et de pastel dense, et le mouvement des flots est suggéré en variant le sens des touches sur le papier. L'impression de soleil frappant la surface de l'eau à l'intersection des rochers est obtenue par un lavis d'aquarelle bleu clair.

Les couches de couleur sur la roche révèlent les lavis d'aquarelle recouverts de larges touches de pastel tendre.

LES GRANDS FORMATS

SI L'ON A PARFOIS TENDANCE à assimiler le pastel à un art délicat et fragile, on oublie trop souvent qu'il peut se prêter à des compositions puissantes et ambitieuses, au même titre que toute autre peinture. En fait, cctte technique sèche convient fort bien aux grandes feuilles de papier qui ne risquent pas de gondoler ni de se déformer. Pour vous initier à des œuvres d'envergure, vous avez le choix entre travailler sur plusieurs feuilles de format standard que vous assemblerez pour composer une véritable mosaïque d'images, utiliser des rouleaux de papier aquarelle ou du papier à dessin coupé à la dimension voulue, ou encore peindre directement sur de grandes pièces de toile.

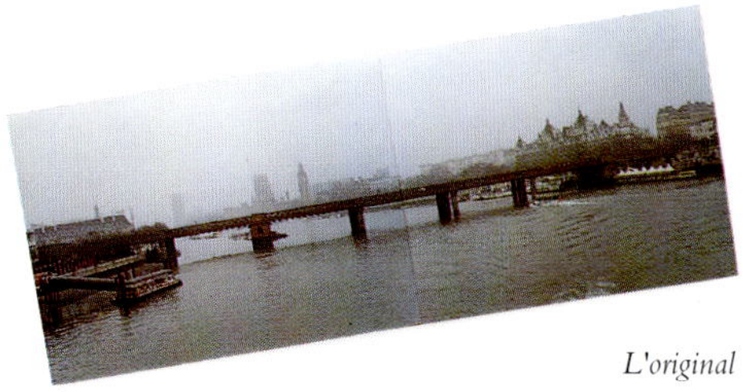

L'original

L'artiste a développé ici deux compositions très différentes pour étudier diverses manières de peindre des pastels de grand format. L'une est constituée de plusieurs planches assemblées comme une pièce de menuiserie ; l'autre associe plusieurs techniques de peinture et joue sur les multiples propriétés du pastel et du collage. Ces travaux ne pouvant à l'évidence s'effectuer sur le terrain, il convient de prendre des photographies ou d'exécuter des croquis qui permettront d'étudier à loisir les multiples compositions d'un sujet. Vous pouvez aussi travailler sur une petite échelle, puis transposer le sujet original sur un grand format, selon la technique de « mise au carreau » : pour cela, tracez sur le modèle (ou une feuille d'acétate superposée au modèle) un réseau de petits carrés réguliers. Quadrillez votre grand support de la même façon, en respectant les proportions, puis reproduisez-y votre image, carré par carré.

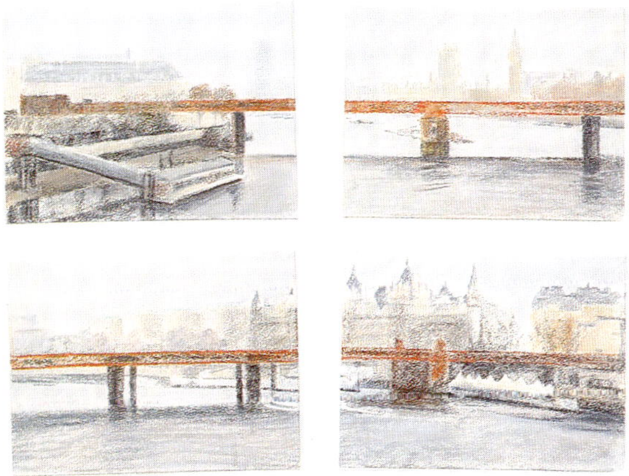

Composition à quatre volets
S'inspirant d'une série de photographies, l'artiste travaille sur quatre panneaux distincts pour reproduire l'étendue du pont et le panorama londonien. Le résultat est davantage une fresque constituée de plusieurs images sur le même thème qu'une seule composition.

Vue panoramique
Cet assemblage bâtit ici une vaste composition horizontale, ponctuée par les notes verticales des piliers du pont qui enjambe la rivière. L'ouvrage d'art sert ici de lien aux deux panneaux et constitue la véritable ligne de force de la composition. Son impact est complété par les silhouettes à peine suggérées des bâtiments qui s'élèvent au loin.

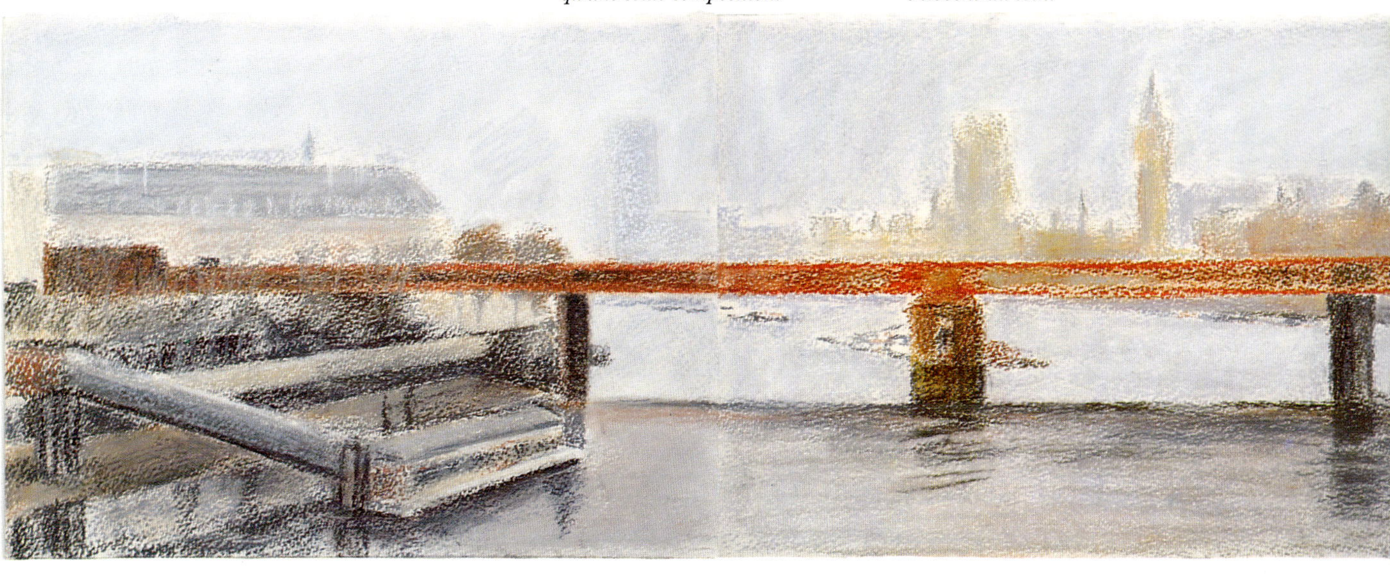

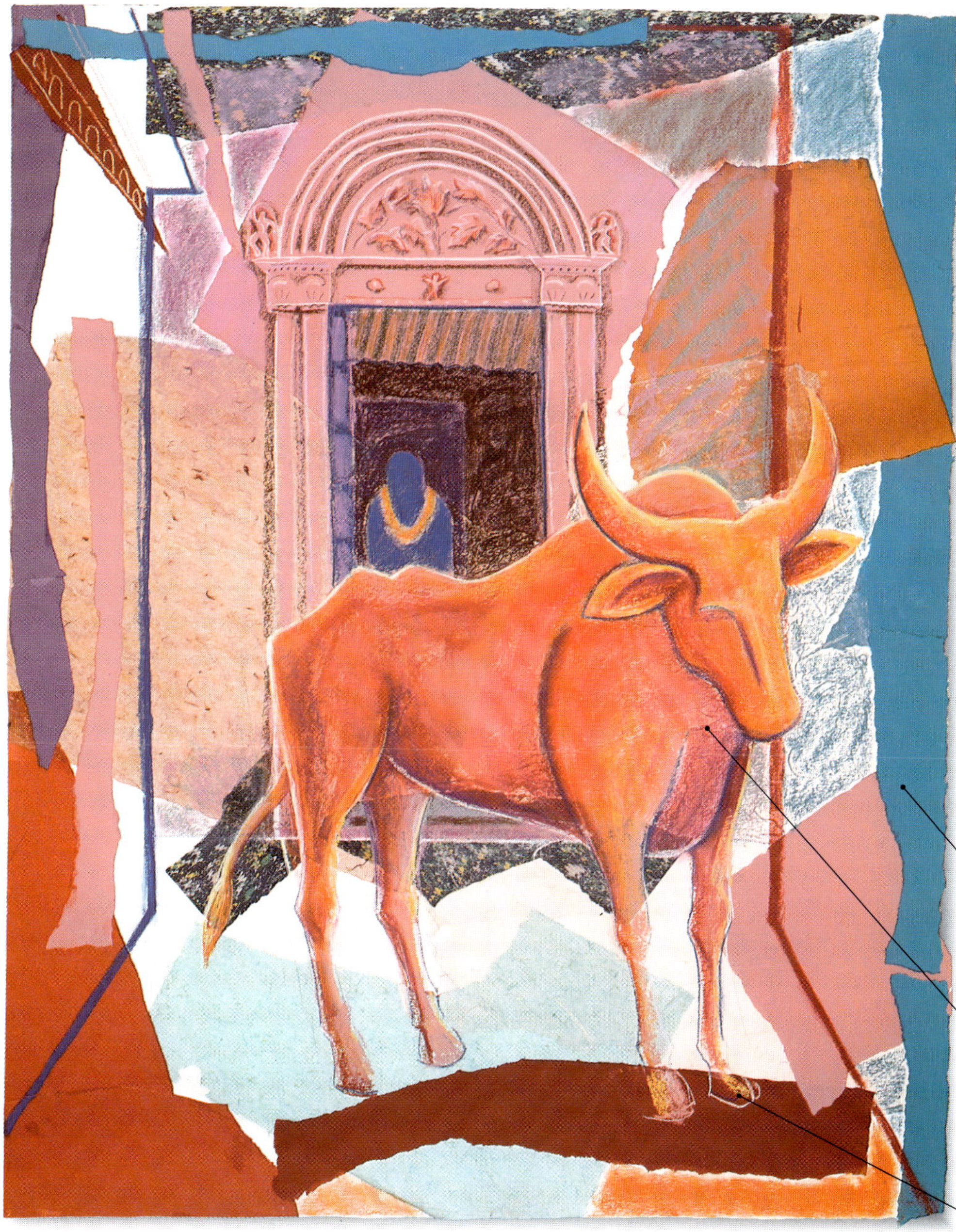

Quelques enseignements
Dans cette œuvre saisissante (155 x 125 cm environ), l'artiste réussit un tour de force d'imagination interprétative. L'ampleur de la composition l'a incitée à exploiter les atouts du collage pour produire de larges aplats de couleur. En incluant une gamme de papiers teintés et marbrés, elle ouvre les portes du royaume de l'imaginaire, se refusant à créer une réplique de l'original. De fins traits au pastel dessinent le linteau de la porte et soulignent les détails de l'architecture ; un pastel plus dense à l'arrière-plan guide le regard vers l'entrée du mausolée. L'image est exécutée sur une feuille découpée dans un rouleau de papier aquarelle 100 % chiffon, puis agrafée sur du carton souple.

Ces feuilles de papier teinté et texturé à la main ont été lacérées pour donner des morceaux aux bords irréguliers, propres à évoquer l'ouvrage de pierre.

Un frottis de couleur sur le collage du taureau permet d'imiter le grain du cuir de l'animal.

Remarquez le jeu inventif des traits et des tons pour définir la forme des sabots se découpant sur une ombre d'un rouge éclatant.

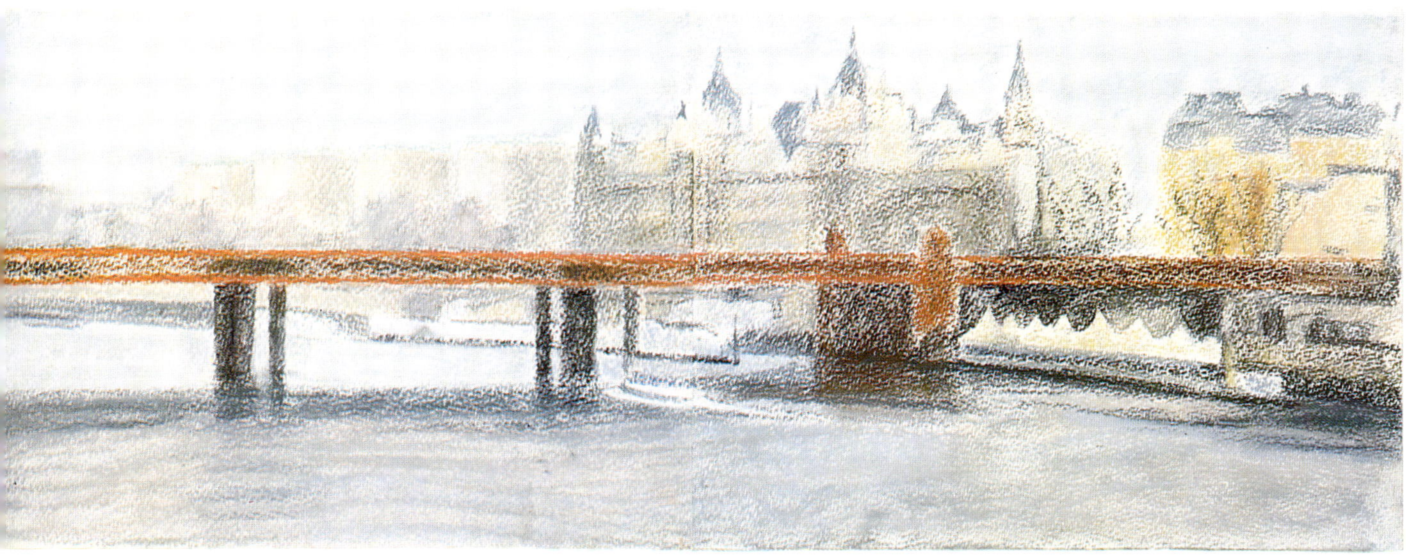

Conservation et Encadrement

Les particules de pastel déposées sur le papier étant très légères, le plus grand soin doit être apporté à la manipulation de l'œuvre terminée. Pour préserver le pastel intact, on le recouvre généralement d'une feuille de papier cristal, de papier sulfurisé ou de calque, qui ne risque pas de décoller ni de maculer la couleur. Les pastels sont ensuite empilés avec précaution dans un carton à dessin ou une armoire à plan. Vous pouvez aussi les conserver entre deux panneaux d'Isorel que vous aurez scellés pour empêcher les pastels de glisser. Il est encore possible de fixer le pastel sur un carton, puis de le recouvrir d'une plaque de verre et d'un cadre. Outre ses qualités esthétiques, l'encadrement présente l'avantage de protéger le tableau de la poussière, de l'humidité et des frottements. Pour éviter tout contact du pastel avec la paroi vitrée, on ajoutera une marie-louise à biseau ou un passe-partout.

Matériel

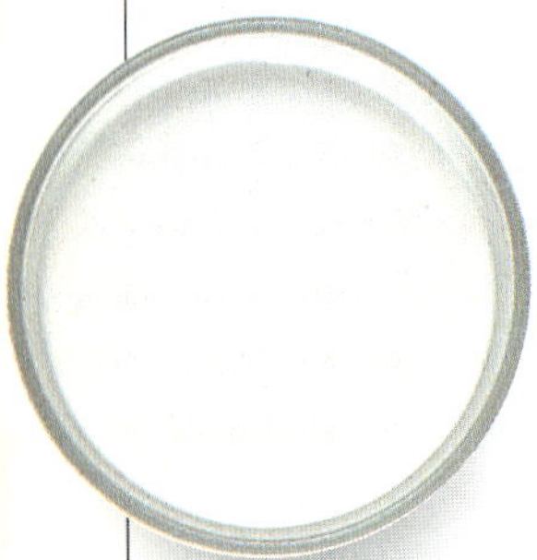

Colle

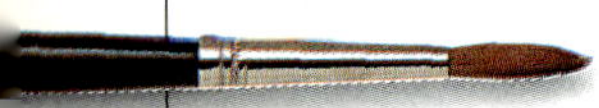

Pinceau

Papier de riz

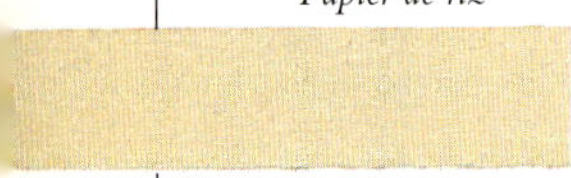

Papier-cache adhésif

Carton de fond

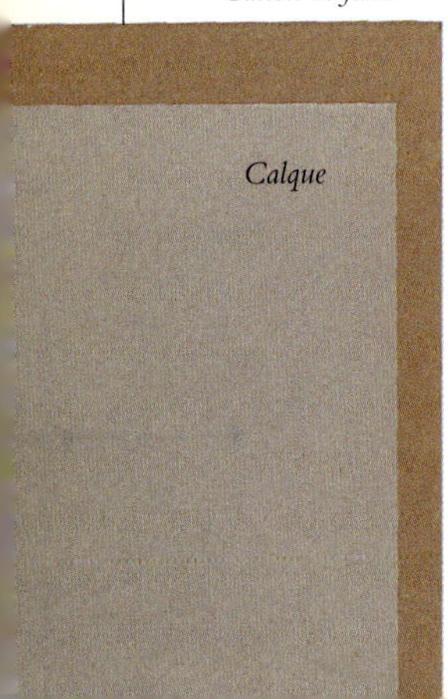

Calque

Fixer l'œuvre sur un fond

Que vous ayez ou non l'intention d'encadrer votre pastel, il est toujours bon de le fixer au préalable sur un support rigide ou « carton de fond », sans acide, qui assure la tenue du papier et protège la poudre de pigment (le « carton muséum » est tout indiqué). Mesurez le pastel et reportez au crayon fin les quatre coins de l'image sur le support de votre choix.

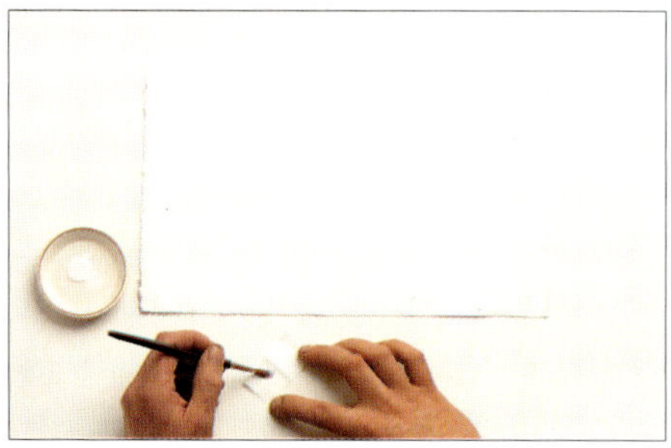

1 ◄ Posez votre pastel à l'envers sur du papier calque. Découpez deux bandelettes de papier de riz de 5 x 2,5 cm en guise de charnières. Pliez-les en deux, et enduisez de colle une face de chaque moitié de charnière.

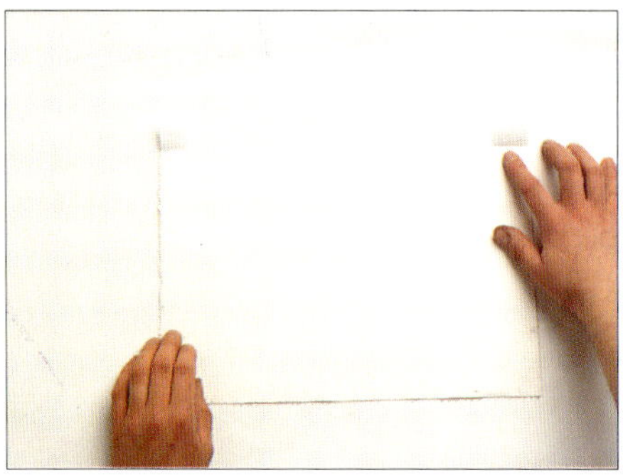

2 ▲ Collez-les aux deux extrémités du bord supérieur du pastel. (Veillez à ne pas faire déborder la colle sur le pastel.) Appuyez légèrement, puis laissez sécher.

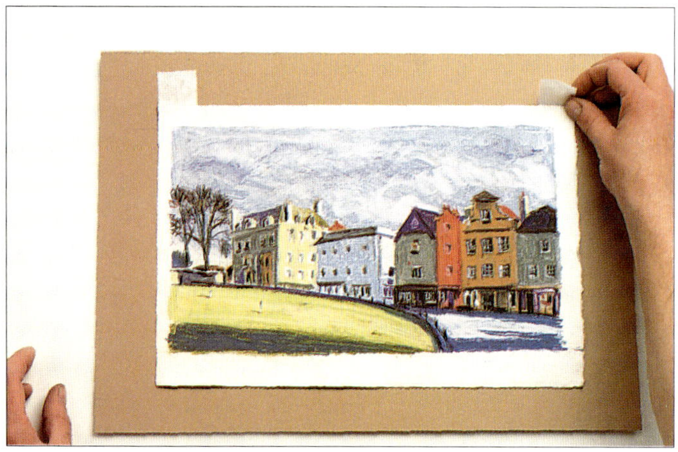

3 ▲ Retournez le pastel à l'endroit et placez-le bien au centre du carton. Appliquez un peu de colle sur l'envers des deux charnières et collez.

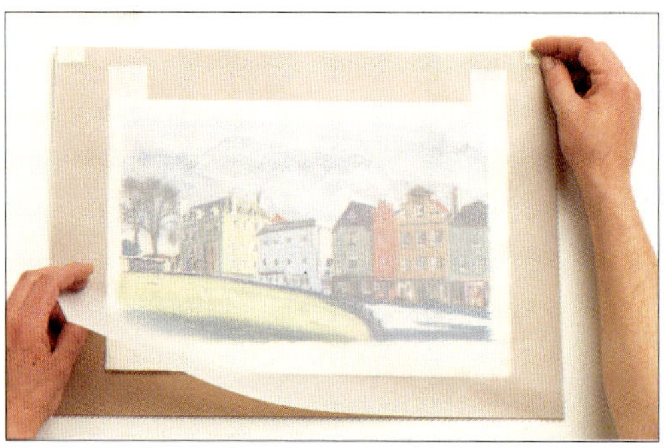

4 ◄ À défaut d'encadrement, protégez le pastel d'une feuille de calque que vous fixerez avec deux morceaux de papier-cache adhésif collé sur l'envers du carton.

Encadrer l'œuvre

Pour protéger votre pastel, mieux vaut l'encadrer. Si le choix du cadre et du passe-partout sont d'abord affaire de goût, il importe de tenir compte du caractère et du genre de votre pastel. En règle générale, il faut prévoir un cadre plus grand que l'œuvre de 5 à 7,5 cm et rappelant l'une des couleurs de la composition.

On trouve aujourd'hui dans le commerce un vaste choix de cadres et de passe-partout prêts à monter.

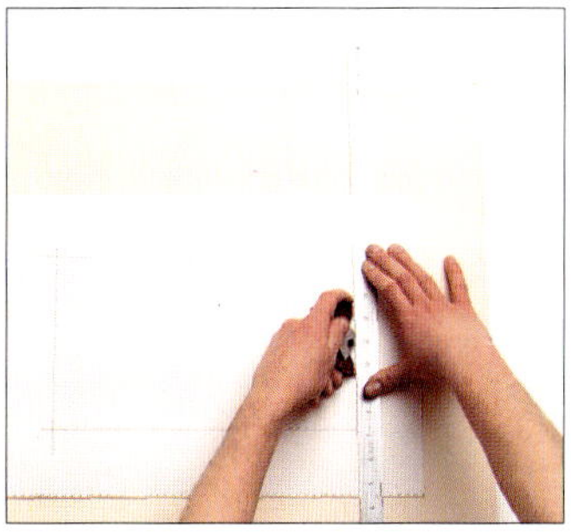

1 Reportez les mesures du cadre sur le carton de fond. Taillez-le avec un cutter. Découpez la « fenêtre » du passe-partout aux dimensions de votre pastel.

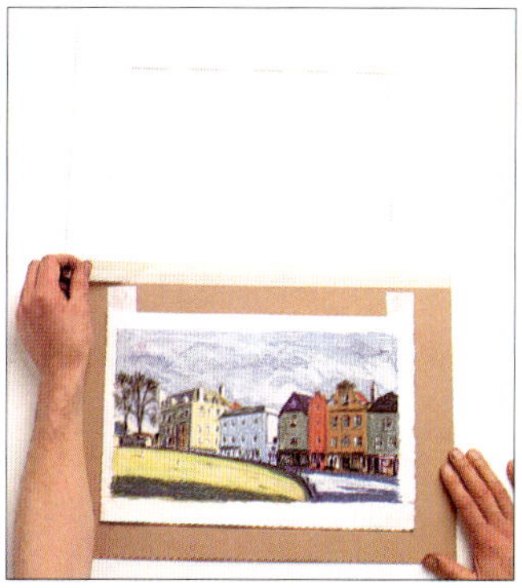

2 Fixez l'œuvre sur le fond avec du ruban adhésif.

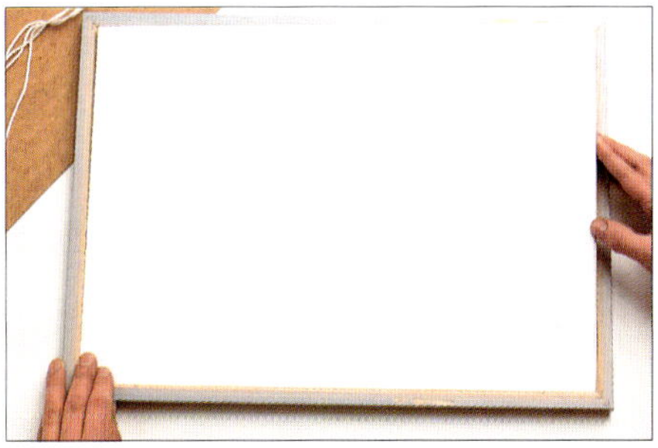

3 Vérifiez que le verre est propre (ni poussière, ni trace de doigts), placez l'ensemble dans le cadre. Vous pouvez recouvrir le tout d'une plaque de finition.

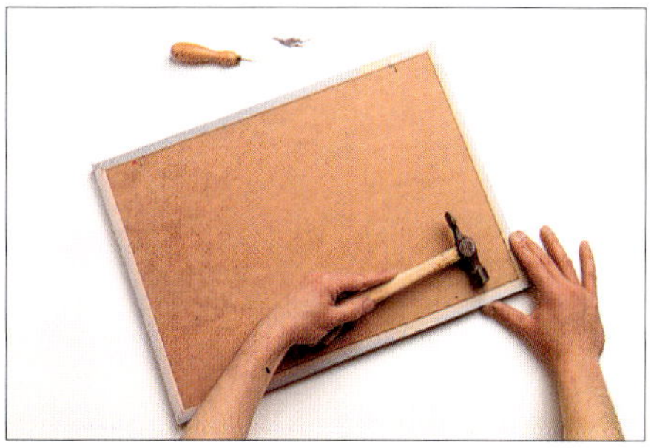

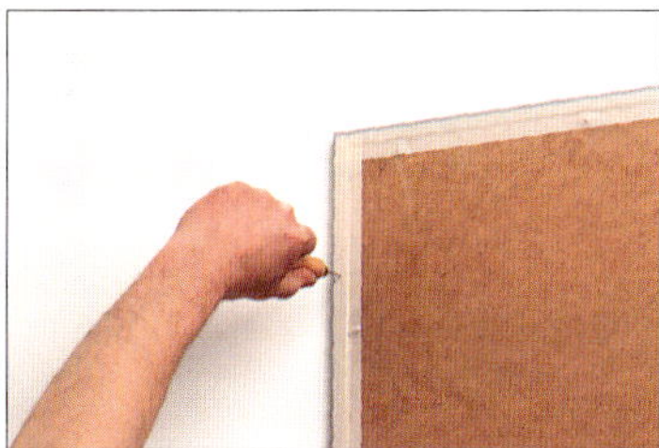

4 Clouez des pointes tous les 10 cm pour maintenir le fond en place.

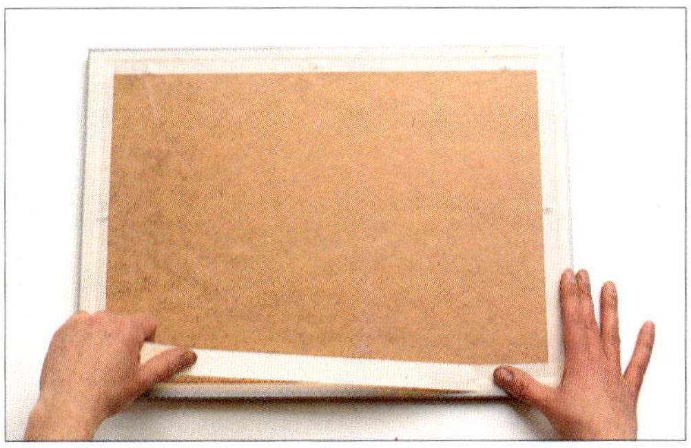

5 Scellez les quatre bords du cadre et du fond avec du papier-cache adhésif qui protégera l'œuvre de l'humidité, de la poussière et des insectes.

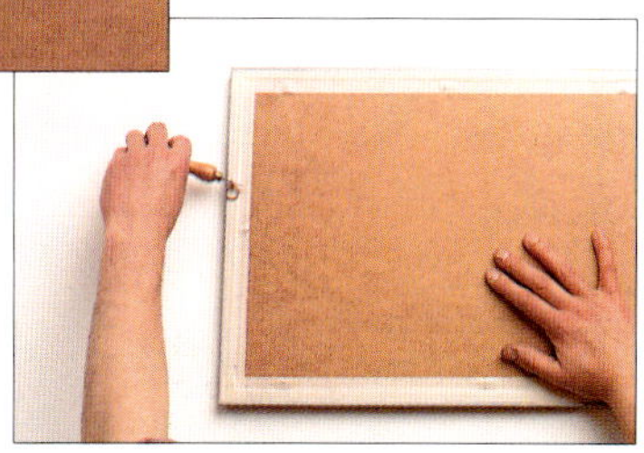

6 Avec une alène, percez un petit trou de chaque côté du cadre et vissez-y deux bélières.

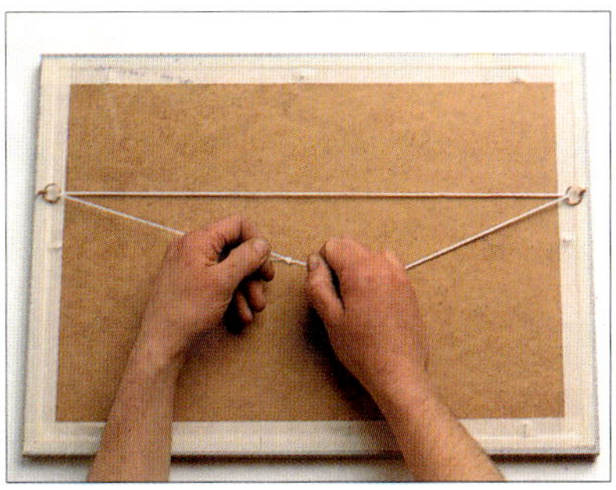

7 Reliez les bélières par une cordelette. Il vous reste à suspendre votre tableau.

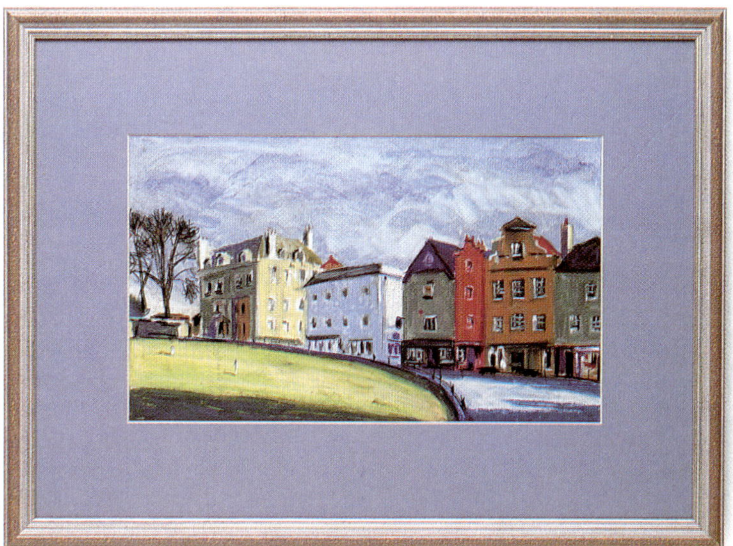

Le pastel encadré
Pour mieux juger de l'effet, comparez ce tableau encadré avec l'original de la page 35.

Matériel

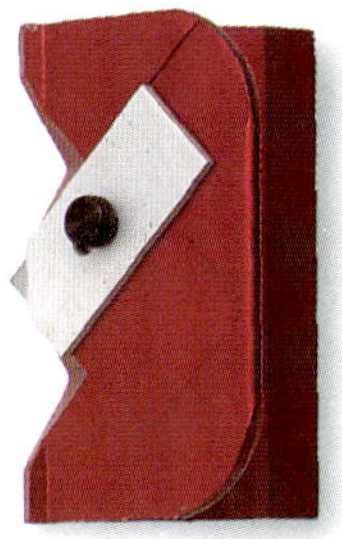

Cutter

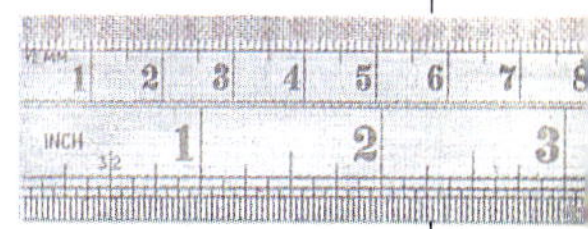

Réglet

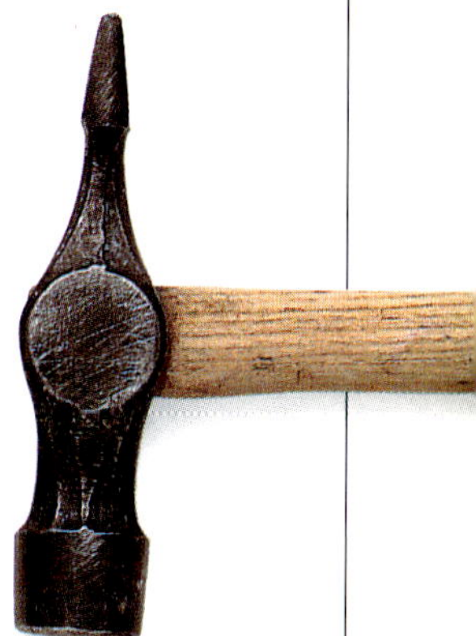

Marteau

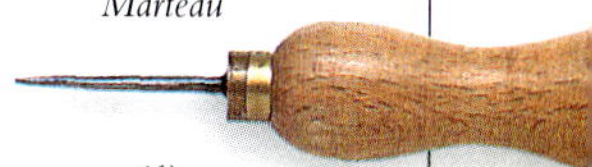

Alène

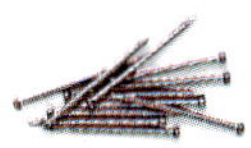

Pointes

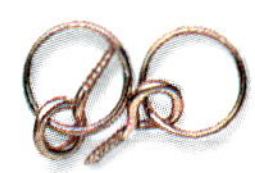

Bélières

Cordelette

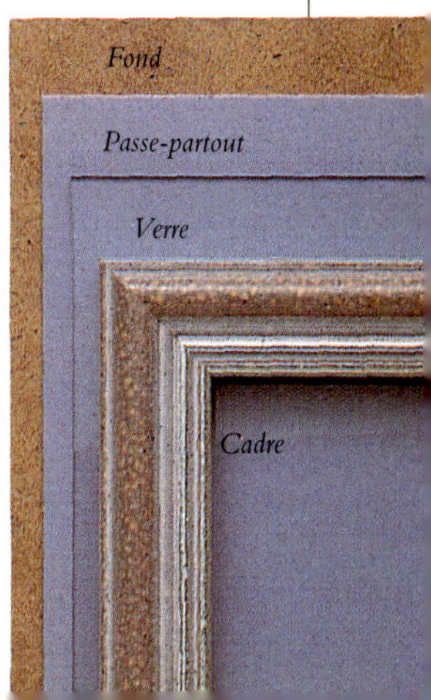

UN PEU DE VOCABULAIRE

CARTON PASTEL AU CARBORUNDUM Carton enduit de carborundum à grains moyens ou fins, noyés dans de la colle vinylique ou du gesso ; on obtient une surface d'une texture exceptionnelle qui « accroche » à merveille le pastel.

CERCLE CHROMATIQUE Du magenta au violet, le cercle chromatique ou « cercle des couleurs » restitue la décomposition des couleurs du spectre. Sur celui-là, où les primaires, les secondaires et les tertiaires sont disposées en « Y », chaque couleur se retrouve face à sa complémentaire.

COMPOSITION Agencer tous les éléments du sujet de façon harmonieuse.

CONTRECOLLÉ BEAUX-ARTS Papier d'excellente qualité (en général du mi-teinte Canson) posé sur une âme tendre pour former un support de travail rigide et confortable. Le contrecollé sert aussi à la confection de passe-partout d'encadrement.

COULEURS CHAUDES Sur le cercle chromatique, du rouge au jaune.

COULEURS COMPLÉMENTAIRES Couleurs très contrastées, se complétant deux à deux et diamétralement opposées sur le cercle chromatique (rouge/vert, jaune/violet, bleu/orange). La complémentaire d'une primaire correspond au mélange des deux autres primaires n'entrant pas dans sa composition. Ainsi le vert, composé de jaune et de bleu, est la complémentaire du rouge.

COULEURS DIFFUSES Application d'un léger voile de couleur révélant par endroits la couleur sous-jacente.

COULEURS FROIDES Sur le cercle chromatique, du vert au violet.

CRAIE PRÉCIPITÉE Craie de très fine qualité utilisée dans la fabrication des pastels pour décliner toute une gamme de « tons dégradés », plus clairs que la couleur pure appelée « tête de nuance ».

CRAYONS CONTÉ Bâtonnets de section carrée offrant une consistance ferme, à mi-chemin entre les pastels tendres et les pastels durs. Leur carte des nuances est riche de 80 coloris.

CRAYONS PASTEL Pastels sous gaine de bois, de consistance légèrement plus dure que les pastels tendres. Leur emploi est recommandé pour le dessin et le travail des détails.

EMPÂTEMENT Application d'une couche épaisse de peinture. On dit que les empâtements sont légers ou profonds selon que le peintre charge plus ou moins le support de couleur.

ESTOMPE voir Tortillon

FONDU Mélange de deux couches de pigment sur le support en les frottant avec le doigt, une estompe, un chiffon, etc., pour obtenir une autre couleur, réaliser un dégradé ou créer des effets intéressants. On emploie aussi le terme de « fusion » des couleurs.

FONDU OPTIQUE Technique mise au point par les impressionnistes consistant à juxtaposer de petits points de deux couleurs primaires (rouge et jaune, par exemple) pour qu'ils se fondent en une couleur secondaire (orange) par simple effet d'optique, lorsqu'ils sont vus à une certaine distance. Voir aussi Pointillisme.

FROTTIS Technique consistant à modifier légèrement l'effet d'une première couleur en la recouvrant d'une fine couche d'une autre couleur, avec le chant du pastel.

FUSAIN Crayon de charbon friable obtenu par carbonisation sous vide de branches sèches de saule ou d'autres arbrisseaux.

GOMME EN DILUTION Gomme diluée à l'eau, servant de liant pour agglomérer la poudre de pigment et la façonner en bâtonnet. La proportion de gomme dans l'amalgame dicte la dureté du pastel : les pastels durs contiennent ainsi plus de gomme que les pastels tendres. La gomme adragante est particulièrement recommandée pour le pastel tendre.

GOMME MIE DE PAIN Gomme souple qui peut être façonnée en pointe pour estomper ou effacer les détails.

GOUACHE Peinture à l'eau caractérisée par son opacité. Des effets de gouache peuvent être obtenus avec le pastel en ajoutant de l'eau à la poudre de pigment et en appliquant ce mélange au pinceau.

GRAIN Degré de rugosité de la surface du papier, qui retient plus ou moins le pigment de pastel. Les papiers à grain marqué sont les plus prisés des pastellistes.

GRATTAGE voir Sgraffite

FIXATEUR À BOUCHE Diffuseur en métal nickelé servant à pulvériser de manière uniforme les fixatifs en flacon.

FIXATIF Produit à base de résine, pulvérisé sur la surface de l'œuvre terminée pour coller les molécules pigmentaires au support. Le fixatif est aussi utilisé en cours de travail pour fixer la sous-couche de pastel et éviter l'interaction des couleurs. Dans tous les cas, le « fixage » devra être modéré pour ne pas modifier la couleur, ni ternir l'éclat du pastel. Produit toxique, il est conseillé de l'utiliser avec précaution et d'éviter les inhalations.

HACHURAGE Application de la couleur par des traits réguliers, tracés sur le papier dans une même direction, pour obtenir des effets de texture ou des fondus, ou encore réaliser un dégradé de valeurs.

HACHURES CROISÉES Tracé de traits dans différentes directions de sorte que les hachures puissent se croiser. Ces « contre-hachures » permettent d'obtenir, entre autres, des effets d'ombre texturée.

LAVIS Dilution de couleur obtenue en réduisant le pastel en une fine poudre que l'on étale sur le support à l'aide d'un pinceau ou d'un morceau de coton, éventuellement imbibé d'eau (de térébenthine ou de white spirit pour le pastel à l'huile), comme pour l'aquarelle.

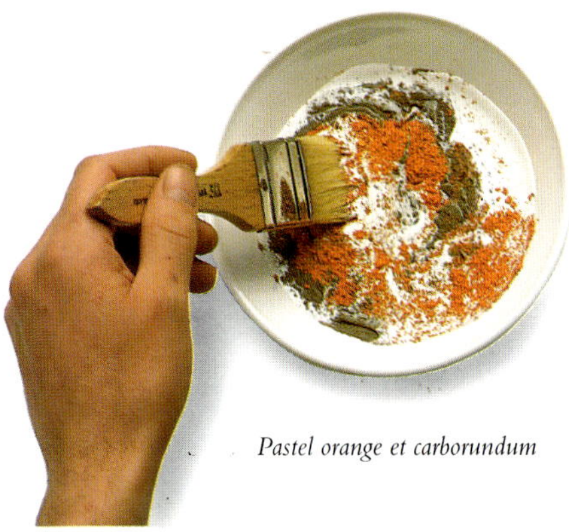

Pastel orange et carborundum

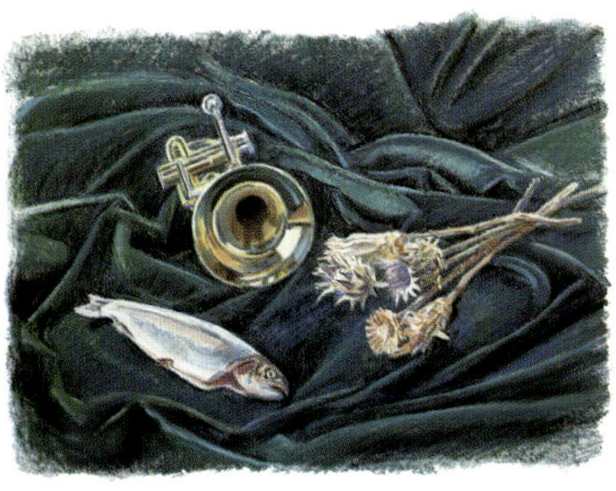

Effets de matière

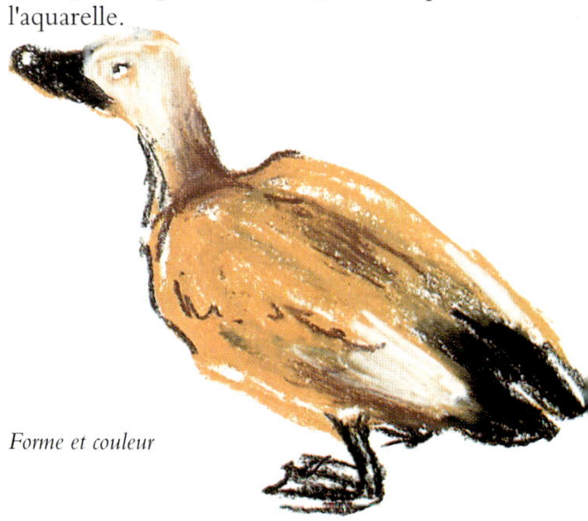

Forme et couleur

Lavis sec Travail de la poudre de pastel tendre dans le grain du support pour créer des aplats uniformes.

Liant Colle, lait écrémé ou gomme adragante additionnée d'eau (pastels tendres) ou d'huile (pastels à l'huile) servant à agglomérer les particules de pigment pour les façonner en bâtonnet. Selon la proportion de liant, on classe les pastels en trois degrés de dureté : dur, moyen et tendre.

Mise au carreau Quadrillage d'un dessin ou d'une photographie pour en reproduire tous les détails à l'échelle du tableau. Cette grille, tracée sur une feuille d'acétate ou un papier calque, permet de réaliser des agrandissements en respectant les proportions du modèle.

Mise en couleur Première étape de peinture après l'esquisse, consistant à poser de grandes plages de couleur uniforme. On parle aussi de « remplissage ».

Molette Petit pilon de verre utilisé pour broyer et mélanger les pigments sur une pierre plate ou une plaque de verre. À défaut, on obtient les mêmes résultats avec un pilon et un mortier.

Papier 100 % chiffon Papier d'excellente qualité, sans acide, qui assure la longue conservation de l'œuvre en évitant les dégradations telles que perte de solidité, altération des couleurs, « piquage » et jaunissement.

Papier cristal Papier à surface douce et brillante, utilisé pour protéger le pastel des bavures et des taches.

Papier à grain toile Papier texturé enduit d'un apprêt résistant à l'huile, destiné au pastel à l'huile. Son usage est conseillé lorsque le pastel est dilué à l'essence de térébenthine ou au white spirit, car l'apprêt entrant dans sa composition le protège des effets néfastes du solvant.

Papier sans acide Papier à pH neutre qui ne jaunit pas avec le temps.

Papier velours Papier ou carton enduit d'une fine couche de fibres textiles qui permet de bien « accrocher » la poudre de pastel tout en créant des effets doux et sensuels.

Pastels durs Pastels à forte proportion de gomme ; leur extrémité pouvant être taillée en pointe, ils sont recommandés pour les dessins préliminaires et le travail des détails complexes et délicats. Ils existent en 80 nuances.

Pastels à l'huile Poudre de pigment agglomérée avec de l'huile, très appréciée pour les travaux nécessitant une légère transparence et une bonne adhérence au support. Leur palette est plus réduite que celle des pastels tendres.

Pastels solubles à l'eau Derniers-nés de la gamme des pastels, ils se comportent comme des pastels à l'huile, à l'état sec, mais leur trait peut être ensuite repris au pinceau imbibé d'eau pour se transformer en lavis coloré.

Pastels tendres Bâtons ou crayons constitués de poudre de pigment agglomérée avec de la gomme adragante et façonnée à la forme voulue. La faible proportion de gomme assure une texture très douce, fort prisée des pastellistes.

Pigment Substance colorante de base employée dans la fabrication des couleurs.

Pointillisme Technique consistant à tamponner légèrement l'extrémité du pastel sur la surface du papier pour appliquer un semis de points de couleur irréguliers et créer un effet moucheté.

Rehaut Touche claire destinée à accuser la lumière sur un dessin ou une peinture. Les rehauts au pastel sont souvent exécutés avec du blanc.

Sgraffite Technique consistant à gratter la couche de couleur en surface pour faire apparaître la couleur sous-jacente ou remettre à jour le papier coloré initial.

Solidité à la lumière Permanence ou fixité d'une couleur qui ne s'estompe pas avec le temps. Cette propriété est indiquée par un système d'astérisques : trois astérisques pour une fixité complète, deux pour des couleurs très solides, un seul pour des couleurs solides employées pures.

Support Matériau choisi pour exécuter un tableau ; pour la peinture au pastel, on pourra employer à loisir du papier Ingres, du carton velours, de la toile et même du papier de verre.

Teinte Couleur du cercle chromatique : rouge, orange, etc.

Térébenthine Solvant ajouté au pastel à l'huile pour le dissoudre en lavis. À défaut, on peut remplacer la térébenthine par du white spirit.

Ton Intensité d'une couleur, du plus clair au plus foncé, selon la quantité de lumière se réfléchissant sur sa surface.

Tonalité Degré de luminosité qui ressort d'un sujet ; on parle ainsi de tonalité « vive » lorsque le sujet choisi (une plage ensoleillée, par exemple) est très lumineux.

Tortillon Petit fuseau de papier enroulé en spirale et terminé en pointe, qui sert à estomper le pastel.

Zébrures Tracé de traits fins, plus ou moins parallèles, sur une première couche de couleur pour en modifier l'intensité ou le ton. Les effets de zébrure sont très utiles pour créer une atmosphère.

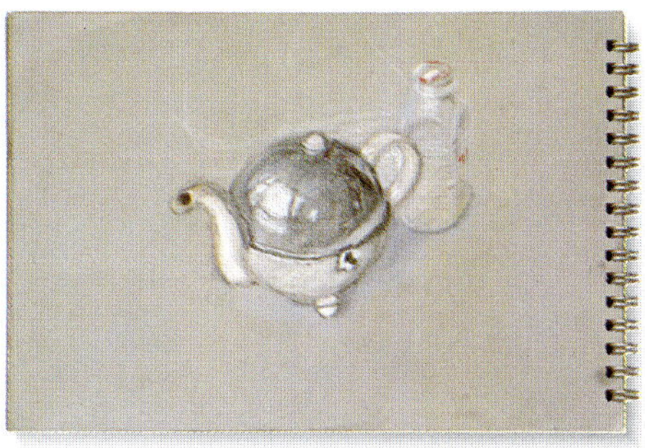

Théière art déco au crayon pastel

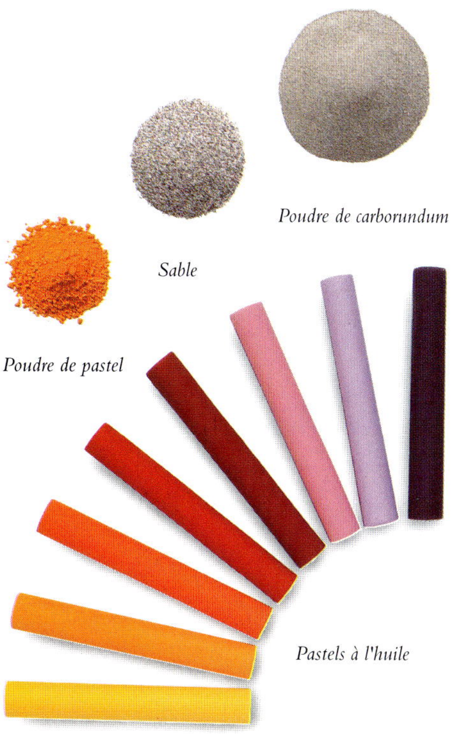

Poudre de carborundum

Sable

Poudre de pastel

Pastels à l'huile

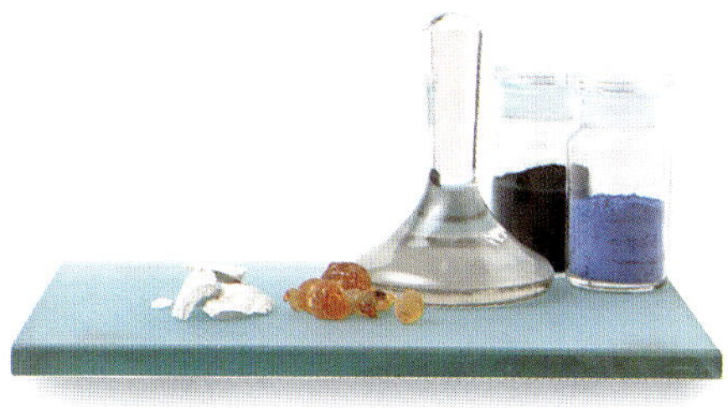

Pigment, craie et gomme adragante

PRÉCAUTIONS À PRENDRE

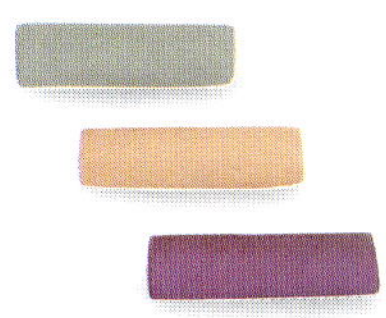

Les pastels tendres font beaucoup de poussière. Bien que les pigments qui entrent dans leur composition soient reconnus comme non toxiques, il vaut mieux éviter, dans la mesure du possible, d'inhaler la poudre de pigment. Le travail en extérieur ne présente aucun risque pour la santé. En revanche, si vous peignez à l'intérieur, assurez-vous que la pièce est bien aérée. Époussetez de temps en temps votre œuvre pour en retirer l'excès de poudre accumulée par le frottement du bâtonnet et dépoussiérez régulièrement votre cadre de travail (chiffon, aspirateur).

INDEX

REMERCIEMENTS

L'auteur tient à remercier Emma Foa, co-auteur et éditeur de l'ouvrage, pour ses conseils précieux, son humour et son professionnalisme ainsi que Gurinder Purewall, pour sa maquette claire et imaginative qui contribue à la consultation aisée de ces pages. Sans oublier Sean Moore pour son efficace et fructueuse collaboration à la réalisation de cet ouvrage.

Crédits photographiques
Pages de garde : Jane Gifford ; p. 2 : Paul Lewin, Cape Coast ; p. 3 : Rosemary Saul ; p. 4 : Michael Wright ; p. 6-7 : Sue Sareen ; p. 8-9 : Bassano, Louvre, Paris/Réunion des Musées Nationaux ; Carriera, Academie de Venise/Scala Istito Fotografico Editoriale ; La Tour, Louvre, Paris ; Chardin, Louvre, Paris ; Millet, Glasgow Museums, Collection Burrell ; p. 10-11 : Degas, musée d'Orsay, Paris ; Cassatt, Museum of Art, Dallas/Visual Arts Library ; Redon, avec l'aimable autorisation des Administrateurs de la National Gallery, Londres ; Picasso, Musée Picasso, Paris ; Kitaj, Malborough Fine Arts ; p. 18-19 : Rosemary Saul ; p. 21 : Sharon Finmark ; p. 23 : Redon, Collection privée/Visual Arts ; p. 26-27 : Jane Gifford ; p. 30 : Manet, Clark Art Institute, Massachusetts ; p. 34-35 : Ian McCaughrean ; p. 36-37 : Jane Gifford ; p. 40-41 : Ian McCaughrean ; p. 57 : Aghajanian, The Kerlin Gallery, Belfast ; p. 64 : Kitaj, Malborough Fine Arts ; p. 71 : Phil Gatward.

Des remerciements tout particuliers doivent être adressés aux sociétés Cornelissen and Son et Winsor and Newton qui ont aimablement fourni leur matériel.

Autres photographies : Philippe Sebert : p. 9 (hg et c) ; p. 10 (h).

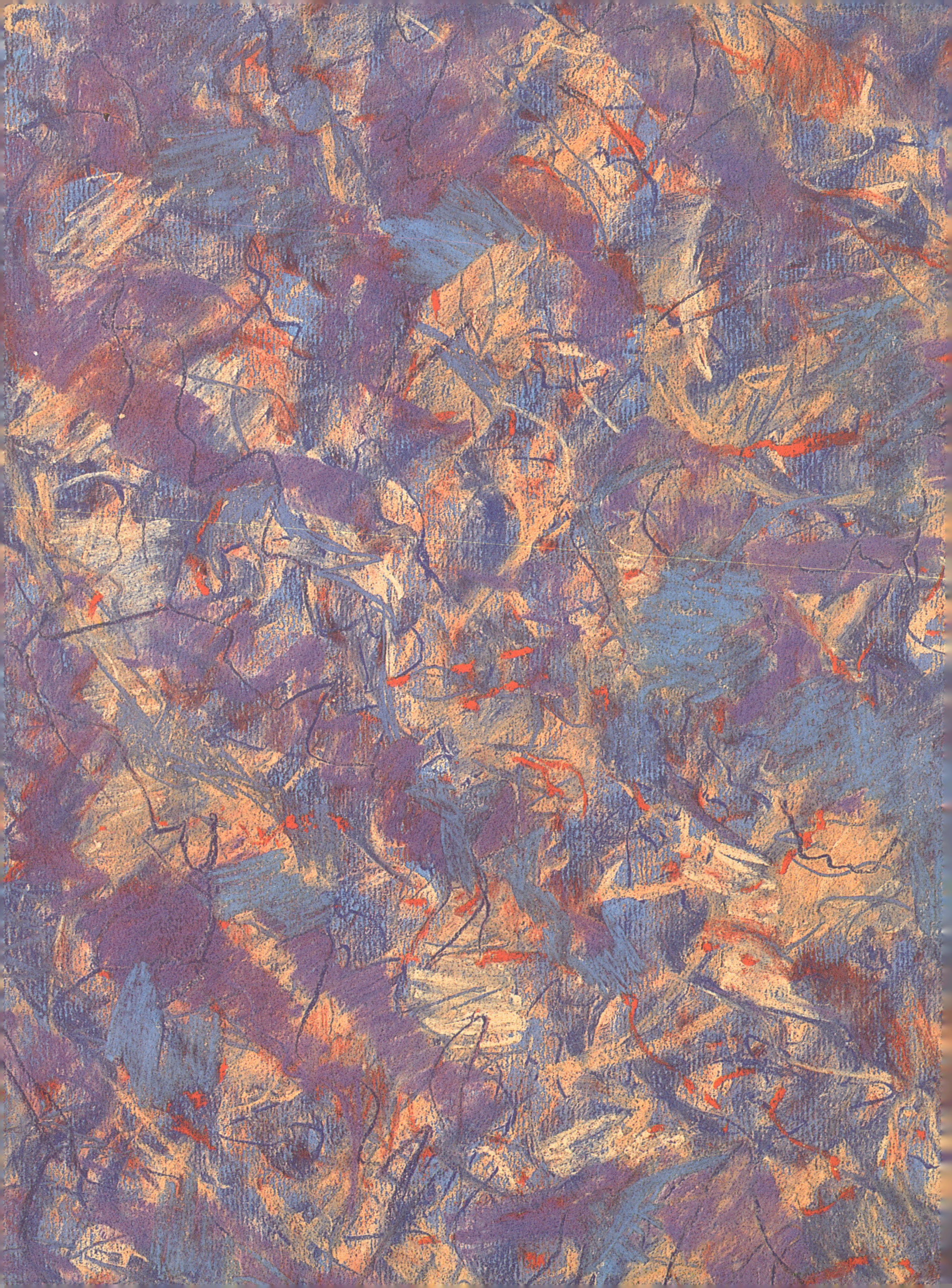